明治日本と朝鮮

征韓論・脱亜論から
韓国併合へ

吉野 誠
Yoshino Makoto

有志舎

明治日本と朝鮮——征韓論・脱亜論から韓国併合へ——【目次】

まえがき

明治期における日本人の朝鮮認識に関し、折にふれて書いてきた文章を一冊にまとめてみた。明治という時代は、征韓論の昂揚にはじまり、朝鮮への侵出を目的とした日清・日露戦争をへて、韓国併合にいたって幕をおろすことになる。中国を中心とする伝統的な国際秩序が、西欧に起源する資本主義の世界体制に組み込まれ解体を余儀なくされていく過程にあって、「文明開化」「脱亜入欧」の日本は東アジアの内部からそれを食い破るべく振る舞った。東アジア世界の維持をはかる清と、朝鮮をめぐって対抗し、日清戦争を引き起こす。清の敗北によって東アジアが帝国主義列強の角逐の舞台となるなか、日本は日露戦争によって朝鮮を保護国化し、さらに韓国併合を断行して朝鮮を日本帝国の領土に編入した。この過程で、朝鮮に対してどのような議論がなされたのか。

明治初期にたかまった朝鮮侵略の主張が征韓論である。**第一章**では、征韓論とはどのような思想であり、何ゆえに維新前後の時期に盛んになったのか検討する。古代以来、中国皇帝に対抗する天皇中心のミニ中華帝国の虚構においては、朝鮮半島の国家を朝貢国とみなすことが不可欠であった。幕末期に吉田松陰は天皇中心のあり方が日本の国体だとし、それと結び付けて征韓の主張を展開したが、王政復古として明治維新が成功すると、朝鮮を臣従させねばならないという主張が強まった。西郷隆盛の真意は不明だが、使節就任の諒解を得るために持ち出したのは、そうした維新の大義であった。一八七六年の日朝修好条規をもって征韓論が実際の外交を掣肘する時期はおわり、万国公法によって清の宗主権を否定し、朝鮮を独立国だとする議論が、朝鮮侵略思想の中心となる。**第二章**では、一八八二年の壬午軍乱の際、外交交渉にあたった井上毅を中心に検討する。清のみならず朝鮮も朝貢関係の紐帯を強めることで外圧に対応しようとするなかで、井上の朝鮮中立化構想は清の宗主権を制約し、日本の発言権を確保しようとするものだった。朝鮮内部からの「独立」の動きは、金玉均ら急進開化派による八四年の甲申政変となったが、クーデターは失敗した。

甲申政変時の衝突を機に天津条約が結ばれ、朝鮮内で親日勢力が一掃された情況の下、伊藤博文や井上馨ら明治政府主流は対清協調的な穏健路線を余儀なくされたが、直截に朝鮮の独立と文明的改造を叫ぶ議論も根強く存在した。そのようなものとして、**第三章**では福沢諭吉の朝鮮論、**第四章**では大井憲太郎ら自由党左派による大阪事件の朝鮮計画、**第五章**では樽井藤吉『大東合邦論』の朝鮮観を検討する。そして、**第六章**では、日清戦争への過程として前章までの要約をおこなったうえ、金玉均暗殺事件をめぐって開戦にいたる世論の動向の一端を検討、日清出兵ののち東学農民軍と「連繫」しようと策動した天佑侠をとりあげる。さらに、開戦と講和の経緯をとりあげ、朝貢体制の解体をめざしたこの戦争の意味を確認する。

日清戦争は東アジア世界の解体を決定づけ、東アジアを帝国主義の分割競争の主要舞台のひとつにすることとなったが、朝鮮をめぐっては日本とロシアの角逐が焦点となる。**第七章**では、ロシア勢力を利用して日本を牽制しようとした王妃閔氏を三浦梧楼公使以下軍隊・外交官・警察官・浪人らが王宮に乗込み虐殺した事件をとりあげた。朝貢関係が否定され事大戦略をとることができなくなった朝鮮は、高宗が皇帝を称して大韓帝国を宣布、勢力均衡策を駆使し中立化によって独立の維持を図ろうとしたが、日本はこれを妨害しつつ、ロシアと対抗して朝鮮を独占的な支配下におさめるべく外交を展開した。そうしたなかで民間人もさまざまな活動を行なったが、その一例として**第八章**では与謝野鉄幹について検討する。**第九章**においては、朝鮮の独占的支配をねらった満韓交換論など日露戦争にいたる過程での議論、保護国支配についての論争、さらには併合構想をめぐる相克などを、研究史の紹介をしながら概観する。

ところで、「日本人の朝鮮観」は、一九六〇年代に戦前期以来の植民地主義的な朝鮮認識を克服し新たな研究を創出しようとしたときの、中心的なテーマのひとつであった。旗田巍『日本人の朝鮮観』（勁草書房）が刊行されたのは一九六九年、梶村秀樹の講演「排外主義克服のための朝鮮史」が行われたのは七〇年のことである。**第一〇章**では、このテーマと関わって、一九六〇年代の朝鮮史研究の問題意識をあらためて確認することにしたい。

長い年月のあいだに書いたもので、重複する部分も多い。それぞれ独立した文章として読んでいただければ幸いである。なお、史料の引用に際しては、原則として漢字の旧字体を新字体にあらため、片仮名を平仮名になおして、句読点を補っている。

第一章　維新の理念と「征韓」
——明治初期の日朝関係と征韓論

一　はじめに

韓国併合条約が成って一週間後の一九一〇年八月二九日、明治天皇は「韓国併合詔書」とともに、「前韓国皇帝を冊して王と為し昌徳宮李王と称」するという「李王冊封詔書」を発した。騎兵二個小隊に警護されて昌徳宮に乗り込んだ勅使による純宗への詔書伝達式の様子を、その場に参席した権藤四郎介は、「勅使は無言のま、、恭しく梨地に菊花御紋章の輝ける、長さ三尺幅二寸五分ぐらゐの函に詔書を納めたものを捧げて殿下に授け、殿下はこれを受け、互に荘重な敬礼を交換せられたのみ。その間一語もなく全くの無言劇で只だ神々しいと云ふ外形容の言葉がない」と記している。[*1] 朝鮮国王に臣下の礼をとらせねばならないというのは明治初年に昂まる征韓論の主張だったが、明治一代を経てそれが実現した瞬間だったということができるかもしれない。

幕末から明治初期の日朝関係については、田保橋潔『近代日鮮関係の研究』（一九四〇年）の詳細な分析がある。[*2] そのうえに近年、この時期の日本政府の対朝鮮政策に関して著しい研究の進展がみられる。[*3] 本稿では、それらをふまえながら、征韓論に焦点をあてて若干の検討をおこなってみたい。征韓論とはどのような主張であり、日朝間の交渉の展開に対して如何なる影響をおよぼしたのか。

二　書契問題

(1)「朝廷直交」

維新政府と朝鮮との関係は、書契問題の紛糾から始まった。慶応四（一八六八）年一月に戊辰戦争が勃発すると、新政権は諸外国にむけて外交権の掌握を宣言したが、朝鮮外交については三月になって、対馬藩による事務取り扱いの継続を承認する通達を出す。朝鮮に対し王政復古を通告するよう命じられた対馬藩は、使節の派遣と新印の使用を予告する幹事裁判に川本九左衛門、大修大差使に樋口鉄四郎を任命した。明治改元後の一二月、両者は相次いで倭館（釜山に設置された客館で対馬の役人や商人が多数駐在した）へ到着したが、持参した書契（外交文書）はいずれも正式の受け取りを拒まれ、交渉は入り口のところで停滞する。朝鮮側が問題としたのは、朝鮮国王から支給された印ではなく新政府から与えられた新印を使っているほか、文中に「皇」「勅」などの文字が用いられていること、藩主宗義達（重正）の官位が従来よりも引き上げられる反面で、礼曹参判（外交を担当した礼曹の次官）らへの敬称が格下げになっていることなど、文書の形式に一方的な変更が加えられている点であった。これらに、朝鮮を臣隷化しようとする意図が現われていると警戒したのである。書契の文面は新政府と対馬藩の担当者が協議して慎重に練り上げたものであり、この内容では紛糾が起きることを対馬藩自身が予想し、それでも「朝政一新」の今日においては「国体を立、勤皇の道を尽し、社稷と存亡する」ほかないのだと悲壮な内容の戒諭を藩内に下していた。「皇」「勅」の書契には維新政府の明確な志向が反映されていたとみなければならない。[*4]

朝鮮外交にかかわる家役継続を認められたあと、閏四月六日の新政府あて上書で対島藩主宗義達は、

中古以来、両国の交際総て幕府を以敵礼と為し、此度改て朝廷御直交被仰出、萬緒御刱創之初に付、第一御名分

御条理を被為正、……一定不易之朝典御建立被為在度

と述べている。[*5] 武家政権になって以来、幕府＝将軍が朝鮮国王との間で対等な外交を行なってきたが、維新によって「朝廷直交」、つまり朝廷＝天皇が直接に朝鮮と交際することを宣言したのだから、それにともなって「名分条理」を正さなければならないと強調しているのである。そして、もしも朝鮮が「固有之陋習」に泥み、「皇国御厚眷之御主意」を弁えずに「非礼倨傲の情態」がある場合には、「赫然膺懲之御勇断」に出るべきだと付言する。維新における朝鮮問題の核心が「朝廷直交」の実現にほかならないことを明瞭に示した言葉だが、そこでの「名分条理」とはどのようなことであるのか。宗氏の上書は、朝鮮外交の家役を維持しつつ藩財政への援助を引き出し、新しい体制の下での地位向上とともに、藩臣の礼をとるに等しい朝鮮との屈辱的な関係の変更を図ろうとして新政府に迎合し、その歓心をかうべく唱えられたものであった。したがって、王政復古の理念にもとづく朝鮮認識が直裁に表現されているはずである。

維新政府内外での朝鮮をめぐる諸見解を検討した外務官員の宮本小一は、報告書『朝鮮論』（一八六九年）の冒頭において、

王政復古し大号令天皇陛下より出る上は、朝鮮は古昔の如く属国となし、藩臣の礼を執らせねばならぬ也。宜しく速に皇使を遣わして其不庭を責め、苞茅の貢を入れさしむべし

という議論を紹介している。[*6] もともと朝鮮は天皇に服属すべき存在であって、江戸時代のような交隣外交はまちがったものである。王政復古して天皇が直接に朝鮮と交際するようになった以上、本来の正しいあり方にもどし、天皇への朝鮮の服属を明確にすべきだという主張である。こうした議論が、王政復古の理念に合致する最も原理的な朝鮮論だったと考えていいだろう。周知のように木戸孝允は、明治元年一二月一四日の日記で「速に天下の方向を一定し、使節を朝鮮に遣し、彼無礼を問ひ、彼若不服ときは鳴罪攻撃其土、大に神州之威を伸張せんことを願ふ」云々と征

韓を主張するが、[*7]ここでいう「無礼」とは、書契の受け取りが拒絶されるといった次元のことをさしているのではない。何百年にもわたって、朝鮮が天皇への朝貢を怠ってきたことを問題としているのであり、承服しないときは武力で攻撃せよというわけである。同様に、「韓地の事は、皇国之御国体相立候処を以、今日之宇内之条理を推候訳にて、東海に光輝を生し候はここに始」まるとして征韓を唱える場合も、[*8]ここで言われている「宇内」（世界）の「条理」は、決して曖昧模糊としたものなどではなかったと思われる。

このように、「名分条理」にかなった「朝廷直交」とは、天皇と朝鮮国王との正しい関係への復帰、君臣の名分を明確にすることにほかならなかった。もちろん、そうした理念が現実の外交において無条件に実現できると考えられたわけではなかろう。政府担当者は、「朝鮮国応酬之礼式其他御国体に御関係致候事件等」については「天下平定之上」で決定すると慎重な姿勢をみせ、[*9]対馬藩の担当者も、君臣の関係では朝鮮側が容易に了承はしないだろうと述べる。[*10]しかしながら、そのような認識のうえに立ってなお、「天皇御直対と相成候上、均敵之御行礼に而者、乍恐御失体之御事奉存」と強調し、「万端之節目一等渠之上に不被為出候而者御体裁難相立」などというのである。君臣関係の設定はともかく、天皇と朝鮮国王を対等な関係とするわけにはいかなかった。

天皇の地位が朝鮮国王に優越することを説明する議論として、前述の宮本『朝鮮論』が第二に紹介するのは、「幕府の交礼に引付二三等接待を卑くする方ならんとの説」すなわち、朝鮮国王は江戸時代に将軍と対等だったのだから、天皇との交際では格下げにしなければならないという主張である。さらに三番目に、「清主大挙して朝鮮を征つ、朝鮮王面縛して降り臣と称す、清主其事を不朽に勒して石碑になし、是を建て永く東藩たらしむ」こと、つまり清との宗属関係を強調し、清皇帝と天皇が同格ならば皇帝に臣属する朝鮮国王は天皇の格下となるとする見解があげられている。

いずれにしても、天皇が直接に交際することになった以上、朝鮮国王はその下位に位置づけられねばならないのであり、将軍でなく天皇の命をうけて王政復古の通告をする対馬藩主の官位は従来よりも引き上げられ、反対に朝鮮側の敬称は引き下げられる必要があったのである。

(2)「国体」と「征韓」

朝鮮国王が天皇に臣属すべきだとする主張は、古代において朝鮮半島の国家を「蕃国」とみなした観念に淵源する。もともと天皇という称号は、周辺諸国の首長から朝貢を受けて爵位を授け、世界の中心に君臨する中華皇帝を模倣して創出された。中華帝国のミニチュア版を作ろうとする志向を体現する称号であり、周辺に蕃国が存在することを不可欠とする。『日本書紀』が神功皇后の新羅征伐や任那平定、百済来貢から日朝関係を描きはじめるように、朝鮮半島の国家を服属させているとする物語は、天皇が天皇であるため欠くことのできない要素であったといってよい。令の規定では、唐が「隣国」すなわち対等な国家とされたのに対して、新羅は「蕃国」と位置づけられた。そして、唐に向かっては使えなかった天皇号を用いて詔書を下し、使節来日の際に上表文の持参を要求した。このため新羅とはトラブルが絶えず、八世紀後半以降、外交関係は途絶する。やがて武家政権期となって天皇の政治・外交権は弱化していくものの、朝鮮半島の国家を蕃国視する意識は天皇の存在と結びついて根強く保持されることになった。

一五世紀の初めにいたり、足利義満は明皇帝から日本国王の冊封をうけて東アジアの外交体制に参入し、朝鮮との国交をスタートさせた。武家政権の首長である将軍と朝鮮国王とのあいだの対等な交隣外交である。豊臣秀吉による侵略戦争のあとに成立した徳川幕府も、室町時代以来の外交関係を引き継ぐかたちで国交を回復させた。ただ、基本的に対等な交隣外交も、現実の交流の場面においては相互の体面のぶつかりあいがあり、日本を上位におこうとする意識が伏在しつづけたことも事実である。その場合、日本の優位性の根拠とされたのは天皇の存在にほかならなかった。いわゆる「日本型華夷秩序」の構想は天皇を頂点にすえる以外にありえず、逆にいえば、交隣外交は天皇の存在をヴェールで蔽うことによってのみ成り立つものであった。そうした中で朝鮮においては、たとえば一七六四年に通信使として来日した趙曮の『海槎日記』が、将軍について、

これ正しく君に非ず臣に非ず、名号は正しからざるものなり。我国すでにやむをえず交接すれば、則ち倭皇と抗礼するが可なり。君に非ず臣に非ざる関白(将軍)とその礼儀を抗するは、尤も羞憤とすべし

と述べるとおり、天皇と将軍の関係に注目し、天皇復権に備える必要を説く議論も目立つようになってくるのである。

対外的な危機意識が深まるにつれて昂進した日本賛美論のほとんどは、日本の優秀性の根拠を万世一系の天皇が存在することに求めており、したがって朝鮮蔑視をともなった。ペリー来航後に極点に達した危機感のなかで、日本の独自性の探究と結びつけて征韓の必要性を説いた典型は吉田松陰である。危機に臨んでとるべき戦略について松陰は、急いで武備を整え、蝦夷を開墾して諸侯を封建し、琉球を諭して内地の諸大名と同列に位置づけ、朝鮮を責めて「質を納れ貢を奉ること古の盛時の如くならしめ」たうえ、北は満州から南は台湾・ルソンに手をのばすのだと説明する。そして、そのような事業を遂行する主体を形成するためにも、まずは「日本の日本たる所以」、すなわち「国体」を闡明にする必要があるという。易姓革命がおこなわれる中国に対して、万世一系の天皇が中心となった日本。「天下は天下の天下」とする中国に対して、「天下は一人の天下」であるとするのが日本である。「人民ありてしかるのちに天子あり」というのが中国であるのに対し、日本のあり方は「神聖ありてしかるのちに蒼生あり」、すなわち天皇がいてはじめて人民が存在しえるのだという。建国ののち皇統が絶えることなく継続したところに日本の優れたところがあり、そうした天皇を中心とした体制こそが日本の本来のあり方なのだと強調された。

天皇の親政がおこなわれ、国体が全うしていた古代において、朝鮮半島の諸国は天皇に服属し、任那日本府は機能していた。松陰によれば、朝鮮の臣属は日本の国体にとって不可欠の一環である。そして、国体が衰微した武家政権の時期にあっては、もっぱら豊臣秀吉が賞賛される。神功皇后の三韓征伐とともに、秀吉の朝鮮征伐こそは「皇道」

を明らかにするもの、「神州の光輝」というべきものだと称揚された。「神功・秀吉のときの如く海外を慴服せしむる」のが日本の「持前」であり、征韓こそ「神聖の道」に叶い、「立国の体」に合致するものである。それは、日本人たるもの子々孫々に受け継いでいくべき偉大な事業、「天下万世継ぐべきの業」にまで高められることになった。征韓論とは、単に取り易い周辺地域を併合せよといった次元の主張ではなく、国体論によって理念化された朝鮮侵略論である。

松陰刑死ののち、朝鮮への進出が具体性な政策として語られるのは、ロシア軍艦による占拠事件を経た一八六〇年代の対馬藩においてである。[*11] 木戸孝允ら長州藩尊攘派の支持をえて文久二（一八六二）年一一月に朝廷へ提出した説明書は、尊攘派の勢力が強まり攘夷の実行をもとめる詔勅が出される状況のもと、「宇内之形勢一変」して「攘夷御一決之勅諚に至」ったことを強調し、攘夷決行の際に対馬が外夷の手に落ちれば「天下之御一大事」なのだとして財政援助の必要を訴えるものであった。翌文久三（一八六三）年五月に幕府へ出した願書も、下関での外国船砲撃という攘夷運動が極点に達した時期にあわせて、朝鮮への進出を提案し、三年間にわたって年三万石の援助を受ける約束を取り付けた。八月一八日の政変から翌元治元（一八六四）年七月の禁門の変へと尊攘派が後退した局面で一〇月に幕府へ出した建白書は、「朝鮮国御服従之策」を最も体系的に提案したものだが、そこでの結論は武力による服従よりも「御恩徳」を先にし「御誠意之御談判」をすべきだという内容になっている。幕府における朝鮮政策見直しの議論では、対馬藩への財政援助は「攘夷鎖港之御処置」であったが、いまや「御趣意替り」となったのだとして年三万石の支給は打ち切られ、「長州之攘夷と対州之朝鮮処置と者表裏をなし候叛逆謀」だと断定される。[*12] 一八六〇年代における対馬の征韓論は、中央政局において尊皇攘夷派の勢力が強まった時期に、それに呼応して唱えられたものだったということができるだろう。そして、王政復古のクーデターをへて成立した新政府にむけ、その理念に取り入るべく提出されたのが、前述した「朝廷直交」を説く宗義達の上書であった。

三　外務省と対馬

(1)「皇使派遣」案と「政府等対」論

対馬による交渉が進捗しない状況のなか、明治二（一八六九）年七月に外務省が創設されると、朝鮮との交渉を同省に一元化し、「皇使」を派遣しようという動きが強まった。対馬の抵抗もあり、[*13] さしあたっては外務官員による調査団を派遣することが決まって、「我が属国視する所の朝鮮国には、気運一変せば、速かに着手せねばならぬ」と唱えていた佐田白茅らが任命される。一二月に出発した佐田は対馬藩士を装って調査にあたり、翌明治三（一八七〇）年三月に帰国したあと、三〇大隊を派して朝鮮を征服せよという建白書を提出した。

佐田の征韓建白が出るにいたって、外務省は朝鮮政策の確定をせまられる。四月に外務省は、即時の征韓断行論を退けつつ、①武装した「皇使」を直接に朝鮮へ派遣する、②まずは清へ「皇使」を派遣して条約を締結したあと朝鮮に臨む、③いったん断交したのち国力を充実してから着手する、という三か条の伺いを太政官あてに提示した。[*14] 即時に朝鮮と交渉しようという第①案に対して、対清交渉先行の第②案が穏健的であることはもちろんだが、第③案を含めていずれもが「皇使」派遣を前提としたものである点にかわりはない。

皇使とは天皇が派遣する使節であり、朝鮮国王との名分的な位置関係を明確にせざるをえず、体面にかかわるがゆえに失敗はゆるされない。というより、名分的に上位にあるはずの天皇の使節であるがゆえに、朝鮮側の受け容れは困難であり、紛糾が必至の使節である。対清交渉先行案とは、天皇と清皇帝の同格を前提として、ともかくも朝鮮国王が格下であることを明確にしておいてから朝鮮への皇使派遣に着手しようというものであった。結局のところ第②案が採用となり、もともと朝鮮への皇使派遣を強く主張していた外務大丞の柳原前光が、まずは対清交渉に尽力すべく、八月一日に清へ向けて出発する。

皇使派遣論に対して、外務省内にも当面は対馬による交渉に任せようとする宮本小一らの穏当な見解も存在したが、その対馬が局面打開のため案出したのが「政府等対」論であった。[*15] 交渉が進展しないままでは「免職の上厳重譴責」となるばかりか、「朝野議論紛々多くは其の不礼を咎め討伐の論に帰し」て、対馬は「兵馬に先導可被命」事態になりかねない。そこで、四月に出した指示において藩士大島正朝は、「先づ皇上国王の称号は御互に姑く措之、両国政府御等対を以て御交りに相成」ること、つまり天皇と朝鮮国王の直接の交際をさしひかえ、まずは政府と政府の間の対等な交際をすすめる方針を提案する。[*16] そうすれば、「君上御官称を初め、公の字、朝臣等、渠の願意に応じ、御書契の体式総て御旧復の姿」にすることが可能であり、書契をめぐる膠着を解消することができるというわけである。政府同士ならば対等の礼でかまわないとする、このような政府等対の議論こそ、天皇との間では対等な関係が築きえなかったことを端的に示している。ただし、朝廷直交の主張に配慮して、「清国への御運相立、御交際万般の御規則相定り候迄は、天皇彼国王へ御直渡しの御応酬に不至」のだと強調、あくまでも対清交渉がすすめられている際の臨時的な措置だと位置づけねばならなかった。

対馬はあらかじめ倭館での朝鮮側との交渉によって好感触を得たうえ、これを八月になって外務省に提案した。柳原が清国へ出発したあと朝鮮へは調査目的の官員派遣が計画され、森山茂・広津弘信が任命されていたが、外務省は急遽、政府等対論にもとづく交渉目的の使節派遣に切り替えて、外務権少丞吉岡弘毅を追加任命する。対馬が案出した打開の方策を外務省主導で実施しようというわけだが、「政府丈の御交際を講じ候時は穏妥」であり「交和を破り候様の暴談には決して至り不申」として紛糾を恐れる意見を制する一方で、「名分条理」を重視する議論に対しては、「先政府互の交際に致し置く時は、敢て後日の害と相成間敷」云々と弁明している。[*17] 本来は朝廷直交の理念にしたがって名分を正しくする、つまり天皇の優位性を明確にすべきなのだが、さしあたって政府同士の対等な交際を進めておいても、いずれ本来の交際を打ちたてるときの害にはならないというのである。朝鮮側が嫌う汽船でなく和船に乗って一一月に倭館についた吉岡使節団は、「両国政府等対の目的」にしたがって「譬彼より拒み候ても我よりは到底誠意を通」し「持長寛厚」であたる方針で臨み、持参した礼曹判書あての沢宣嘉外務卿書契には「皇」「勅」などの文字は含まれていない。[*18] 朝廷直交の原則を取り下げさえすれば、柔軟な対応が可能だったということだろう。

(2)「天子」書契と断交・引揚策

だが、吉岡ら初の外務省使節は、対馬以外との交渉を認めていない朝鮮側の受け入れるところとはならなかった。このため吉岡は、宗重正を家役罷免のうえ外務大丞に任じて朝鮮へ渡航させることを計画する。吉岡の命を受けた広津が帰国して運動中の明治四（一八七一）年七月、廃藩置県が断行され、対馬から藩の消滅を通告させることが緊急の課題となって、八月はじめには宗重正に対し朝鮮への派遣命令が出された。ところが、出帆はなかなか実施に移されぬまま延期となり、一〇月四日には宗氏自身ではなく使節のみの派遣に切り替えられたうえ、外務省は不調の場合に交渉を断絶させる計画をうちだす。さらに、一二月四日には使節が持参する宗氏書契に「天子」の文字を使うことが決定した。これら一連の過程をどのように理解すればいいのか。

一〇月四日の決定に対して、宗氏派遣のため奔走していた広津は、使節による報知だけでは朝鮮側による「撤饗撤市」（物資供給や交易の停止）が不可避であり、在留の士民が飢渇に陥ることになるとして再考を求めた。日清修好条規締結に尽力し、朝鮮外交にいっそうの意欲をみせていた外務大丞柳原前光が、広津の意見書を受けて出した上申書は、逆に「撤饗撤市」に至った場合には「交際は暫く断絶」して「在韓の士商一先引揚」げるべきだと強調し、廃藩を告げる書契は宗氏の家令に伝達させるという。森山・広津は諦めきれぬ口調で、宗氏自身の派遣ならば「必然成功に可至見込」だと述べつつ、柳原の指示に従って断交・引揚の方針案を作成し、一〇月二七日に正院へ上申した。[*19]

江戸時代以来の「対馬守」を名乗り、対立を生む文字の使用を避けた書契を「旧家臣或は家令」に持参させるのだとしたところに、森山らの苦心のあとを読みとることができる。だが、岩倉使節団が出発したあと、一一月二七日に正院から示された宗氏書契案は、「外務大丞」の肩書を用い「天子新政」などの文言を含むものとなっていた。森山・広津は、この書契で臨む場合にはあらかじめ「確乎押貫き候迄の御算定」が必要だと述べ、これまで「等対尋交の説」でやってきたのに、「天子の文字相用候時は字句の論起り候は必然」だと強調して再検討を要求する。[*20] しかしながら、一二月四日に太政官は正式に「天子」書契の採用を決定したのである。森山らは、「戊辰（一八六八年）以来朝鮮尋交事務成否の一段落」というべきもので、「彼れ其書契を不受は必然」であり、その場合は「韓士を引揚可申覚悟」で臨まねばならないと述べている。[*21]「天子」書契とは、清とのあいだに対等な条約が結ばれたという状況のもと、政府等対論に基く交渉方針を修正し、朝廷直交の原則をあらためて示したうえで、いったん交渉を断絶させようという方針に基いたものとみることができる。[*22]

「天子」書契を持った旧藩士相良丹蔵は明治五（一八七二）年一月に釜山に到着し、明治元年から倭館に留まっていた大修大差使の樋口鉄四郎は対馬へ帰還した。相良は吉岡の指揮のもとで活動を開始したが、朝鮮側の拒絶ははじめから明らかであり、交渉の断絶と引揚を「後来御遠略の資」となるような形で実行することが任務だったといってよい。「条理に遵ひ隣誼を敦くせんとするは我にあり、条理に違ひ隣誼を破るは彼にあ」ること、「彼曲我直」であることを明確にしたうえ、「皇国の御威霊を汚さ」ぬよう言動に注意することが指示された。[*23] 予想どおり、はかばかしい進展はなく、断交・引揚策の実施となって、吉岡・相良らは六月一六日に釜山を退去し、交渉はひとまず断絶する。引揚策は一面で倭館における対馬の影響力を排除するための手段でもあったから、広津らは「商民一人も不残引纏め」て退去させるべきだと主張したが、今後の交渉をにらんで必要な官員は残し、「商人の去留勝手たるべき事」とされた。九月に「格別なる官員」として花房義質外務大丞が軍艦でのりこみ、外務省が対馬勢力から倭館を接収して日本公館としたのである。

四　征韓論争と江華島事件

(1)「名分条理」の貫徹

明治六(一八七三)年になると、岩倉使節団が帰国する前の留守政府において、朝鮮へ皇使を派遣しようという議論が再燃する。しかも、最高実力者のひとり西郷隆盛が自ら朝鮮へ行くと主張しはじめた。留守政府の閣議は西郷派遣を内決したが、使節団帰国ののち政争の焦点となって決定が覆され、政府分裂の事態にいたる。西郷が本当に征韓を主張したのかどうか、毛利敏彦『明治六年政変の研究』(有斐閣、一九七八年)による問題提起以来、征韓論争をめぐる論争が続いていることは周知のとおりである。板垣退助あて書簡などでの西郷の発言が「使節派遣→暴殺→征韓戦争」というものだったことは間違いないが、その真意は平和的遣使にあったのか、それとも武力的征韓にあったのか。開戦が目的だったとすれば遣使・暴殺はその口実をつくるためであり、平和解決に狙いがあったとすれば戦争の主張は軍隊派遣論の板垣を説得する方便だったということになる。平和的か武力的か、西郷の真意はどちらにあるのかという議論である。

西郷はしばしば、朝鮮問題を台湾や樺太の問題と不可分のものとして、自らに信望をよせる同志や部下の意向を代弁するかたちで発言した。八月三日付けの三条実美あて書簡では、まず台湾問題について、

世上にても紛紜の議論これあり、私にも数人の論難を受け候次第に御座候処、畢竟名分条理を正し候儀は、倒幕の根元、御一新の基に候えば、只今に至り右等の筋を相正されず候わでは、全く物好きの倒幕に相当り申すべき抔との説を以て、責め付け参り候者もこれあり候故、閉口の外他なき仕合いに御座候

と記す。[*24] 西郷は世人の論難を受け、責めかけられて閉口しているのだが、そうした攘夷派士族が自分に期待する問題の核心を「名分条理」を正すことにあるのだとし、それこそが「倒幕の根元」「御一新の基」だったはずだという。それが実現できないのだとしたら、単なる「物好きの倒幕」にすぎなかったことになるのだとする。そして、さらにつづけて、朝鮮問題に関し、

最初、親睦を求められ候儀にてはこれある間敷、定めて御方略これありたる事と存じ奉り候、今日彼が驕誇侮慢の時に至り、始めを変じ因循の論に渉り候ては、天下の嘲りを蒙り、誰あってか、国家を隆興する事を得んや

とのべ、朝鮮には「最初」から単に「親睦」を求めたわけでなく「方略」があったはずで、そうした「始め」を変じて「因循の論」に陥ってはならないのだと主張する。「最初の御趣意貫かせられず候わでは、後世迄の汚辱に御座候」とし、断固とした対応で名分条理を貫けというわけである。板垣あて書簡では、「是迄の不遜を相正し」云々ともいっている。

「最初の御趣意」「初めよりの御趣意」という言葉は、この時期に何度もくりかえされているが、戦争にならないようにするのが「御趣意」なのだというふうにも使われる。これは、留守政府の閣議に出された議案が、「強て彼が不遜を恕し、彼が非理を宥して、只管聖意の誠を被為尽候」と述べていたのと同様の意味と考えられる。[*25]「不遜を相正し「名分条理を正」すことこそ究極の目的なのだが、実行にあたっては敢えてこれまでの「不遜」や「非理」はゆるし、「聖意の誠」をもって寛大に対処してやろうというのが、維新以来の天皇の意向、最初からの「御趣意」なのだということだろう。派遣される皇使の任務は、そうした方針に基いて名分条理を貫くことなのであり、談判によって平和的に実現できればそれに越したことはないが、朝鮮側が不明であって拒否しつづけるならば因循論に陥ることなく武力を用いてもやり遂げねばならない。王政復古にかかわる名分条理とは、天皇と朝鮮国王との間にしかるべき関係を設定することにほかならない。それこそが重要であり、平和的か武力的かは、西郷の論理からすれば第一義的な

問題ではなかったはずである。

自らが政府の現状に不満を持って積極的に変革を企てようとしたのか、それとも政府の崩壊を防ぐために不満の原因を解消してしまおうと考えたのか。西郷の朝鮮認識がどのようなものだったのかはわからないが、自身の使節就任に対する了解をとりつけるための切り札としてもちだしたのが、「名分条理」を正すという理屈だった。それは維新の理念からして「正論」であるがゆえに正面から否定することのできないものである。しかも、西郷は現状に不満を持つ攘夷派士族層の意思として語った。内治派の側も、「西郷も決心之事」であり、「兵隊之動静も此一挙之都合に依り候而は、殆ど駕御之策六ケ敷」い状況だとして、「他日之変害不堪懸念」と述べている。「兵隊之駕御を失候而は不可救之大患と存候」というように、士族層の不満が西郷の主張と結びつくことをおそれたのであった。[*26]

(2) 「適主」問題

征韓をめぐる論議は西郷らが下野したあと波紋を拡げ、外征を希求する不平士族の動勢はいっそう予断をゆるさなくなった。[*27] 明治七（一八七四）年にはいると征韓を唱えて佐賀の乱がおこり、さらに台湾出兵が強行される。一方、朝鮮においても政変がおこり、鎖国攘夷政策をとってきた大院君が下野して閔氏政権が成立していた。大久保政権は森山茂を釜山に派して交渉の道を探らせたが、事態は当初の予想をこえて進捗する。「既に先年一端御廟決相成し」方針、すなわち政府等対論にもとづいて外務卿（日本）と礼曹判書（朝鮮）、外務大丞（日本）と礼曹参判（朝鮮）が対等の礼を修めるものとし、新たに日本側から外務卿の書契をもたらして朝鮮の方から返書を差し出す。このようなかたちで打開を図る約束がとりつけられた。外務省への報告の中で森山は、朝鮮側が先述の相良丹蔵が持参した宗外務大丞書契に回答する方法を拒んだのは、「天子等の文字を除去せしめんとの黠策」であり、新たな外務卿書契を求めたのは、もし問題の文字が使われていた場合に斥退することも可能だからだろうと語っている。書契の形式をめぐる対立は、なお予断をゆるさないものがあったのである。森山は「公然皇と王との親交を修めて可也」とする議論に気を使いながら、「寛猛」のいずれをとるかは政府が決めることだが、「断然の決」による「猛」のやり方では見込みがないのだと強調する。そして、「皇」と「王」の直接交際、つまり朝廷直交の原則はひとまず措いて「一小局」となし、しだいに「公明正大」なあり方に改めていけばいいのだという言い方で、自らの案に了解をもとめる。[*28]「公明正大」とは、もちろん天皇と朝鮮国王の関係を正しく設定するということである。

いったん帰国した森山は、一二月に理事官に任命され、正式に朝鮮派遣を命ぜられた。その任務は、外務卿書契を奉呈したうえ礼曹判書の返答を携えた使節の来日を約束させることである。「未た交際の適主も定まらざる」状況のため、今回は「国書」を持った「王使」でなく「礼曹判書よりの回翰を携へ来る回報使」にとどまる。[*29]だが、森山は、今後のために「適主」問題、つまり双方の誰と誰を対等な交際の主体として設定するのかという問題について、朝鮮側から議論があったときどのように応じるべきか、政府の方針をあらかじめ決めてくれるよう要請している。[*30]それは、「我内国の大勢を考察すれば……必ず物議なきを保ち難し」という状況、日本国内で異論が出ること必至だからである。森山の質問は、①朝鮮側が自らを清の属国だとしたうえで国王と日本の大臣との交際を求めてきたとき認めていいか、②独立国だとしたうえで国王と天皇が対等だと主張してきたとき「親交」つまり天皇との直接交際を承認していいか、③議政府大臣（朝鮮）と太政大臣（日本）または礼曹判書と外務卿の交際を希望してきたとき同意していいのか、というものであった。[*31]明治八（一八七五）年二月二日の三条実美太政大臣の指令は、①「自ら清国の属藩と称して事物悉く清に仰ぐの旨を主張」した場合、②「自ら独立と称し両国の君主等対にて交通すべき旨を挙論」する場合には、即答せずに上申して指令を待つべきこと、③独立・清属を問わず「彼国王と我太政大臣と又は我外務卿と礼曹判書とを適主と為」すと申出てきた場合は了承せよというものであった。[*32]

朝鮮側が「尊号差等あるに疑懼し敢て其親交を避」けて国王と大臣との通信を求めてくるような場合を仮定してみ

たり、天皇の「親交」が望ましいとしながら「即今は彼の情に適せざる可きか」と予想しているように、ここで想定されている「親交」は基本的に天皇を優位においたものというほかない。[*33] あくまでも、朝鮮国王は太政大臣との間で対等の礼をとるべき存在だったのである。

(3)「平等の権」

森山は広津弘信とともに寺島宗則外務卿の書契を持って明治八（一八七五）年二月下旬に釜山へ到着したが、そこにはなおも「皇上」などの文字が使われており、さらに儀礼の際の洋服着用問題なども生じて交渉は行き詰まった。軍艦の示威による「声援」も甲斐なく、九月二〇日に森山は帰国命令を受け取り、翌日には交渉をひとまず打ち切って釜山を退去する。時を同じくして、西海岸の江華島では軍艦雲揚号が砲撃事件をひきおこしていた。国内各地で征韓派士族の蠢動が予想されるなか、新聞諸紙は主戦・非戦に分かれて論陣を張るが、そこでの議論の焦点は征韓論沸騰という事態にいかに対処するかにあった。[*34] 双方とも士族勢力の強大化を警戒しつつ、一方は内乱を避けるため開戦を主張し、他方は征韓の成功が士族の跋扈をもたらすとして非戦を主張した。大久保政権は戦争回避の方策を講じつつ、江華島への武装使節派遣を決定し、黒田清隆を全権大臣に任命する。釜山での交渉が書契の授受をめぐって膠着してきたのに対し、砲撃を問罪するという口実で武力的な圧力を加えて、いっきょに条約の締結を図ろうとするものである。朝鮮政府は先に森山がもたらした書契を改作させたうえで受け取ることを決め、全権使節派遣を通告するため釜山にきた広津を通じて黒田への取次ぎを依頼、また、江華島に到った黒田一行に対しても直接に「皇上を聖上と御改被下、勅の字御省き相成に於ては」書契を受け入れる考えを示したが、「猶も皇勅等の事を被申、笑止の至り」だと一擲されている。[*35]

黒田が持ち込んだ条約案は、前文で「大日本国皇帝陛下」と「朝鮮国王殿下」とが相対するものとされていた。この君主の呼称問題のほか、「大日本国」と「朝鮮国」という国号の記載、日本使節が朝鮮の「権秉大臣」と親接するのに対して朝鮮使節が日本の「外務省貴官」と親接するとした規定が、いずれも対等性を欠くとして朝鮮側の抵抗にあった。黒田は、「大日本国」「大朝鮮国」、派遣使節はそれぞれ「礼曹判書」「外務卿」に親接するものと改めるとともに、皇帝陛下・国王殿下を削除して「日本国政府」と「朝鮮国政府」とが相対するよう修正した。さらに、今後の使節派遣に際しては、君主の称号問題を避けるため「当面の間は可成国書往復等の手続を省」くよう外務省に申し入れる約束をする。こうして、第一款に「朝鮮国は自主の邦にして、日本国と平等の権を保有せり」とうたう日朝修好条規が成立したのである。この間、清に派遣された森有礼が、朝鮮は清の属邦ではあるが内政・外交は自主にまかされているのだとする李鴻章と論争。議論が平行線のまま、森は内政・外交の自主があるならば「独立自主の国」と見るほかないと一方的に発言して論争を終結させたが、そうした清との宗属関係を否定する認識のうえに、「平等」な条約がなりたっている。こののち清との関係で、「自主の邦」だという規定が重要性を増していくが、書契問題から条約締結の過程に即して考えれば、「平等の権」こそがこの条項の核心であり、それをいう前提として「自主の邦」がうたわれる必要があった。

万国公法にもとづく「対等」な条約は、征韓の主張を否定するものとなる。新聞各紙は主戦・非戦を問わず、条約締結に賛辞をおくった。『横浜毎日新聞』は、朝鮮政策をめぐって「属国の幣帛を執らしめて其交誼を結ばんとする」か、「日本の朝鮮に於ける敵国抗礼を以て交際の当を得る者とする」かが問題だったのだとし、前者のような主張を敷衍して、

世の慷慨諸士は、彼を以て敵国抗礼の国にあらずとし、彼れ我と比肩の礼を執るは、是我が国前朝の美迹を貶すなり、飽まで彼れをして朝貢の礼を執らしめ、八十船の歳貢を我に収むるを以て前朝の通規となし、我が遣使が締約を以て、隠然不満の議を起し、之れを新聞紙上に刷出する者なり

という。[*36] こうした「朝鮮八道を挙げて之れを瑞穂国内の版図に容れ、属国臣礼を以て彼の朝聘を受けんとす」るような見解を否定し、「朝鮮固より本邦の属地にあら」ず「敵国抗礼」の国なのだと強調した。同じように『東京日日新聞』も、

朝鮮は素より我が隷属国に非ざるなり、上世三韓征伐の挙ありてより、貢献の事など我が歴史に明文ありと雖も、是れ果して真の隷属国の貢献と看做すべき乎、吾曹は頗る疑を此際に容れざるを得ず、（中略）朝鮮の人民が曾て日本の封冊正朔を受けたることも無く、制度法律を遵奉したることも無きを以て、吾曹は之を徴明せんと欲するなり

一歩を譲り朝鮮は我が王代には朝貢の隷属国なりと云ふとも、今日を距り千有余歳なれば実際の証拠とするに足らず、徳川氏治世の時に当り、幕府は明かに同等の礼儀を以て朝鮮を対遇せしに非ずや、如何ぞ今日に至り遽かに千年前の故事を担ぎ出し、朝鮮をして我が隷属国たらしむるを得んや

等々として、古代における三韓朝貢など日本書紀の記述にまで疑問を呈し、「対等」条約を歓迎した。[*37] 征韓論がどのような思想であったかを端的に示すものでもある。そして、『郵便報知新聞』が、

朝鮮の一事は数年来我国の禍害を醸し、動もすれば不逞の徒が執りて以て人心を煽動するの鞭策となし、無事に苦むの士族が拠りて以て事を設るの牙城となしたるも、此講和のよつて妖雲一朝に散じ、条約略定るに会ひ、朝鮮事件は不逞好事の徒の機械となる憂なきに至れり

というように、[*38] 日朝修好条規の締結は、征韓論が士族層の不満と結びつく可能性を著しくせばめることになった。余燼はくすぶりつづけるものの、朝鮮政策が征韓論に掣肘されざるを得なかった時代は終了したものとみていいだろう。

五　むすび

朝鮮半島の国家は本来的に天皇へ服属すべき存在であり、王政復古がなった以上、「古昔の如く属国となし藩臣の礼を執らせねばならぬ」というのが征韓論の主張であった。君臣関係が実現できないとしても、天皇と朝鮮国王の間には何等かの差が設けられてしかるべきである。こうした征韓の主張は、王政復古の理念にかなった「正論」であるがゆえに、正面からの反論がむずかしい。そして、倒幕の担い手でありながら維新後に身分的特権を奪われた旧武士層の不満が、そのような思想と結びつく危険性が高かった。西郷が使節就任への同意を得るため錦の御旗として持ち出したのも、「名分条理」に合致した日朝関係を樹立することこそ「倒幕の根元」「御一新の基」なのだという論理だった。

明治元年以来の釜山における交渉は、そうした征韓思想の存在に掣肘されて、「皇」「勅」の使用や天皇と朝鮮国王の関係をどう設定するかの問題に拘泥したため進捗が妨げられたのである。砲撃事件への問罪を前面にたてた江華島での交渉は、はじめから万国公法に基づく条約案を強要し、「対等」な形式の条約締結となった。新聞諸紙はこぞって「二千年前の故事を担ぎ出し朝鮮をして我が属国たらしむ」るような議論、すなわち征韓論の虚妄性を強調する。征韓論が対朝鮮政策を直接的に拘束する時代は幕を閉じた。だが、近代の劈頭における征韓論の沸騰は、こののち日本が早い時期に朝鮮侵略を国是化するうえで大きな役割をはたしたといえるだろう。

註

＊1　権藤四郎介『李王宮秘史』（一九二六年、『明治人による近代朝鮮論16李王朝』ぺりかん社、一九九七年、収録）三九頁。

＊2　田保橋潔『近代日鮮関係の研究』（朝鮮総督府、一九四〇年）。

＊3　維新から日朝修好条規締結にいたる一連の過程を扱った近年の研究（明治六年の征韓論争に関しては除く）として次のようなものがある。上野隆生「幕末・維新期の朝鮮政策と対馬藩」（『年報・近代日本研究』七、一九八五年）、荒野泰典「明治維新期の日朝外交体制一元化問題」（田中健夫編『日本前近代の国家と対外関係』吉川弘文館、一九八七年）、高橋秀直「維新政府の朝鮮政策と木戸孝允」（神戸商大経済研究所『人文論集』二六―一・二、一九九〇年）、同「廃藩置県後の朝鮮政策」（同二六―三・四、一九九一年）、同「明治維新期の朝鮮政策」（山本四郎編『日本近代国家の形成と展開』東京創元社、一九九六年）、同「江華条約と明治政府」（『京都大学文学部研究紀要』三七、一九九八年）、諸洪一「廃藩置県後の国際関係と朝鮮政策」（『史淵』一三三、一九九六年）、同「明治初期日朝関係の再編と対馬」（『九州史学』一一六、一九九六年）、同「明治初期における日朝交渉の放棄と倭館」（『年報朝鮮学』六、一九九七年）、同「癸酉政変後の日朝交渉」（『日本歴史』六二一、二〇〇〇年）、同「明治初期の朝鮮政策と江華島事件」（『札幌学院大学人文学会紀要』八一、二〇〇七年）、宋安鐘「一八七四年の朝鮮政府の日朝交渉再開要因」（『阪大法学』四五―六、一九九六年）、同「一八七四年における日朝代理交渉の展開」（『阪大法学』四六―六、四七―一、一九九七年）、同「一八七四年の日朝協定」（『阪大法学』四八―一、一九九八年）、沈箕載『幕末維新日朝外交史の研究』（臨川書店、一九九七年）、石川寛「明治維新期における対馬藩の動向」（『歴史学研究』七〇九、一九九八年）、同「近代日朝関係と外交儀礼」（『史学雑誌』一〇八―一、一九九九年）、同「明治維新と朝鮮・対馬関係」（明治維新史学会編『明治維新とアジア』吉川弘文館、二〇〇一年）、同「明治維新期の対馬藩政と日朝関係」（『朝鮮学報』一八三、二〇〇二年）、同「日朝関係の近代的改編と対馬藩」（『日本史研究』四八〇、二〇〇二年）、同「明治期の大修参判使と対馬藩」（『歴史学研究』七七五、二〇〇三年）。また、筆者も『明治維新と征韓論――吉田松陰から西郷隆盛へ』（明石書店、二〇〇二年）で、征韓論に焦点をあてて検討したことがある。

＊4　清朝皇帝に憚るという問題もさることながら、もともと「皇」は「一統天下」「率土共尊」の称であって、自国内での使用はともかく交隣の書契には用いてこなかったはずだというのが朝鮮側の言い分である。本文でみるとおり、実際に「天皇」称号は、朝鮮を蕃国とする意識と不可分であった。

＊5　『日本外交文書』第一巻、二八八号文書（以下、一―二八八と表記する）。

＊6　『日本外交文書』二―四八八、付記。

＊7　『木戸孝允日記』一（日本史籍協会、一九三二年）一五九頁。
＊8　明治二年一月上旬大村益次郎あて木戸書簡（『木戸孝允文書』三、日本史籍協会、一九三〇年）二三〇―二三四頁。
＊9　『日本外交文書』一―四三五。
＊10　国立国会図書館憲政資料室『広沢真臣関係文書』書類の部七五―四五「来復書式案」。
＊11　幕末の対馬藩の動向に関しては、木村直也「文久三年対馬藩援助要求運動について」（田中編『日本前近代国家と対外関係』一九八七年）、同「元治元年大島友之允の朝鮮進出建白書について」（『史学』五七―四、一九八八年）、同「幕末の日朝関係と征韓論」（『歴史評論』五一六、一九九三年）、同「幕末における日朝関係の転回」（『歴史学研究』六五一、一九九三年）、参照。
＊12　『続通信全覧』類輯之部三七（雄松堂出版、一九八七年）九三四頁。
＊13　対馬藩は一八六九年に厳原藩と改称。外務省による外交一元化の動きと旧来の家役継続を図る対馬藩の対立というとらえ方に対しては、註3に掲げた一連の論考で石川寛が、対馬の独自の経済改革および外交刷新の試みを詳細にあとづけている。
＊14　外務省の三箇条伺については、藤村道生「明治維新外交の旧国際関係への対応」（『名古屋大学文学部研究論集』四一、一九六六年、『日清戦争前後のアジア政策』岩波書店、一九九五年）以来、外務省内の潮流と関わらせたいくつかの見解がある。諸洪一「明治初期日朝関係の再編と対馬」は、当面は対馬に任せようとする宮本小一の主張を、皇使派遣を前提にした三案に対置されるものとして注目している。
＊15　政府等対論は、高橋「維新政府の朝鮮政策と木戸孝允」が当時の穏健路線の具体的な形態として注目したが、諸洪一論文は対馬によって案出された等対論が換骨奪胎されて外務省主導で推進される過程をあとづけている。
＊16　『日本外交文書』三―九五、付記。
＊17　『日本外交文書』三―九六。
＊18　『日本外交文書』三―九八、付属書。
＊19　『日本外交文書』四―二一〇、四―二一二。
＊20　『日本外交文書』四―二一六。
＊21　『日本外交文書』四―二二四。
＊22　宗氏派遣の決定から中止および「天子」書契の採用にいたる過程を、高橋「廃藩置県後の朝鮮政策」は岩倉出発後の留守政府の性格と関連させて捉えるが、諸「廃藩置県後の国際関係と朝鮮政策」は日清条約を成立させた柳原前光の動向に着目して理解する。

＊23 『日本外交文書』五―一三八。

＊24 『西郷隆盛全集』三（大和書房、一九七八年）三七六―三七九頁。一八七二年に琉球国王尚泰は藩王として冊封され天皇の臣となったが、その琉球の民が殺害されたことにより、台湾討伐が「名分条理」にかかわる重大問題となる。

＊25 『岩倉公実記』下巻（一九〇六年）四八頁。

＊26 明治六年一〇月一二日付岩倉具視あて三条実美書簡（『大久保利通文書』五、日本史籍協会、一九二八年、三七―三九頁）。

＊27 不平士族の動向については、落合弘樹「明治初期の外征論と東アジア」（『近代日本における東アジア問題』吉川弘文館、二〇〇一年）、参照。

＊28 『日本外交文書』七―二一三、付属書。

＊29 『日本外交文書』八―一五、付記付属書。

＊30 石川寛「近代日朝関係と外交儀礼」は、この時期における天皇と朝鮮国王の関係設定をめぐる議論を「適主」問題として整理し、清と朝鮮の宗属関係との関連で分析している。

＊31 憲政資料室『三条家文書』書類五一―八「寺島宗則上申書　朝鮮問題」、同三二―一四「朝鮮応接ノ目的及ビ心得伺」。

＊32 『日本外交文書』八―一八。なお、日清交渉先行論は、清と朝鮮の冊封関係を承認することになるが、ともかくも朝鮮国王に対する天皇の優位性を明確にしようとする議論であった。だが、台湾出兵などを経た一八七四―七五年の時期には、清と朝鮮の関係如何に警戒感が強まっているのである。

＊33 書契問題がおきて以来、「旧幕同様韓国の交通を以て名族大臣の中へ被任候はば是迄の如く敵礼を以て交通すべきの深意に見え」（大島正朝報告）などと、朝鮮が幕府に代る大臣との交際を求めているかのような報告が散見されるが、天皇が優位にあるとする自らの認識を投影させた推測とみるべきではなかろうか。

＊34 たとえば、主戦論の『横浜毎日新聞』は不平士族の反乱を防ぐための征韓を主張し、『朝野新聞』『郵便報知新聞』などは征韓の実施・成功による士族層の政治進出を警戒して非戦論を展開する。

＊35 『日本外交文書』九―七。

＊36 『横浜毎日新聞』明治九年三月二二日社説。新聞の引用では、片仮名を平仮名に直してある。

＊37 『東京日日新聞』明治九年三月二五日社説。

＊38 『郵便報知新聞』明治九年三月一六日社説。

第二章　朝貢関係と万国公法
——井上毅の琉球・朝鮮政策論

一　はじめに

明治初年以来の朝鮮との交渉は、維新政府内の征韓の主張に掣肘されて難航したが、江華島事件を口実にした武力的圧力により、一八七六年に「朝鮮国は自主の邦にして日本国と平等の権を保有せり」という日朝修好条規の締結にいたった。「平等の権」を有するとした条約によって、「王政復古し大号令天皇陛下より出る上は、朝鮮は古昔の如く属国となし、藩臣の礼を執らせねばならぬ」とする征韓論は否定され、新聞各紙は「朝鮮八道を挙げて之を瑞穂国内の版図に容れ、属国臣礼を以て彼の朝聘を受けんとする」ような見解を批判して、「敵邦抗礼を以て交通の当を得たる者」だと条約の締結を評価した。征韓論が直接に外交を制約した時代はひとまず終了したといってよい。[*1] このあとの時期には、「自主の邦」をめぐり、清国との対立が深まっていくことになる。

日本が朝鮮を「自主の邦」としたのは、清と朝鮮の伝統的な朝貢・冊封関係を断ち切ろうとする思惑からであるが、そうした朝鮮と中国の関係については、書契問題の紛糾の過程でも、強い関心が示されていた。一八六九年の宮本小一『朝鮮論』には、征韓思想とならんで、

朝鮮の国体極て曖昧なり。清主大挙して朝鮮を伐つ。朝鮮王面縛して降り臣と称す。清主其事を不朽に勒して石

碑になし、是を建て永く東藩たらしむ。其体裁君臣の分明了なれども、服飾制度を始め凡百の事清の裁制を受ず。両国共に痛痒に関係せず。故に道光鴉片の乱を始め長毛の一揆にも朝鮮の仏人と戦ひて敗衂したるも相互に越人胡人の肥瘦を視る如し。外国人も清国部内の国と視ず。按に西洋の公法独立国と半独立国との論あり。朝鮮は此半独立国に当るか[*2]

とするような見解もとりあげられている。七〇年四月に外務省が出した方針案は、当面は断交するという案や朝鮮へ皇使を派遣する案とともに、日清交渉を先行させる案を掲げており、それは、「朝鮮は支那に服従し、其正朔節度丈けは受」けているから、「先支那へ皇使を被遣、通信条約等の手順相整、其帰途朝鮮王京に迫り、皇国支那と比肩同等の格に相定り候上は、朝鮮は無論に一等を下し」て交際しようというものであった。七五年に新たな外務卿書契を持って森山茂が派遣される際の太政大臣三条実美の指令は、朝鮮側が「自ら清の属藩と称して事物悉く清に仰ぐの旨を主張」してきた場合には、即答せずに上申して指示を仰げとしている。

そして、一八七五年九月に江華島事件が発生したあとの木戸孝允の意見書は、

朝鮮の支那に於ける、現に其正朔を奉ぜり。其交際の相親結する、其患難の相関切する、明知する能はずと雖、その羈属する所あるや必せり。則我が朝鮮の顛末を挙げて一たび之を支那政府に問ひ、其中保代弁を求めざる可らず。支那政府其属邦の義を以て、我に代りて其罪を詰め、我が帝国に謝するに至当の処置を以てせしめば、我亦以て已む可し[*3]

という。ボアソナードは、「朝鮮は支那に対し全く臣属の国にあらず。また全く独立の国にあらず。一個中間の位置にあること明瞭なりと見ゆ」とし、「中間の位置に因り朝鮮は己れ自ら外国に対し犯したる所の暴言を補償するの方法も、また中間の方便を有つべきことを論究するは自然の道理なり」と述べている。全権黒田清隆の派遣と並行して清国公使に任命された森有礼は、朝鮮は清の所属だとする総理衙門や李鴻章らに対して、

貴王大臣の云ふに拠れば、朝鮮は属国と曰ふと雖ども、地固より中国に隷せず。故を以て中国嘗て内政に干預する無く、其の外国と交渉するも亦た彼国の自主するに聴せたれば、相強ゆ可らずとの語なり。由是観之、朝鮮は是れ一の独立する国にして、貴国の之を属国と謂へるは徒に空名耳み。彼既に隣と為り、我に暴戻を加ふ。而今使を遣し、以て之を責め、且我国人民の為めに自ら海疆を保安するの義を盡さゞるを得ず。此に因て凡そ事の朝鮮日本の間に起る者は、清国と日本国との条約上に於て関係する所無し[*4]

と反論した。話し合いは平行線のまま打ち切られるが、日本は一方的に朝鮮が独立国であるとみなしたうえで、日本と「平等の権」をもつとする日朝修好条規を結んだわけである。

伝統的な朝貢関係に基づいて朝鮮を属国だとする清国に対して、日本は万国公法に照らして朝鮮は独立国だと主張する。清国は宗主国として一八八二年の朝米条約締結を主導し、批准の際には国王の親書で自国が清の属邦であることを宣言させた。壬午軍乱においては軍隊を出動させ、大院君を清国へ連れ去るとともに、叛乱を鎮圧する。さらに、朝中水陸貿易章程では、前文において「朝鮮は久しく中国の藩封に列す」と謳った。八四年の甲申政変では、親日的な急進開化派が竹添進一郎公使と結んで清国との宗属関係を断とうとしたが、クーデターは失敗におわる。天津条約で妥協が成立して日清は撤兵するものの、朝鮮をめぐる両者の対立は九四年に至り、日清戦争の勃発に帰結した。陸奥宗光は『蹇蹇録』で、「日清両国の交戦は清韓宗属の関係に起因したる外交問題これが先駆となり、遂に砲火以て最後の悲劇を開くに至れり」とし、

日本は当初より朝鮮を以て一個の独立国と認め、従来清韓両国の間に存在せし曖昧なる宗属の関係を断絶せしめんとし、これに反して清国は疇昔の問題を根拠として朝鮮が自の属邦たることを大方に表白せんとし[*5]

云々と説明する。そして、翌年の下関条約は、「清国は朝鮮国の完全無欠なる独立自主の国たることを確認す」と述べ、朝貢関係の廃絶を確認した。伝統的な東アジアの国際秩序は解体を余儀なくされるのである。

ところで、このように朝鮮問題をめぐる日清対立の鮮明になっていく画期が、壬午軍乱・甲申政変の時期にあるのは大方の認めるところだが、日清戦争にいたる過程をどのようにとらえるべきなのか。維新による天皇制国家成立時からの侵略性を強調する見解がある一方、近年の研究では、天津条約体制の時期においても、強硬路線とともに「穏健路線」が存在したことが通説になっている。[*6] 外交を主導した伊藤博文や井上馨らの対清協調的な政策には、清の宗主権を容認するような発言もみられ、朝鮮中立化の構想など独占的な朝鮮支配論とは異なる側面も存在する。この時期の対東アジアの外交交渉において一貫して重要な役割を担い、中立化構想をもうちだした井上毅をとりあげ、朝貢関係と万国公法のかかわりがどのように考えられていたのか、同様の性質をもつ琉球をめぐる問題とあわせて、若干の整理をおこなってみたい。[*7]

二　琉球問題

(1)台湾出兵

廃藩置県がおこなわれる一八七二年、琉球の処遇について大蔵大輔井上馨は、「支那の正朔を奉じ冊封を受」けてきた「曖昧の陋轍を一掃」し、明確に「我所属に帰」すべきだと建言したが、これに対して左院は、「我より琉球王に封じたりとも、更に清国よりも王号の冊封を受るを許し、分明に両属と見做すべし」と答申した。同年九月、慶賀使として東京へ呼びつけた伊江王子に向かって明治天皇は、国王の尚泰を「琉球藩王」とする「冊封詔書」を授与する。[*8] 天皇と琉球王との間にはじめて君臣関係が設定されたことになるが、翌七三年に清国を訪問した外務卿副島種臣の一行は、台湾へ漂着した琉球漁民が当地の住民に殺害された事件を問題としてとりあげた。そして、清国政府から台湾の先住民（「生蕃」）は「化外の民」だとの言質を得ると、七四年に台湾への出兵を強行、日本軍は「生蕃」の地を蹂躙したものの、伝染病に悩まされて損害を出し、清国軍との衝突の危機も深まった。大久保利通が北京に赴いて清国政府と交渉することになり、万国公法を駆使してそれを補佐すべく派遣されたのが井上毅である。[*9]

領土侵害だとする清国に対し、日本側は「無主地」への出兵は万国公法に照らして正当だと主張して、交渉は平行線をたどった。しかしながら井上は、交渉に臨む方針案では、「万国公法に据るに、大地を佔有するものは、其の附属島嶼亦従而之を有するの権を得、且つ本国より建つる所の台湾府及其它県庁は、実に台島の本を占め生蕃は其の末に居る」のだから、清国側が「支那におゐて征討之権を執るべし」と主張してきた場合、その議論は「公法に根据」していて反論しにくいのだと述べている。[*10] つまり、無主地といえどもまずは近接の清国の権利が優先することを認めていたのであり、まして「熟蕃」の地をも侵したことを問題とされたときは、答弁が難しいのだと指摘する。そうした認識のうえに立って井上は、交渉の戦術のポイントを、清国の方から撤兵要求を出させるところにおいた。「台湾事件処置意見」では、

支那我が撤兵を求むるは、過去を論ぜずして、未来は彼の所属として管轄すべきの意嚮なり。是れ其の権利を新に得る者は、即時又其の義務に任ずべし。……支那におゐて土番負ふ所の両様の償(即ち軍費と贍恤金)を担当する事、即ち嗣後土番の事に責に任ずべきの実証なり

という。[*11] 撤兵をもとめるということは、これまではともかく今後は清国が「生蕃」をも自らの管轄下に置こうとする意思の表明であり、それならば「生蕃」の行為に対する責任を果たすという義務(賠償金と軍費の負担)をも負うことになるはずだ。したがって、「彼の撤兵を求むる語句を挑出」するよう交渉せよ、というわけである。琉球人民への賠償金を日本政府をとおして支払わせること、問罪のための出兵費用を補償させることによって、琉球が日本の領土であることを明確にするところに、交渉のねらいがあった。

⑵琉球処分

さて、帰国した大久保は、「尚泰儀、藩王に列せられ候ども、清国の所管を脱せしむるに至らず」とし、北京交渉で「幾分か我版図たる実跡を表し候へども、未だ判然たる成局に至り難」いと述べる。一八七五年三月に琉球が朝貢使を派遣すると、明治政府は清との関係断絶を命じた。これに対して琉球は、「支那への進貢慶賀ならびに彼の冊封を請け候儀差止められ候ては、親子の道相絶え候も同然」と述べ、「皇国へ対し奉り候ては皇暦を用い、支那に対しては彼暦を用い」るようにしたいと抵抗をみせる。七七年一一月には、清の初代駐日公使として何如璋が来日、翌七八年九月からは、琉球問題をめぐって寺島宗則外務卿との交渉がはじまったが、明治政府は七九年三月に警官および軍隊を派遣して首里城を接収し、琉球藩を廃して沖縄県を設置した。清国総理衙門は五月に琉球の存続を求めて日本政府へ抗議を申し入れ、翌八〇年四月までのあいだに双方で五回の文書のやりとりがなされる。日本側の文書は井上毅の起草になるといわれるが、琉球の言語・風俗の類似性や島津氏による征服とその後の薩摩藩との関係などを挙げて日本の領土であるとする一方、清国との朝貢・冊封関係を「虚文虚名」と切り捨てている。

最初の文書送付に先立ち、井上毅は一八七九年七月三日付けで三条実美・岩倉具視あて意見書を書き、今後の交渉の方針について述べる。[*12] ここで井上は、予想される清国の主張として、（イ）「琉球は其属国なり」、（ロ）「琉球は両属之国なり」、（ハ）「琉球は半主之国なり」という三つのケースを挙げている。このうち（イ）の「冊封朝貢固より支那の属国たり」とする主張についてては、

小国は、大国保庇の力を仰ぐが為に従て大国を推尊して其光栄を譲り自ら卑遜の列に居り、或は大国の保庇に頼らざるも其勢を欽慕し虚名を以て之を推尊す。然るに是乃同盟の種類にして、小国の独立たるを妨ぐることなし。……現今支那の安南・暹羅・朝鮮・琉球、諸小国に於ける、並に其自尊の風に由り虚名以て之を文飾するに過ぎず、一も保庇扶持の力あることなし。幾んど両国の際、少関係なき者に均きのみ

と述べて、「若し冊封朝貢のみを以てせば、琉球縦令実に日本に属せざるも亦た固より支那の属国に非ず」として反論ができるのだという。[*13] これに対し、（ロ）の「琉球縦令支那の専属に非ざるも亦日本支那に両属の邦たり」という議論については、

琉球は我が付庸たるに拘らず、其支那に朝貢し及冊封を受るを知りながら従前其自為に任せたるは、我れ亦其両属を認むるの証憑あるに近ければなり。此事に就て彼れ若し琉球果して日本固有の蕃国ならば、何故に三百年来其冊封朝貢他の国と私交するを縦せしやと云はば、我れ為に多少の答弁を費さざるを得ざるべし。是れ乃ち琉球は支那の専属国たらざるのみならず、併せて亦日本の専有たらざるに疑はし

というように、清への朝貢を黙認してきた以上、専ら日本の属国だとの主張には苦しい点があるとする。ただ、「両属」にみえても優劣があり、「彼此両国の琉球に於ける先後・名実・内外の間夐に相懸絶すること鑿々証拠あり、故に両属の争は事理証跡我れに利する者多きに居る」から、反論は可能だとするのである。

もっとも対応に苦しむのは、（ハ）の「琉球縦令多く日本に属するも亦半独立の邦たることを失はず、今俄かに其立国を絶つは公法に背くとす」るような議論を持ち出された場合である。「半主の国」について井上は、「欧州に一小国自ら独立すること能はず、数大国の保護を受け、其一大国之を併せんと欲して他の二三大国之を拒む者、其例甚だ多し」と述べ、イオニア諸島と英、クラクフと露・墺・普、モルダヴィアおよびワラキアと五大国、エジプトとトルコの関係を例にあげながら、

支那人若し外国人と密に相謀議し、欧州半主之邦を引て辞柄となすに至らば、我れ之が為に多少の答弁を費さゞるを得ざるべし、我れ若し答辞を措くの疎漏ならば、外国の公論は或は翻て支那に左袒するに至るも知るべからず

と懸念を示す。[*14] また、「公法家、人の国を弁ずるを以て不正の事とし、半独立の邦と云ども、亦政府の専権を以て之

を廃絶するを欲せず」として、イオニア諸島が一八六一年にギリシャへの合併を望んだのに英国下院が保護の継続を公布したこと、一八四六年のウィーン会議で露・墺・普三国がクラクフの墺への合併を約したのに対して、英・仏およびスウェーデンがそれを阻止した例をあげて、「若し琉球果して半独立国の類ならしめば前の諸例は皆支那の為に利益ありとせん」と指摘する。「半主之国」「半独立国」とこれを保護する大国との関係は、万国公法において尊重されるべきものであり、朝貢関係をこれにみたてるならば、清国の主張に有利に働くのだというわけである。[*15]

一方、「半独立」にかかわって、琉球が独自に清国との関係を維持してきたこと、幕末にアメリカ・フランス・オランダと条約を結んでいたことは、日本による併合の主張にとっては不利に作用せざるをえない。井上は、「公法家独立の邦と属国とを差別するに専ら外国交際権の有無を以てす」といい、まず、「内治に於て従前薩摩に属せしこと瞭然」であるが、「独り外交に至り幕府並に薩摩は琉球の自ら為す所に任せ之を不問に付する者の如し。即ち三百年来支那に朝貢して其冊封を受るも置て詰らざるのみならず、却て琉人に嘱して支那の通交を紹介せしめしことあり」という。[*16]ただ、これは鎖国時代のことであるから、公法をもって論ずべきことではないとすることができるものの、「琉人、米仏蘭と条約を訂して、而して当時我が政府たる者、之を黙許に付したるが如きに至ては、甚だ弁解を為すに困むものなり。而して其条約は皆咸豊の年号を用ヰ、又洋書漢書を以て文字を成したり」というように、欧米諸国との条約はいずれも近代的な形式を整えており、「条約の正統にして其効力は充分なることを得る者」である。したがって、「琉球は内治の我れに属するに拘らず外交上に就ては自ら一国を為す者に類似」するといわざるをえなかった。しかも、「右三国と締約の事に付、明治五年琉球を内藩に列するの後、我政府より三国に何等の照会をなしたることなし」という状況で、一八七二年にはアメリカからの照会に対して副島外務卿が「琉球の定約は当政府に於て維持遵行すべきを答」え、七六年の問い合わせにも、寺島外務卿は「琉球内政は逐次改革すと雖も定約に変換を生ぜず」とこたえた。つまり、フランス・オランダには何らの照会もなさず、アメリカに対しては

「琉球の各国と締盟したる条款は正当の者と認めたるなり。又琉球の以前各国と締盟すべき権利あるを認めたるの証とすべき」であるとした。井上は、清国側がこうした議論をしてくる場合には、反論が容易ではないと警戒したのである。

(3) 琉球分島案

琉球は歴史・文化的に疑いのない日本の領土であり、朝貢・冊封関係を根拠とする清国の議論は成り立たないとする公式文書での主張とは裏腹に、万国公法に照らしても日本への帰属は決して自明のことがらでなく、清国のいいぶんにも大いに根拠がありうることを井上毅は自認していた。したがって、答弁の仕方を誤まれば、欧米諸国が清国の主張に「左袒」する恐れがあるというのが、井上の認識だったのである。

総理衙門との文書でのやりとりのあと、一八八〇年三月に天津領事竹添進一郎が李鴻章と会談し、同年八月から宍戸璣公使と沈桂芬の間で交渉が始まるが、この交渉を補佐するために井上毅は北京へ派遣される。万国公法が必ずしも日本の主張を全面的に擁護するものではないとすれば、どのようにしたらいいのか。そこで案出されたのが、二島分割論である。琉球を沖縄本島と宮古・八重山とに分割して、後者を清国に与えるかわりに、懸案となっていた条約の改正問題で最恵国待遇を承認させようという提案である。これをどのように提起するかについて井上は、

彼の過大なる希望を論破して後に、我が分割二島論を発し、以て譲与の旨を表明するの時に於て、並せて同時に条約論を発し、此二項は乃ち同一聯貫の問題となして提出すべし

と留意点をあげている。[*17] その際に「二島分割の事すら固より我国に於ては至難の事たるのみならず、且つ時日を遷延するときは二島の地方にも漸被政教の着手、稍や頭緒に就くに至らば、費用浩瀚、及内国の人心物議に関係し、旋回し難きの情勢を生ずべきの意を示すべし」という。まずは清国の主張に強硬に反対し、そのあとから宮古・八重山の

譲渡という分割案を提示し、日本側が譲歩してやるのだという空気をつくりながら、条約の改正案を持ち出すのだとする。

本来は全く別個の二つの問題を抱き合わせにして、いっきょに解決してしまおうという構想である。万国公法に照らして琉球の帰属問題を正面から論議するのではなく、分島案を受け入れるか否かに交渉の焦点をすりかえてしまおうとするものだが、そこには論争することへの懸念が反映していたとみるべきだろう。しかも、談判不成立の場合、「我れは初めの位地に立て、争ふ所の目的なる琉球を失ふことなし」というのに対し、清国は「其発する所の争議を達すること能」わないから、「強て談判の簡潔を熱望せざるの意味を示して以て静位に居る」ようにすれば、日本としては優位に交渉をすすめられるはずだというわけである。思惑どおり分島改約案は調印直前にまでこぎつけたものの、最終的に清国が調印をこばみ、琉球問題は決着をみないまま日本による支配が継続することになる。[*18]

三　朝鮮問題

(1)壬午軍乱

北京で琉球問題の外交交渉が行われていた一八八〇年、第二次朝鮮修信使として東京を訪問した金弘集は、駐日清国公使何如璋から黄遵憲『朝鮮策略』を贈られる。この書がもたらされ、同年中に朝鮮政府が欧米諸国への開国方針を決定すると、翌八一年には衛正斥邪派による反対運動が盛り上がり、八二年七月にはソウルで兵士・民衆による壬午軍乱が発生した。閔氏政権が倒れて大院君政権が復活するが、公使館を襲撃された花房義質公使は仁川から長崎へ逃げ帰る。政府は軍隊を付して帰任を命ずるとともに、指揮をとるため外務卿井上馨が八月二日に出発して下関に向かった。一方、清国は宗主国として朝鮮への出兵を決定し、日本に対して調停の意向を伝えてくる。

井上外務卿は七日に下関に到着し、九日に東京の外務大輔吉田清成にあてて指示を出した。そこでは、「直ちに総理衙門との間に朝鮮属邦の談判を開くは必要なり。拙者帰京前、充分に該属邦論を合法討議ありたし」として、「将来支那政府との間に開くべき朝鮮属邦論の談判の第一着たらしめんが為」に、充分の検討が必要だと述べられている。清国政府との間に正面から属邦論の議論を行うべく、その準備を命ずるものであった。だが、一三日に田辺太一に出した書簡では一転して、「万一総理衙門より……朝鮮属国論等言及ぶとも一切取合わず」として、属邦論の議論は避けるよう指示がなされる。そして、一四日に下関をたち、一八日に東京へもどったあと、二〇日付けで発した花房公使あての指令でも、「或は清朝連合して我に向て属邦なりとの論を主張するも測る可からず。然らば我よりは力めて其論に干渉せず。元来属不属の論は今日朝鮮政府の難事を和解せしめんとするときに方り提議論定すべき事に非らず」として、清国・朝鮮側が属邦の議論をしかけてきても、それを回避するよう命じている。こうした井上馨の変化は何にもとづくのか。

この間に、井上毅の八月六日付「京城事変対処案」は、日本政府がとるべき方針について、

我が今度之主たる目的は専ら朝鮮に向て処分を求め我が満足之償を得るに在れば、清国と朝鮮非清国之属国論に渉り目的外之葛藤を生ずるは甚だ好まざる事なるべし。況や朝鮮非清国之属国否之問題に渉る時は、或は外之関係国々之中万一清国に左袒するものある時は意外之面倒を引起すべし。我が今度の暴挙を責むる之義挙は日星よりも明白なるに、若し朝鮮非清国之属国論に渉る時は、議枝葉に渉り遂に水掛論に落つるも難斗歟。故に可成は此枝葉之葛藤を避るること緊要なるべし

とのべていた。[*19] これにもとづいて、七日付でやはり井上毅が起草した山県有朋の意見書は、日朝が他国の仲介なく結んだ条約に基づき二国間のみで交渉に当たるのがよく、清の仲裁は拒否すべきであり、清の官員とのあいだで「朝鮮所属論に渉り、支那出張官と目的外の葛藤に渉ることなきを要すべし」との原則を確認したものである。[*20]

この事件の処理が、日本と朝鮮の直接的な交渉によるべきだとの方針は、ボアソナードらとの協議でも強調されているところだが、[*21] 井上毅の八月六日の文章は、万国公法に照らして清国の主張を論破し、日本の主張を列国に認めさせることが可能か否かについての不安を前提にしたものでもあった。朝鮮が属国か否かの議論は第三国が清に「左袒」する可能性を否定できず、「水掛論」に陥る懼れを自覚してのものということができる。井上毅が一二日に出した吉田清成あての意見書は、

清太宗之朝鮮を征服せるは前後両度に而、初度は天聡元年戦勝之後、隣国之誼を以而結盟し、次に崇徳元年と二年に掛け親征し、朝鮮王李倧臣と称し朝貢の約を為すに至て止む

といい、一六二七年と三六年の二度にわたる清軍の侵入により朝鮮が降伏して清との朝貢・冊封関係が始まった由来を論じている。このことは『太宗実録』『東華録』『聖武記』『大清一統志』などはもとより「我国出版之書」にも載せられているとして、『清鑑易知録』『清史擥要』の二書を「為参考差出候」という。そしてさらに、

右征服之事跡ある上者、朝鮮之事は琉球と懸隔之相違有之候。公法に依り局外より平心に論じ候へば、朝鮮は公法之所謂半独立之邦に而、即ちバルバリー之都児其におけると同様に而、朝貢国にして外国交際にのみ自主之権を有するものとなす事至当と存候。故に我が今度之葛藤に付ては、専ら一直線に我が国之朝鮮における直截之関係に支那之干渉を容れざる事のみ主張し、即ち朝鮮之半独立たるの理に依り、其交際上には自主之権ありて朝鮮自ら其責に任ずべく、我国は単純に条約第一条に拠り朝鮮と直接に談判すべきの論理を主張する事、最も精確之議と被存候。是に反し彼れ之属邦といへるに対し、我れより非属邦論を唱へ、彼の前年之琉球論と同一之論理を持せんとするは、議論横道に入り、我が朝鮮に対せる処分之目的にあらざるのみならず、且つ恐らくは水掛論に落ち、公法上之判断に於而も着手いたし兼候半歟。又縦令戦端を開くに至候ても、要償問罪之名義を捨てて属邦非属邦之論を名とするは甚だ非策と存候。故に啓文往復、又は照会に非属邦論を大喝に提出するは不可然

と述べる。[*22] まさに「公法に依り」「平心に」論じ、「公法上之判断」からしても、「非属邦論を大喝に提出」することは危険と感じざるをえなかったのである。

井上毅は八月一九日、花房公使を補佐するために朝鮮出張を命じられた。清国の仲裁は断ったものの、清国軍は大院君を拉致して連れ去ったうえ、反乱兵士らを鎮圧する。日本は復活した閔氏政権との間に済物浦条約を結んで、ひとまず事件は結着した。

(2) 朝鮮中立化構想

清国の介在なく直接に朝鮮との交渉で解決するという方針は貫かれたものの、壬午軍乱は清への大院君拉致によって解決され、出動した三〇〇〇の清国軍はそのまま朝鮮に駐留することになる。宗主国清の力はいっそう強まった。万国公法が必ずしも宗属関係を否定するものでないとすれば、どのように対応したらいいのか。

すでに事件のさなか、諮問に対するボアソナードの回答は、「日本は独立国たる韓国と条約を締結したるもの」であるから清国の仲裁は拒絶すべきだとしながらも、「韓国に於て若し其国の清国管下に在るの確証を示すに於ては、日本は条約の改正を拒絶すること能はざるべし」と述べていた。[*23] ただし、その場合には、「清国は韓国負担の義務の継続者たるを以て、必ず之を遵守」しなければならないという。さらにまた、「半属国」についての質問に対しても、「一般に半属国は政事上の性質を有する和親条約を結ぶの権を有せざるもの」だから、「某国（乙）に於て丙国の故障もなく、干渉もなくして、他の国（甲）と和親条約を専結するの単なる事実は、即ち乙国の独立たることを推定するを得る」と述べ、朝鮮は独立国とみなせるのだとする。[*24] もしも、半属国でありながら条約を結んだとしても、「管轄国若くは保護国は該条約締結の時に於て、其権理に付き抗議を為したるにあらざれば、之れに干渉することを得ず」として、清の介入を拒否して専ら朝鮮との間で交渉すればよいのだという。ただ、ここでも「管轄国」「保護

国」と「附庸国」「属国」の関係の存在は前提されているのであり、

乙国の丙国に属することを知らずして、善意を以て之と条約を結びたるときは、甲国をして乙国の丙国の附庸たり、且つ該附庸の義は、条約締結の同時代まで遡るものなることの證を確知せしむるまでは、甲国は其条約を維持し、之を履行せしむる事を得る

にすぎない。

こののち一〇月一九日の「国際法質疑四則」でもボアソナードは、独立国として条約を結んだあとで藩属国になったり併合されたりした場合、「上国」は従前の条約を尊重しなければならないとしつつも、「甲国を助けて、乙国の羈軛を脱せしめんが為に、丙国の執るべき方便、如何」という質問には、「国際法に反せるの事業を行ふに、一定の方便あることをしらざるなり」と断じている。[*25] つまり、

自国の小弱にして、隣邦に抗敵するの難きを悟りたるに於ては、其最も信任する所の一国、若くは其最も恐怖する所の一国の保護を仰ぐこと一に其意の随ふ所にして、決して他邦の喙を容るべき所に非ざるなり

というわけである。欧州ではそうした均勢を破壊することが各国の抗議を受けてむずかしいのに対し、「東洋に在ては、維持すべきの均勢なし。何となれば、古来未だ嘗て此の事なければばなり」としながらも、付言において、

余の丙国に勧告すべきの一事は、他にあらず。若し甲乙両国よりして、其上国となり、藩邦となるの事実を来報するに至らば、丙国は飽くまでも、其旧約の付与する権利の明文に依り、之に答ふるの事、是なり。将来必彼の上国を外にした、新条約を為すの権利を存ぜんとするが如きは、余が勧告を肯ぜざる所なり。何となれば是れ宜しく許すべからざるのことにして、若し上国に於て其権利を主張するに於ては、丙国は必ず之を承認するか、又は無名無義の戦端を開くの一に居らざるを以てなり

と釘をさしている。宗属の関係に第三国が介入することは許されないのであり、万一それを否定しようとするなら

ば、万国公法にもとづく外交交渉ではなく、力ずくでの決着に訴えるほかないことになろう。
　こうした状況をふまえて、壬午軍乱によって鮮明になった宗属関係強化の動きにどう対処すべきであるのか。しかも、懸念されるのは、「一変して支那之属国たる事を甘心し、我国に向ても、米英に当てたる同然之書面を送り、日韓条約之第一款を削除する之希望を提出するも難斗」ようにみえる朝鮮の状況である。[*26] 清国による宗主権強化の動きに対抗すると同時に、それに呼応して事大関係を戦略的に利用しようとする朝鮮側の動きをも封じ込めなければならない。井上毅は、済物浦条約締結のあと、ソウル城内を訪れるなどして九月一六日に下関に着き、翌一七日付けで「朝鮮政略意見案」をまとめ提出した。[*27] 朝鮮中立化の提案であり、その中心部分は、
　日清米英独の五国互に相会同して朝鮮の事を議し、朝鮮を以て一の中立国となし、即ち白耳義・瑞西の例に依り、他を侵さず、又他より侵されざるの国となし、五国共に之を保護す。
　一、五国中若し此約を破る者あれば、他の国々より罪を問ふべし。
　一、若し五国の外より朝鮮を侵略することある時は、五国は同盟して之を防禦すべし。
　一、清国は朝鮮に対して上国たり。朝鮮は清に対し貢国（トリビュテール）たりと雖も属国（デペンデーシー）の関係あることなし。朝鮮は一の独立国たる事を妨げざるべし。而して清国は他の四国と共に保護国（プロテクトラ）たるを以て、四国の叶同を得ずして独り朝鮮の内政に干渉することなかるべし。
　此策若し果して行はれなば、東洋の政略に於て稍安全の道を得るものとす。独り我が国の利益のみならず、朝鮮の為めには永久中立（ベルベチュエル・ニウトラリチ）の位地を得、且つ支那の羈軛を脱し、又支那の為めには其朝貢国の名義を全くして、而して虚名実力相掩はざるの患なかるべし
というものである。すでに朝鮮との条約に調印している五か国が共同して朝鮮への不可侵を約束し、他の国家による侵略には共同で排撃しようとする提案である。

井上毅のねらいは、「支那の果して如此干渉保護を永久に実行するは我国に関して不利の事とするは明なり」というような清国の宗主権強化の動きをくいとめるところにあり、いかに清国の力に制約を加えるかにあった。この構想によれば、清は「四国と」つまり日本と共に保護国であり、「四国の」つまり日本の叶同なくして独り内政干渉はできないことになり、それによって朝鮮は「支那の羈軛を脱」することができるということになる。宗属関係そのものの否定が困難ななかで、あくまでも万国公法のうえに立ちながら、清国の介入を斥け、日本の発言力を確保しようとするものである。列国による国際的な共同のかたちで、清国および朝鮮の関係強化の動きを封じてしまおうという構想といっていい。

井上毅は、この提案を山県や伊藤らに示すとともに、馬建忠あての書簡を書くなど、構想を具体化するための試みをおこなっている。*28 しかし、清国の側からすれば、当然に受け入れることのできないものであった。

(3)甲申政変

清国による干渉が強化されたのに対して、朝鮮の開化派は清との事大関係を維持しながら改革を図ろうとする穏健開化派と、宗属関係の打破を志向する急進開化派とに分化した。一八八四年一二月に金玉均ら急進開化派が企てた甲申政変は、その「政綱」に「朝貢儀礼の廃止」が掲げられていたとする『甲申日録』の記述に疑問の余地もあるが、清の宗主権への反発と「独立」が志向されていたことは間違いない。朝鮮自身が朝貢・冊封関係を否定してくれることは、日本にとって最も望ましいことである。竹添進一郎公使は事前の約束どおりクーデターを支援して駐留日本軍を出動させた。だが、清国軍の出動によって旗色が悪くなると早々に撤退をきめ、急進開化派の政権は文字どおり三日天下におわった。

事件の発生は一一日になって清国公使から外務省に伝えられ、仁川に逃れた竹添公使からの報告は一三日に入る。

外務卿の井上馨が出張中のため、伊藤博文が中心となり、外務省幹部に伊東巳代治・井上毅を交えて協議がなされた。翌一四日に提出された伊東の意見書は、竹添の行動を非難しながら、「穏便を事とする時は、竟に我より彼に謝罪せざるを得ざるの醜態を現出する」ことになりかねないとし、「公使の所措を是認」して「本邦の面目を完了」すべきだという。竹添の関与を隠蔽し、逆に自らを被害者として朝鮮政府に謝罪と賠償を要求しようとしたわけだが、特派された井上毅は、あとから全権大使として派遣される井上馨を補佐して交渉にあたることになる。

井上毅は一六日に横浜を出港、一九日には下関で伊藤博文・井上馨にあてた意見書を書き、交渉に臨む日本側の姿勢について、

何分残念に存候は、是れなりに事収まり候はば、将来支那人の勢力にて朝鮮を支配すべく、我が八年以来の政略水泡に帰する事也。今度の事は、少し無理にても可成支那人に向て論鋒を強くし、是非共彼れの駐留兵を引かしむる歟、又は隊長を革職せしむる歟、朝鮮人の為めに目を醒さしむる程の事無之ては不都合と奉存候

という。さらに、「要するに今度万国公法論に拘はり、或は我れ四分彼六分にて事團まり候歟、又は五分々々にて團まり候はば、向後朝鮮人は日本に向て唾も吐き掛けぬ有様に相成可申候半歟と苦慮奉存候」と述べている。[*29] 日本の後退が決定的な状況においては、もはや万国公法の枠をも超えた対応を辞さずということになろう。

二三日に仁川に着いたが、状況は想像をこえて厳しいものだった。二七日付けで伊藤らにあてた意見書では、

縦令朝人は一旦謝罪し和平に帰し候とも、将来支那の勢力は全く朝鮮を支配し、朝人も亦日本に対する交際政略に付ては全く支那に倚頼し、我国の朝鮮に於る八年以来の政略は地に墜ちて不可救に至る

と繰り返す。[*30] 万国公法によって、つまり外交交渉によって和平が実現しても、日本の勢力後退は確実である。ここから井上は、

支那の属国論と日本の朝鮮政略とは到底不両立の事物なれば是亦早晩一度は抵触することを免れざるべく候。今

度は円活なる外交主義と並に支那本国戦を避るの内情とにより一時平和に帰するとも、両三年内に又々第三の破
　裂を引き起すは鏡にかけて可見歟と被存候

と強調し、「大局の処分に論及するは越分の至、且書生論兵の態に似、嗚呼等敷候へ共」としながら、強硬な方針案を展開する。すなわち、「支那兵に十分戦勝の気にて驕慢を極め、又朝鮮人も今日迄不遜無礼交際上の条理外に出、和平の区域内にあらざるの言語を吐散すは、不可再得の好機会」であるから、「時機難得ニ大隊兵を以て京城を蹂躙し、清朝（韓）の兵を言はず手に障るをば散々に蹴散し、十分に国威を示し、一掃の後に速に和平に復」するというような、「朝鮮を以て一局部の戦地」となす如き方針を「深切冀望」するという。万国公法の枠内にとどまっては不可能な朝貢関係との対決を、武力でなす好機会だというわけである。

朝鮮との交渉は一八八五年一月九日、国王の謝罪、日本人死亡者・負傷者への補償、日本人将校殺害者の処刑、公使館・兵営の再建費などを認めさせた漢城条約で決着した。清国との交渉は北京でおこなうというのが、当初からの方針である。井上毅は一月一二日に帰国の途につくが、下関において、来るべき清国との交渉に備えて方針案をまとめている。[*31]

ここで井上は、「此儘にて和平を保つ」ことは、「我が朝鮮政略に於ては十年以来の目的を失」なう一方、「支那人に於ては四年の企図する所を達」するものであると強調する。問題の焦点は、清国の軍隊が駐留しているところにあり、「支那政府に迫り、朝鮮に駐在せる兵員を撤回せしむる」ことによってはじめて、「一方に於ては支那の朝鮮に於ける名義上の関係を存しながら、其実力の関係を絶ち、漸くに朝鮮をして独立の進路を得せしめ」ることもできるのだという。そして、撤兵を要求するための議論として、（イ）「朝鮮を以て支那の属国にあらずと論ずる」、（ロ）「京城の変に於ける彼の侵犯の所為を責むる」、（ハ）「善後の事宜を論じ両国将来の事端を防ぐを以て撤兵の名とする」の三つを選択枝として掲げ、このなかから選ぶのだとする。

このうち「立論直遂正大」なのは（イ）であるが、それは「尚ほ危険を免れず」という。その理由は、支那の朝鮮に於けるは三百年前征服の国に係り、朝鮮国王の降参状は掲げて清韓の歴史にあり、現に臣と称し朝貢し、朝鮮の官吏は自ら陪臣と称し、而して支那を称して天朝となし、其正朔を奉じ、小の大に事ふるを以て自居るは誣ふ可らざるの事跡にして、頗る欧州の保護国の位置に類し、其間事情迂曲にして未だ一言に断判し易らざればなり、故に日清の間議論一たび朝鮮属国論に渉るときは、支那は其全力を用ひても我に抵抗するに至るべく、到底兵火にあらざれば其結局を見ること能はざるは万々必然なり

という点にあり、この段階においてもひきつづいて、万国公法によって清と朝鮮の宗属関係を否定することは困難だとの考えにたっていることがわかる。清と朝鮮の関係を根源から否定するには万国公法にもとづく外交交渉でなく、それをこえたところ、「兵火」に訴えるのでなければならない。さらに、（ロ）に関しては、清軍の「先発侵犯」は明瞭とはいえ「證左の挙ぐ可きなく」、「発砲の前後を争ふは論旨未だ正大ならざるを免れず」として斥けられる。

したがって、とりうべき道としては、将来における衝突の回避を名目に双方の同時撤兵を求めるという（ハ）の選択になるが、ここでも清が応じないときは、「支那兵に向って我が威力を示し」し、「朝鮮を以て両国間の一局部の戦地となす」ことを覚悟しなければならないのだと強調する。和戦両様の構えでのぞまなければならないということだが、このあとに書かれた撤兵要求の談判の進め方についての意見書では、「開戦を公布するには其理由明白正大にして中外に愧づること無きを要す」るのであり、その場合の口実としては、「彼れの我公使の護衛兵を襲撃したるを以て抗敵の挙と看做し、之を回復するの要用は即ち一国正当防禦の道理に根拠するを以て論旨とする」のがよいのだと述べられている。[*32] 事件の本質は「清国の其隊長の指揮の下に在て我公使の護衛兵を襲撃したる」ところにあるから、「彼れの侵襲の挙を回復する為に撤兵を求め」るのだという。もしも開戦となる場合、正当性を主張するためには、まず清側が攻撃してきたことを非難したうえで、撤兵の要求を出すのがいいというわけである。

四　むすび

以上のように、琉球問題にしても朝鮮問題にしても、伝統的な朝貢・冊封関係を根拠にした清国の宗主権の主張を、万国公法によって否定しようとするのが日本の表向きの立場であったが、実際の交渉にかかわった井上毅は裏面において、万国公法が必ずしも清国の主張を否定できないとする懸念を強く持ち続けていた。琉球については、朝貢・冊封関係は虚文虚名にすぎないとして「属国」論の主張は論破が可能だとするものの、清への朝貢を許してきた以上、日本の専属とはみなせないとする「両属」論の否定には困難がともなうのだと警戒する。さらに、「半主の国」「半独立国」論を持ち出された場合、小国が大国の保護を仰ぐことは万国公法が認めていることであって、清と琉球の関係は否認しがたく、一方で幕末に独自に列強と条約を結んでいる事実は、日本による強引な併合の正当化を難しくせざるをえないという。答弁の仕方を誤まると、列国が清国の主張に「左袒」する可能性を強く警戒していたのであり、そうした認識から出てきたのが、万国公法にもとづく正面からの議論でなく、外交的な取引で手をうってしまおうという「二島分割案」であった。

朝鮮問題でも同様に、万国公法が清国の主張を全面的に退けるものではないと認識するがゆえに、井上毅は一貫して外交交渉において宗属問題の議論を回避する立場をとった。とりわけ一七世紀前半の二度にわたる清軍の侵入と朝鮮国王の降服の事実は、清国のいう属国論に根拠をあたえていると考え、列国がその主張に「左袒」することを恐れたのである。万国公法が大国による小国の保護をみとめており、第三国の介入は許されないのだとしたら、どのような方策があるのか。あくまでも万国公法に則して、壬午軍乱後の宗属関係の深化をくいとめるべく案出されたのが朝鮮中立化の構想であった。列国の条約によって、清国による宗主権強化の動きと、それに呼応して伝統的な事大政策を戦略的に再編・維持しようとする朝鮮の試みを封じてしまおうとするものである。列国の一員とすることで清国の発言を制約する一方、日本の発言権を確保しようとする構想であり、当然に清国の賛同を得られる性質のものではなかった。朝鮮内部から宗属関係の打破をめざした甲申政変が失敗におわり、日本の劣勢が避けられない情況で井上が唱えたのは、局面打開のための武力行使の主張であった。

さて、甲申政変のあと、朝鮮との漢城条約につづき、清国とは一八八五年四月の天津条約で双方の撤兵を実現させた。当面の妥協は成立したものの、朝鮮をめぐる対立は継続し、清国は袁世凱を駐箚朝鮮総理通商交渉事宜として赴任させ、宗主権の強化を図った。これに対して日本は、クーデターの失敗により親日的な急進開化派が没落して、朝鮮への介入の足掛かりを失ってしまい、日清戦争にいたる期間に大規模な軍拡をすすめていく。

しかしながら、一八八五年に外務卿井上馨が提案した朝鮮弁法八カ条は、朝鮮に関しては李鴻章と井上が協議して決定したうえ、李鴻章が朝鮮国王に実行させるというもので、清の優位を暗黙のうちに前提としていた。「利益線」論によって侵略性が注目される一八九〇年の山県有朋「朝鮮政略論」も、具体的な外交方針として掲げるのは列国の聯盟にもとづく朝鮮の恒久中立化の主張である。この山県意見書を書いたのは井上毅であり、壬午軍乱後に提起した中立構想をうけついだものであった。対清強硬路線が存在する一方で、軍乱後の朝鮮独立援助問題であらわれた対清協調的な「穏健路線」も併存していたわけである。

こうした「穏健路線」に関連して、のちに井上馨の伝記『世外井上公伝』は、壬午軍乱の際のジャパン・ガゼット紙が、「清国が今回の事件に干渉するは、列国公法上最も至当理の干預」だとして「朝鮮を清国の属国と認めず、全く一個の独立国」と主張する日本を批判したことをとりあげ、

公が殊に懸念したのは、清国の属国問題である。前に掲げたガゼット紙の如く、外人の大部は朝鮮を清国の属国と認めてゐるばかりでなく、北京駐箚の各国公使も米国公使の外は大方同様な見解を持つてゐた。それで若し清

国が強硬に属国を主張し干渉沙汰となり、諸外国が之に同意して我が国の朝鮮自主国説に反するやうな事があつては、啻に今回の事変の処理に困難を来すばかりでなく、将来朝鮮に対する我が政策が全くおこなわれなくなる云々と弁明する。[*33] また、日清戦争の直前において、開戦の口実をめぐる論議に関して陸奥の『蹇蹇録』は、「当時内閣の同僚は、この際宗属問題を以て日清両国の外交的争議とするに同意せず」とするが、その草稿に、当時内閣同僚特に伊藤総理は此宗属問題なるを以て日清両国の外交上の争議とすることに同意せず。其理由は、清韓宗属の問題なるものは其歴史甚だ古く今更に之を外交上争議の基因とするは稍々陳腐爛熟に属し、……第三者たる欧米各国は、日本政府は目下に現出する活的問題の為めに清国と争議を起すの已むを得ざるに至りたるにあらずして、疇昔の旧痍を探り故らに紛議の種子を蒔くものなりとの議を免れざるべしと云ふに在りというとおり、列国の目を気にする伊藤は、宗属問題を開戦の正当性の根拠とすることに最後まで躊躇していた。[*34] 万国公法においては、朝貢関係に根拠をおく清国の主張を根本的に否定することは困難だという認識が、「穏健路線」の背景には存在していたといってよかろう。

井上毅について検討してきたとおり、中立化構想をはじめとする一連の朝鮮政策論にみられるのは、一貫した朝鮮への進出の意欲である。天津条約体制のもとでの朝鮮弁法八カ条にしても、中立化案や共同改革案にしても、清国の宗主権が強化され日本の発言力が後退してしまっている状況下でのものである。清国の発言力が圧倒的ななかで、日本にも発言させてくれという提案なのであり、列国の聯盟に清国を引きずり込んで発言の余地をせばめ、列国の一員として日本の発言権を確保しようとするのが、そのねらいであった。「穏健路線」とは、けっして妥協的・融和的なものなのではなく、後退した日本勢力の回復という現状の変更をめざす積極的な主張であり、万国公法のもとでなしうる最大限の効果を追求した政策であったとみなければならない。それをこえて野心を貫くには戦争にうったえるほかなく、実際に日本は日清戦争を引き起こし、その結果として下関条約により朝貢関係の廃絶を実現させたのである。

註

＊1 吉野誠『明治維新と征韓論』（明石書店、二〇〇二年）、同「明治初期の日朝関係と征韓論」（『思想』一〇二九、二〇一〇年一月）、参照。

＊2 宮本小一「朝鮮論」（『日本外交文書』二―二、八五八―八六五頁）。宮本の朝鮮論については、諸洪一「明治初期の朝鮮政策と江華島条約――宮本小一を中心に」（『札幌学院大学人文学会紀要』八一、二〇〇七年三月）、参照。

＊3 「参議木戸孝允乞朝鮮派遣使臣建議案」（井上毅伝記編纂委員会編『井上毅伝　史料篇』［以下、井上毅伝と略記］六、国学院大学図書館、六〇―六一頁）。

＊4 明治九年一月一五日付恭親王あて森有礼書簡（『日本外交文書』九、一六五頁）。森は出発前の対清意見書で、「朝鮮は一の独立国にして、外交或は旧交を拒むは其権利の内の事」であり、江華島の事件も「公法を以て論ずれば、特り朝鮮のみを曲なりと裁す可き者に非」ずとし、日本政府の対応について「万国に対して恥じず、後世の批裁を待ても憾なき公正の条理に基かざる可らず」とのべている（明治八年一一月一四日「森公使の対清交渉意見」『森有礼全集』第一巻、七八〇頁）。

＊5 陸奥宗光『新訂蹇蹇録』（中塚明校注、岩波書店、一九八三年）二七、一三四頁。

＊6 高橋秀直『日清戦争への道』（東京創元社、一九九五年）、大沢博明「天津条約体制の形成と崩壊（一）（二）」（『社会科学研究』四三―三・四、一九九一年一〇月・一二月）、参照。

＊7 井上毅と琉球・朝鮮問題のかかわりについては、山下重一「対清改約分島交渉と井上毅」（『国学院法学』一九―四、一九八二年二月）、同「明治七年対清北京交渉と井上毅」（『栃木史学』三、一九八九年三月）、同「分島改約交渉と井上毅」（梧陰文庫研究会編『明治国家形成と井上毅』木鐸社、一九九二年）、同「琉球処分」（『琉球・沖縄史序説』お茶の水書房、一九九九年）、中島昭三「井上毅と朝鮮問題」（『国学院法政論叢』六、一九八五年三月）、多田嘉夫「甲申政変と井上毅」（『明治国家形成と井上毅』）、同「明治前期朝鮮問題と井上毅(1)―(4)」（『国学院法研論叢』一八―二一、一九九一年三月―九四年三月）、長谷川直子「近代日本における東アジア世界再編の論理」（『綜合研究』三、一九九五年一二月）、同「西欧国際体系の受容と井上毅」（梧陰文庫研究会編『井上毅とその周辺』木鐸社、二〇〇〇年）など、参照。朝鮮中立化構想に関しては、長谷川直子「壬午軍乱後の日本の朝鮮中立化構

想」（『朝鮮史研究会論文集』三二、一九九四年一〇月）、同「朝鮮中立化論と日清戦争」（『東アジア世界の近代 19世紀』岩波講座東アジア近現代史Ⅰ、二〇一〇年）、同「朝鮮中立化構想と日本」（趙景達編『近代日朝関係史』有志舎、二〇一二年）、大沢博明「明治外交と朝鮮永世中立化構想の展開」（『熊本法学』八三、一九九五年六月）、岡本隆司「『朝鮮中立化構想』の一考察」（『洛北史学』八、二〇〇六年六月）、同『世界のなかの日清韓関係史』（講談社、二〇〇八年）など、参照。

＊8 真栄平房昭「幕藩制国家の外交儀礼と琉球」（桑原真人・我部政男編『蝦夷地と琉球』吉川弘文館、二〇〇一年）、参照。

＊9 一瀬啓恵「明治初期における台湾出兵政策と国際法の適用」（『北大史学』三五、一九九五年一一月）、参照。

＊10 明治七年九月「台湾事件処置意見」（『井上毅伝』一、三四～三七頁）。

＊11 明治七年九月「台湾事件処置意見」（『井上毅伝』一、三七―三八頁）。

＊12 明治一二年七月三日付三条太政大臣・岩倉右大臣あて「琉球意見（一）」（『井上毅伝』一、一七三―一七五頁）。

＊13 「琉球意見（三）」（『井上毅伝』一、一七七―一八〇頁）。

＊14 註12に同じ。

＊15 註13に同じ。これへの反論は、「琉球は頗る自主の体を存すと雖ども究竟日本の境土なり」「公法家の謂ふ所半独立之邦は其条約に従て独立の部分と它の管属の部分との分界を得、而して琉球の島津家久に承けたる十五条の盟約は管属の部分其根本を占めたり」「明治の廃藩は全国一統の改革にして独り琉球のみ大政の外に逃る、を得ざる」との論法によるべしという。

＊16 「琉球意見（二）」（『井上毅伝』一、一七五―一七七頁）。朝鮮問題においては、清国の主張に反駁するために、条約締結を根拠に独立国とみなす議論が強調される。

＊17 明治一三年「日清交渉意見並照会案（三）」（『井上毅伝』一、二〇七―二〇九頁）。

＊18 明治一六年六月一四日付山県有朋あて書簡（『井上毅伝』四、六一七―六一九頁）で井上は、「琉王尚泰を以て沖縄島司となす」かわりに、清国とのあいだで「将来琉の事は総て不問に付」し「双方之黙認となし再たび商議結約することを仮らざるべし」との約束をとりつけるべきだという提案をしている。もしも清国が応じない場合は、「国是一決、速に軍国之準備に着手し、全国之力を挙て一に兵事に而已使用」するほかないという。

＊19 明治一五年八月六日「京城事変対処案」（『井上毅伝』一、三〇九―三一〇頁）。

＊20 明治一五年八月七日山県有朋「朝鮮事件ニ付清国関係之意見」（『井上毅伝』六、一三三―一三五頁）。

＊21 明治一五年八月九日「朝鮮事件ニ付井上議官ボアソナード氏ト問答筆記」（『井上毅伝』五、六二五―六三〇頁）。

＊22　明治一五年八月一二日付吉田清成あて井上書簡（『井上毅伝』四、六五八―六五九頁）。
＊23　明治一五年八月一〇日「韓国事件答議続稿第九」（国学院大学日本文化研究所編『近代日本法制史料集』八〈ボアソナード答議1〉、一五三―一五四頁）。
＊24　明治一五年八月一三日「半属国条約締結に関するボアソナード意見」（『近代日本法制資料集』八、一五九―一六二頁）。
＊25　明治一五年一〇月一九日「国際法質疑四則」（『近代日本法制資料集』八、一六二―一六五頁）。
＊26　明治一五年八月三〇日付山県有朋・井上馨あて井上毅書簡（『井上毅伝』四、六一一―六一二頁）
＊27　明治一五年九月一七日「朝鮮政略意見案」（『井上毅伝』一、三一二―三一三頁）。
＊28　明治一五年九月二三日付山県あて書簡（『井上毅伝』四、六一四頁）には「先度差出し永久中立国たる白耳義・瑞西之先例に倣ひ共同保護するは遂に不易之上策歟に奉存候」とあって、さっそく山県に働きかけていることがわかる。このあと花房や伊藤にも書簡を送っており、馬建忠への書簡も書いている。一〇月二九日にはボアソナードも「恒守局外中立新論」（『近代日本法制資料集』八、一六五―一六九頁）をまとめており、翌八三年には竹添が馬建常やメレンドルフにもちかけたり、榎本がアメリカ公使に対して提案するなど、構想を具体化するような試みもなされたことがわかる。長谷川「壬午軍乱後の日本の朝鮮中立化構想」、大沢「明治外交と朝鮮永世中立化構想の展開」、岡本「「朝鮮中立化構想」の一考察」など、参照。
＊29　明治一七年一二月一九日付伊藤・井上あて「京城事変意見（一）」（『井上毅伝』一、四三九―四四二頁）。なお、一二月一五日付けの伊東巳代治あての書簡では、「今度これなりに和平の談判に而収局候はゞ、将来十年間も於朝鮮、支那党の勢力不可当の有様に可有之候、又これくらい之事ならば、最初に支那之属国たるを認むるに若かず、……今日何も深く万国公法に拘るに及ばずと存候」（『井上毅伝』四、二七七頁）と述べている。
＊30　明治一七年一二月二七日付伊藤・井上・山県・松方あて「京城事変意見（二）」（『井上毅伝』一、四四二―四四五頁）。
＊31　「京城事変意見（三）」（『井上毅伝』一、四四五―四四七頁）。
＊32　「京城事変意見（五）」（『井上毅伝』一、四四八―四五〇頁）。
＊33　井上馨侯伝記編纂会『世外井上公伝』第三巻（一九三四年）四七八頁。
＊34　中塚明『『蹇蹇録』の世界』（みすず書房、一九九二年）一〇八頁。
＊本稿は、二〇〇四年一一月一九・二〇日にソウル大学で開かれたシンポジウム「東北亜諸地域間の文物交流」（震檀学会・韓国史学

会・人文社会研究会主催）の分科会での報告「朝貢体系の崩壊と変質」を文章化したものである。日本における研究史紹介の部分を削り、引用史料を追加するなど、報告集に掲載した文章に大幅な加筆をおこなった。

第三章　「脱亜論」の前後

――福沢諭吉の朝鮮論

一　はじめに

自らが深く関与した甲申政変が失敗し、日清両国間に天津条約が締結される直前の一八八五年三月、福沢諭吉は『時事新報』紙上に「脱亜論」[*1]を発表した。「文明東漸の勢」のなかでは「共に文明の海に浮沈し、共に文明の波を揚げて」（『福沢諭吉全集』⑩二三八頁）進むほかないのに、日本とちがって朝鮮・中国は「人種の由来を殊にするか」あるいは「遺伝教育の旨に同じからざる所ある」ためか文明化の能力を欠いており、したがって「今より数年を出でずして亡国と為り、其国土は世界文明諸国の分割に帰す」（⑩二三九頁）に相違ない。こうした状況のもとでは「我国は隣国の開明を待ちて共に亜細亜を興すの猶予」がないから、「心に於て亜細亜東方の悪友を謝絶」し「其伍を脱して西洋の文明国と進退を共に」するよう努力しなければならない。そして、彼らへの対応の仕方も、「隣国なるが故にとて特別の会釈に及ばず、正に西洋人が之に接するの風に従って処分す可き」（⑩二四〇頁）だというのである。

ところで、国家平等観の後退とともに福沢のアジア政策論が連帯論の段階から改造論へと変わり、さらに「脱亜論」を画期にして分割論という露骨な侵略論の段階に転換したとする見解をめぐっては、近年の諸研究によって厳密な再検討がなされつつある。[*2]坂野潤治[*3]・青木功一[*4]・初瀬龍平[*5]らの研究は、それぞれ「長期的観点と短期的観点」「理想主義と現実主義」「構造的認識と状況的認識」等々といった福沢アジア論を特徴付ける複眼的な思考の様式に、前後一貫しているとは言い難い彼の発言を統一的に理解する鍵を求めようとしたものである。アジア蔑視と侵略の要素は、「脱亜論」に至ってはじめて生まれるわけでなく、連帯論や改造論とされる段階においてもその底流に伏在しつづけていたことが明らかにされたといってよい。それでは、「脱亜論」ののちの福沢のアジア論はどのような展開を示すのか。「脱亜論」以前に比べると、それ以降の時期の研究が手薄であったことは否めない。[*6] そのなかで、日清戦争直前までの論説をトレースした崔徳寿[*7]が、福沢の朝鮮についての発言は「脱亜論」後も大きな振幅を繰り返し、開戦が近づく段階ではむしろ「脱亜論」以前と似かよった論調がめだつようになったと指摘しているのが注目されよう。

「主義とする所は唯脱亜の二字に在るのみ」(⑩二三九頁)とは、福沢自身の思想の核心を的確に表現した言葉だが、彼の脱亜の主張が近代以降の日本のアジアへの対応のあり方を規定し、「一九四五年の無条件降伏におわる戦争を、福沢が設定」したのだとすれば、それはいかなる意味においてであるのか。また、福沢の脱亜思想のなかで、一八八五年の「脱亜論」はどのような位置を占めると考えるべきなのか。本稿では、「脱亜論」以降の福沢の朝鮮に関する言説をあとづけることを通じて、[*8] この問題に多少なりとも接近してみることにしたい。

二 文明主義

(1)「脱亜論」以後

「西洋人が之に接するの風に従って処分す可き」だという「脱亜論」の発言が、列強による朝鮮・中国の分割競争への参入を意味するものだったことは疑う余地がない。「世界各国の相対峙するは禽獣相食まんとするの勢にして、食むものは文明の国人にして食まるゝものは不文の国」だという認識から、「食む者の列に加はりて文明国人と共に良餌を求めん」とするか、あるいは「数千年来遂に振はざる亜細亜の古国と伍を成し共に古風を守て文明国人に食まれん」（⑨一九五―一九六頁）とするかを二者択一的な課題として設定し、[*9] 国際関係は「脩身論」でなく力の論理で動くのだとの立場にたって、[*11] 前者の方向すなわち「猟者と為りて兎鹿を狩る」（⑨一九六頁）途を選択せよとするのが、ここでの福沢の主張であった。[*10] こうした議論の背景にあるのは列強の侵略に対する危機意識の深化だったが、[*12]「脱亜論」の発表後におこった英国の巨文島占領事件はそれを現実に示したものと考えられ、[*13]「東洋の小弱国にして滅亡の禍を免かれんとするも、殆んど無益の企望なり」（⑩三八六―三八七頁）との見通しが語られるまでになる。[*14]

しかしながら、「脱亜論」の一箇月足らずのちに書かれた論説でもなお福沢は、日本がとるべき朝鮮政策について次のように述べていた。すなわち、「我れは素より朝鮮を独立国と認めて対等の条約を結び、其目的は専ら彼の国民を文明開化に導て共に東洋に開明の新世界を開かんとするの長計なりしが故に、三、五年以来の変乱は政治社会尋常の小波瀾、固より期したるものなりと大胆に度胸を定め、朝鮮交際の利益は今後尚十年を期して収む可し」と考えて従来どおりのやり方を維持するか、それとも「朝鮮の事には一切関係するなしとして、手を袖にして坐視傍観せん」とするかは、軽々には決定しえぬ「今日の一大問題」（⑩二五五頁）である、[*15] と。しばしばひきあいに出される一八八七年一月の論説「朝鮮は日本の藩屏なり」[*16] も、なるほどその内容には後年の山県有朋の利益線論と軌を一にするものがあるとはいえ、福沢の力点は「明治十七年金玉均の変乱以来、日本人は全く朝鮮の事を忘れたるが如く、朝鮮の興廃存亡は毫も日本の安危に関する所なしと心得るが如き形跡なきにあらず」（⑪一七七頁）というような風潮に警鐘を鳴らすところにあって、必ずしも朝鮮への露骨な進出を説いたものではない。[*17] こののちの数年間は、朝鮮についての発言そのものが極めて少なくなっている。[*18]

再び朝鮮への言及がなされるのは一八九二年に入ってからであり、[*19] 論説「一大英断を要す」[*20] では、維新直後の木戸孝允の征韓論を例にしながら、議会開設後の政府と民党の対立を解消して国論の統一を図るため対外問題をとりあげるべきだと主張、その場合には朝鮮問題が最適だと述べて、以後の盛んな発言の口火をきった。だが、その際に福沢が表だって強調したのは、「我国は先ず自ら開いて西洋の文明を輸入し、以て今日の有様を致したる経験もあるが故に、隣国の為めに文明の先導者たるには最も適任の地位にあるものなり」ということであり、具体的な朝鮮政策として掲げたのは、

新開国の新事業一にして足らず、差向きの要は内政の整理にして、軍備なり、財政なり、又は郵便、電信、汽船、鉄道の仕組なり、何れも従来の風習を一洗して文明の風を採用するの必要あることなれば、先導者たる我国にては怠らず注意して其改良を促し、経験熟練の人を彼地に送りて事業を助けしむ可し（⑬四一七頁）

という如く、「脱亜論」以前と同様の朝鮮改造＝文明化の主張であった。[*21]「脱亜論」で示された分割論、つまり露骨な侵略の主張は、その前後の一時期をのぞいて、基本的に繰り返されることがなかったというべきである。

⑵朝鮮文明化論

一八九四年に東学農民軍が蜂起して清国の出兵が予想されると、福沢はいちはやくこれに対抗する日本軍の出動を訴え、[*22]さらに出兵後の日本が共同改革案を提起する段になると、符節を合わせて朝鮮の文明的改革を力説しはじめる。すなわち、

朝鮮は隣交唇歯の国にして日本と利害を同ふするものなれば、之を誘導提撕して共に文明開化の域に入り、世界に独立の体面を全ふせしむるは、東洋の先進を以て任ずる我国の義務にこそあれ、決して等閑に付す可きに非ざれば、日本人たる者は費用と努力とを愛まずして自から其任に当るの勇気なかる可らず[*23]（⑭四一三頁）

として、財政、法律・兵制・警察・教育などの改革や鉄道・汽船・電信・郵便等々の設置を説くとともに、日本の出兵はこうした「朝鮮の文明進歩の為めに必要の処置[*24]」（⑭四一六頁）であり、「朝鮮をして独立の文明国たらしめ、以

て東洋の大勢を支持するは我国本来の大目的[*25]」（⑭四三一頁）だと高唱したのである。そして、改革への援助は「純然たる文明主義に従て[*26]」（⑭四五七頁）やるべきだと述べ、こうした文明主義による改革は「東洋流の弊習を洗除し、人民の自主自由を得せしめて生命財産の安全を謀る[*27]」（⑭五〇九頁）もので、朝鮮人多数の幸福に帰するのだと意義づけた。

朝鮮改造の可能性について福沢は、

朝鮮は決して沙漠に非ず、土地も饒に人口も多く、物産にも欠しからずして、本来の国質は日本の内地に比して決して劣るを見ず。唯政治の仕組その宜しきを得ず、貴族士族の一流のみ私利を恣にして、人民をして殆んど塗炭の苦境に陥らしめたるが故に、貧国の実を呈したる次第なれども、其実は国に物なきに非ず、其物を集散するの仕組宜しきを得ざるのみ（⑭四一三―四一四頁）

と述べて、文明化の潜在的能力を認め、「政治の仕組を改良」できれば「優に東洋の一富国たること決して難きに非ず[*28]」という。文明化の成否が、なによりもまず政治改革の如何にかかつているという見解であり、その際の中心的な課題は、「真実文明の主義に従て我日本の政友たる可き人物を求め、之に国務の全権を執らしむる[*29]」（⑭五五七頁）ことに求められた。ここから、朴泳孝をはじめとする開化派の登用がくりかえし強調されることになる[*30]。そして、それを支えるための施策として主張されるのが、日本からの資金および人材の援助であった。すなわち、改革においては「電信・鉄道・道路・港湾の如き、運輸交通の大事業は其改良に金を要して素より彼の政府の力に叶はざることなれば、日本より資金を供給[*31]」（⑭四三二頁）することが必要であり、また、「臨時の処分として日本国人の中より適当の人を選んで枢要の地位に置き、之に万般の施設を任して行政の師範[*32]」（⑭五五七頁）とし、「官吏を貸与へて、中央政府より地方官庁に至るまで暫く日本人に預らしめ、彼の腐敗せる種族をして直接に行政の正則を目撃せしめて次第に訓養」するなどの措置がとられなければならない。「改革事業を成就するに最先の要素は人と金なり。朝鮮に人なく金なきは初より分り切ったる事実にして、……之を実施する人及び之を運転するの金を貸与ふるは、順序の免る可らざる所」[*33]（⑮一九頁）だというのである。

こうした改革を円滑にすすめ、さらに長期的な展望をひらく施策としては、とくに教育改革が力説された。開戦直後の段階で福沢は、「俊秀の子弟を選抜して日本に留学せしむるは勿論、其国内にも文明主義の学校を開き、子弟を教育するを第一着手として、次第に普通教育の組織にも及ぼす可し」と提案する。それは「今より七、八年後に至り、其教育の結果として新思想の人材輩出するときは、次第に文明の主義を彼の国中に伝へて人心を一変すること」[*34]（⑨五〇三頁）を可能にするものとみなされたが、三国干渉の時期になるとこうした側面がいっそう強調されるようになる。[*35]ただし、そこにおいても福沢が第一義の課題とみていたのはやはり政治改革であって、一八九六年一月の論説[*36]では、「政府の全権は金宏集、金允植、魚允中等の手に帰し」た閔妃虐殺事件以後の状勢を、「只管改進々歩の外に余念なく、彼の断髪令の如き、其新方針を形に現したるものにして、百般の政令、悉く日本を模範とし、政府の組織は勿論、法律規則の如きも日本人の手に成りたる改正を其儘実行して毫も改むる所なし」と絶賛し、「今彼の政府が其勧誘に従ひ方針を改進々歩と一決して着々進まんとする其文明の首途」（⑮三八六頁）に際して資金の援助をすべきだと訴えたのである。

右のような朝鮮改造＝文明化論は、「今を去ること十年、朴〔泳孝〕等が同志の人々と共に計画して失敗したる改革」と「符号した」（⑭五九八頁）もの[*37]であり、

明治十七年の変乱に失敗した金玉均、朴泳孝、徐光範、徐載弼の一類は、本来自国の独立開明の為めに事を挙げたる稀有の人物にして、今回日本政府より勧誘したる趣旨も正しく金朴徐の主義と異ならず[*38]（⑭六二五頁）

との言葉が示すとおり、福沢は甲申政変のときと基本的に同一の構想であると公言した。こののちロシアとの角逐が激化して日本の意図が貫けなくなった一八九八年にいたり、福沢は日清戦争以来の対朝鮮外交をふり返って、「義侠

心」と「文明主義」とが失敗の原因だったと総括する。[*39]義侠心とは、「我国人の朝鮮に対するや、其独立を扶植す可しと云ひ、義侠一偏、自から力を致して他の事を助けんとした」(⑯三二七頁)考え方、文明主義というのは、朝鮮人は本来文思の素に乏しからずして決して不文不明の民に非ず、……之を教へて文明に導くこと容易なるに似たり。左れば日本人の考にては彼の国情を以て恰も我維新前の有様に等しきものと認め、政治上の改革を断行して其人心を一変するときは、直に我国の今日に至らしむこと難らずとて、自国の経験を其儘に只管他を導て同じ道を行かしめんと勉めたること(⑯三二八頁)

であり、「日本同様の改革を行はしめんとした」やり方であった。日清戦争を思想的にリードしたとされる福沢の、その当時の朝鮮政策論は、「脱亜論」以前と変わりない文明主義的な改造論であったといわなければならない。

⑶侵略論としての文明主義

福沢の朝鮮論は「脱亜論」以後も大すじにおいて改造論であり、あからさまな侵略の主張は「脱亜論」に例外的にみられる発言にとどまるものであった。坂野潤治が明快に指摘するとおり、[*40]改造論こそが日本の朝鮮侵略を正当化しようとする議論であって、「脱亜論」はむしろ甲申政変の失敗で積極的干渉が不可能になった段階における一時的撤退宣言、天津条約による清国との妥協体制への移行を先取りした発言というべきものであった。再び朝鮮への介入が具体的日程にのぼり、それが実行に移される段になって、世論をリードすべく唱えられたのは、露骨な侵略論ではなく専ら改造＝文明化論である。このことは、侵略を正当化し、人々にそれを受けいれさせるための議論としては、文明化論こそが有効なものだったことを端的に示していると言えよう。

文明化論は、それ自体が西洋文明の価値観の押しつけに他ならないが、さらに、文明流の改革を悦ばざるは未開人の常にして、……頑民を導て文明の門に入れんとするには、兵力を以て之に臨むの外、好手段あることなし。……他年一日その迷夢の醒むるを待て忠告者の大恩を感ずることある可し[*41]（⑭四三五頁）

というように、力ずくでの介入を正当化する議論として唱えられた。日本軍は「文明開化の番兵[*42]」（⑭四六二頁）であり、「軟弱無廉恥の国民を導ひて文明流の改革を実行せしめんとするには、気の毒ながら脅迫の筆法に依頼せざるを得ず[*43]」（⑭六四六頁）というわけである。それはまた、「堯舜以来四千年、上下共に専制独裁の悪風に慣れ、陰陽五行の空論に酔ひ、何億の人類を文明以外に別居せしめて、亜細亜の大部分を汚し」（⑭四五二頁）ている「彼の老大の腐敗国は、……日本と事を共にして朝鮮の文明事業を助くるなど分外至極のこと[*44]」（⑭四五一頁）だとして、朝鮮への清国の介入を排除する議論となり、さらには、

今度の開戦は、日本が朝鮮に文明流の改革を促し自立、自から交ふるの実を全ふせしめんとしたるに、彼の支那人は其文明流主義に反対して種々の妨害を試みたるのみならず、遂に兵力を以て我に反抗の意を表し、剰さへ彼より端を開きたるより止むを得ずして戦を宣布するに至りしのみ。……隣国の改革に反対し、文明開化の事を妨げんとするに至りては、決して恕す可きに非ず[*45]（⑭五〇〇頁）

という如く、朝鮮の文明化を妨害する清国との戦争を正当化するものとして機能した。清国との戦いは、また、

若しも支那人が今度の失敗に懲り文明の勢力の大に畏る可きを悟りて自から其非を悛め、四百余州の腐雲敗霧を一掃して文明日新の余光を仰ぐにも至らば、……寧ろ文明の誘導者たる日本国人に向ひ、三拝九拝して其恩を謝することとなる可し[*46]（⑭四九二頁）

というように、清国自身の文明化に途を拓くものともされたのである。

一八九六年二月の親露派のクーデターによって親日的な開化派政権が倒れ、介入の足がかりを失なったあと、福沢

の論説には朝鮮文明化に懐疑的な言葉もみられるようになる。[*47]中国分割の開始による東アジアの危機の一層の深刻化を背景に、[*48]義侠心と文明主義を朝鮮政策の失敗原因とした先述の一八九八年の文章では、「今日の対韓方針は、内政を改革し独立を扶植するなど政治上の熱心をば従来の失策に鑑みて一切断念」[*49]（⑯三二八—三二九頁）すべきことが説かれた。この論説は、ちょうど甲申政変後の敗北・撤退宣言だった「脱亜論」に相当するものであり、「只多数の日本人を移住せしめ、殖産興業に従事して彼の人民と雑居し、交通触接の間に次第に其智識を開発せしめ、大に富源を開て与に天与の利益を共にせん」[*50]（⑯三二九頁）との主張は、実のところ侵略論以外の何ものでもなかろう。しかしながら、そこにおいても、「朝鮮人等は其事実を目撃して羨まざらんと欲するも得べからず。自から奮発して次第に政治法律の改正をも促すに至るは必然の成行にして、是ぞ即ち眼前に実例を示して彼等を導くの方法」（⑯三三〇頁）であり、「知らず識らずの間に朝鮮人を化して文化の域に至らしめんと欲する」（⑯三三一頁）ものだと、文明主義の看板をもちいた侵略の正当化が図られているのである。

三　脱亜主義

(1)世界文明の立場

さて、朝鮮文明化論という点で変化がなかったとすれば、一八八五年の「脱亜論」は福沢の朝鮮論のなかでどのような意義をもっているのか。そこに、彼のアジア論の展開において画期となるような要素はないのだろうか。日清戦争期の福沢の朝鮮論を特徴づけているのは、

今の文明世界に斯る鎖国の存在を許して地球面の共有物を私せしむるは、所謂天物を暴殄するものにして、人類の幸福、文明の進歩を妨ること此上もなき次第なれば、……彼をして国内百般の施設を改革せしめ、其弊政の源

を除て真実開国の事を行はしめんとするまでのことにして、人類の幸福、文明の進歩の為めに、至当の天職を行ふものなり[*51]（⑭四四四頁）

あるいは、

三十年前に東洋の日本を侵して維新の改革を促したる世界の文明主義が、単に日本の一国に止まりて比隣の諸国に及ばずとは到底有り得べからざることにして、……今回日本人が朝鮮政府に対して国事の改革を促し、彼をして強て其要求に従はしめんとしたるは、取りも直さず世界文明の風潮が人の手を仮りて波動を朝鮮に及ぼしたるものにして、日本人は只これが動機たるに過ぎざるのみ。……改革の当局者は単に彼我両国の為めのみならず、世界共通の文明主義を拡張するの天職を行ふものと心得て終始するの覚悟肝要なる可し[*52]（⑭四九六頁）

等々という如く、朝鮮の改造＝文明化を「人類の幸福」「世界文明」などの概念で説明しようとする傾向が顕著な点である。日清戦争も、前述のとおり朝鮮の文明化という目的によって意義づけると同時に、それが「世界文明の進歩を目的[*53]」（⑭四九二頁）とし、「世界文明の大勢が日本国に委任したる其天職[*54]」（⑭五〇一頁）を行なうものだと述べられていた。

こうした発言は、日本を欧米文明国と同列の位置において対朝鮮政策を論じようとする志向のあらわれであり、それはさらに、「東洋西洋など唱へ、其両洋の中にも種々の国土を形造り、其境を区別して恰も私有の姿を成し互に相犯することを得ざ」るかにみえるものの「今の世界と名くる地球の全面は、其面上に生々する人類の共有物に外ならない」のだから、

若しも或る国民が鎖国自から守りて外に通ぜず、其共有物を私するが如きものあるに於ては、力を以て其国を開き天然の約束に従はしむるは世界の正理公道を行ふに止むを得ざるの手段のみ。如何となれば世界の共有物を私して有無相通じ長短相補ふの道を塞ぐものは、即ち文明開化の進歩を妨げて人類の幸福を空ふするものなればな

り[*55]（⑭四四二頁）という如く、世界文明＝欧米諸国の利害の立場から侵略を正当化する議論を生み出すことになる。そして、これはまた、論理のいきつくところ、

進歩に就き日本を師として事を為す可きや、或は西洋諸国の中に依頼して謀を為す可きやは、時の事情に従ひ彼国人の自由に任して差支ある可らず。……孰れの国を師として改革の事を謀るも、其師とする所の者が西洋の文明国にして、苟も我国の利益名誉に損することなきに於ては、之に満足して敢て故障を唱へざるものなり[*56]（⑭五八一―五八二頁）

といった発言までを吐かせる要因になった。西洋と東洋の対立という現状把握の観点を放棄したこのような立場からは、欧米列強の侵略に抗してアジアの発展を図ろうといった発想は、頭から否定の対象とされるしかなかろう。「今の満清政府の存在する限り真実の同盟は到底覚束なし」[*57]（⑮一八一―一八二頁）と日清同盟論が排除されるその一方で、露館播遷後の一時期、欧米諸国と結んだ朝鮮の共同改革までが提唱されるのである。[*58]

このような世界文明の立場からする朝鮮改造論は、同じ文明化の主張であっても「脱亜論」以前のいわゆる東洋盟主論[*59]とは著しい対称をなしている。東洋盟主論にあっては、

方今西洋諸国の文明は日に進歩して、其文明の進歩と共に兵備も亦日に増進し、其兵備の増進と共に呑併の慾心も亦日に増進するは自然の勢にして、其慾を逞ふするの地は亜細亜の東方に在るや明なり、此時に当て亜細亜洲中、協力同心、以て西洋人の侵凌を防がんとして、何れの国かよく其魁を為して其盟主たる可きや。……亜細亜東方に於て此首魁盟主に任ずる者は我日本なりと云はざるを得ず。我既に盟主たり。其隣国たる支那朝鮮等は如何の有様にして、之と共に事を与にす可きや。必ずや我国に倣ふて近時の文明を与にせしむるの外なかる可し[*60]（⑧三〇頁）

といい、また、「三国の文明を謀り、共に文明の賜を与にして、共に自国の独立を固くし、東方復た西人の鼾睡を容るゝなきこと、我責任の終局なり」[*61]（⑧四二七頁）という如く、西洋と東洋の対抗関係のなかで日本をあくまでも東洋の一員として位置づけながら、朝鮮・中国の文明化を促してアジアの興起を図り、西洋の侵略を防ごうという構想を示していた。

(2)「脱亜論」の位置

もともと福沢にとって朝鮮・中国は、儒教主義を打破し文明化を図らねばならないという課題の同一性において深い関心の対象になっていたが、この課題は三国がそれぞれ独自に努力すべきものであった。「亜細亜諸国との和戦は我栄辱に関するなきの説」[*62]という論説の表題が象徴的に示す如く、彼らの文明化の成否は日本にとっていわば他人事であった。ところが一八八〇年代に入ると、「今の成行に任せ、今の有様に放却し、我より之を助けず、彼亦自から奮はず、不幸にして一旦此国土が西洋人の手に落ることもあらば、其時の形勢は如何なる可きや。我ためには恰も火災の火元を隣家に招きたるものにして、極度の不祥を云へば日本国の独立も疑なきに非ず」[*63]とするように、福沢は西洋列強の圧力のもとでの運命の一体性を強調し、日本が指導者となって朝鮮・中国の文明的改造を行なうという東洋盟主論をとなえるようになる。アジアの一員としてその発展をめざそうと主張する点でこの東洋盟主論はアジア主義的な傾向を色濃く帯びたものということができるが、福沢がこの時期、朝鮮進出をこうした形で説明しようとしたのは、それが説得力を持ちうるような一般的風潮を背景にしてのことであったろう。当時の日本の実力では如何ともし難い中国まで含めて改造の対象としたことが、現実の日清対立の激化のなかで東洋盟主論が破綻してゆく要因のひとつとなったものの、あくまで中国をも組み込んで立論しようとしたところに、この議論のアジア主義的な性格があらわれているとみるべきである。

一八八五年の「脱亜論」は、朝鮮の文明的改造が不可能だとして分割競争への参入を説くとともに、「共に亜細亜を興す」というアジア主義的な発想の放棄を宣したものであった。そのうち前者の側面が福沢の朝鮮論において一時的・例外的な発言にとどまったのに対して、後者の側面はこのあと一貫して維持され、否定されることがなかった。アジアの一員たることを拒否し、欧米文明国を中心に組織される国際社会においてそれと同格・同質の構成員たろうとする志向性を仮に脱亜主義と呼ぶならば、一八八五年の「脱亜論」は福沢において、アジア主義から脱亜主義への転換を公然と示した画期とみなしうる。「脱亜論」を境に、福沢の朝鮮論はアジア主義的な文明化論を捨て去り、脱亜主義的な文明化論へと転化したのである。

かくして、福沢アジア論の展開に即していえば、「西洋人が之に接するの風に従て処分す可き」だとした分割論の主張よりも、「共に亜細亜を興す」努力の否定と、「心に於て亜細亜東方の悪友を謝絶」し「其伍を脱して西洋の文明国と進退を共に」しようとする志向の表明とに、「脱亜論」の核心があったとみるべきである。福沢の脱亜の意識は、「西洋文明人の眼を以てすれば、三国の地利相接するが為に、時に彼は之を同一視し、支韓を評するの価を以て我日本に命ずるの意味なきに非ず。……其影響の事実に現はれて、間接に我外交上の故障を成すことは実に少々ならず」[*64]（⑩二四〇頁）という如く、西洋人の眼に映る日本像を絶えず気にかけている点にあらわれているが、「脱亜論」以後しだいに日本の評価は高まっていると認識され、日清戦争の勝利は脱亜の進展に対する自信をいっそう深めることになった。[*65]さらに一八九九年の義和団鎮圧のための出兵に際して福沢は、「日本軍人の真相を世界列国の眼前に示したるは、実に空前絶後の偉勲にして、真実国の為めに謝せざるを得ず」[*66]（⑯六二二頁）と語り、

今回始めて欧米諸強国の兵と共に戦争を与にして、其面前に斯くの加き戦功を博したるものと云ふ可し。我輩は太沽に天津に日本兵が勇戦奮闘、他に対して一歩も後れを取らざりし其戦報の記事を読む毎に、自から涙の下るを禁ずる能はずして只管感激の情に堪へざるものなり[*67]（⑯六二三頁）

と書いている。福沢にとって、これが脱亜のひとまずの完成であったということができよう。

四　むすび

福沢の思想は、アジアの独自の伝統を否定して西洋近代文明をめざすべき価値とした点で、まさに脱亜の思想と呼ぶにふさわしいものであった。[*68] この文明主義に立つ彼の朝鮮論は、基本的に一貫して改造＝文明化論であり、分割論という露骨な侵略の主張は「脱亜論」での例外的なものにとどまった。

文明主義にもとずくアジア論には多様な形態があり得ようが、侵略を正当化する理屈としては文明化論こそが最も有効性の高いものであり、福沢のみならず近代日本のアジア侵略論はおおむねこの形態をとっている。この場合、アジアの一員たる立場からの義務として日本の援助・介入を説明するのか、それとも世界文明の使命といったものを強調するのか。福沢にあっては、前者すなわちアジア主義的な文明化論から後者つまり脱亜主義的なそれへの転換を示すのが、一八八五年の「脱亜論」であった。福沢の朝鮮論が侵略を支えたイデオロギーの典型であるのは、「脱亜論」におけるあからさまな侵略の主張のゆえであるよりも、その前後を一貫する文明主義と、それに立脚した文明化論のためであるといわなければならない。

註

＊1　「脱亜論」〔(18)〕85〔年〕3〔月〕16〔日〕——以下、数字はいずれも『時事新報』掲載の日付)。なお、本文中の引用頁数は慶応義塾編『福沢諭吉全集』全二一巻（岩波書店、一九五八〜六四年）によった。丸囲みの数字は巻数を示す。『時事新報』への掲載論説は『全集』第八巻から第一六巻に収録されている。

＊2　福沢のアジア論に関する研究としては、後掲の諸論文のほか、丸山真男「解題」（『福沢諭吉選集』第四巻、岩波書店、一九五二年）、橋川文三『順逆の思想――脱亜論以後』（勁草書房、一九七三年）、今永清二『福沢諭吉の思想形成』（同、一九七九年）などがある。

＊3　坂野潤治「「東洋盟主論」と「脱亜入欧論」」（佐藤誠三郎、R・ディングマン編『近代日本の対外態度』東京大学出版会、一九七四年）、『明治・思想の実像』（創文社、一九七七年）、「明治初期の対外観」（『近代日本の外交と政治』研文出版、一九八五年）、「福沢諭吉にみる明治初期の内政と外交」（同右）。坂野は、福沢のアジア観の検討においては中国観と朝鮮観とが区別されるべきであり、そのそれぞれについて長期的観点からの分析と短期的なそれとが必要で、とりわけ中国観については長期的観点からする蔑視と短期的観点からの畏怖の強調とが使い分けられていた点に留意せねばならないとする。短期的観点からの状況的発言は、外交のみならず内政に対する課題意識と密接な関連をもっており、内政・外交にわたる福沢の状況認識の総体を踏まえることなしには、彼のアジア観の理解は困難だと問題提起している。

＊4　青木功一「「脱亜論」の源流」（『慶応大学新聞研究所年報』九、一九七八年）、「福沢諭吉の朝鮮観」（旗田巍先生古稀記念会編『朝鮮歴史論集』下巻、龍溪書舎、一九七九年）、「「時事新報」論説の対清論調（一）」（『福沢諭吉年鑑』6、一九七九年）、「「時事新報」論説における朝鮮問題」（『慶応大学新聞研究所年報』一四、一九八〇年）。青木は、朝鮮・中国の文明化に力を貸してやろうという「理想主義」と、外圧のもとで独立を守らねばならないとする「現実主義」とのからみ合いを軸に、福沢の朝鮮および中国に関する発言を丁寧に跡づける作業を行なった。

＊5　初瀬龍平「「脱亜論」再考」（平野健一郎編『近代日本とアジア・文化の交流と摩擦』東京大学出版会、一九八四年）。初瀬は、脱亜論には国内レベルのそれと国際レベルのそれとがあるとし、後者について福沢の国際関係認識を検討する。西欧国家体系には平等な国家関係に基く内の原理と支配・従属的な非ヨーロッパ世界に対する外の原理の二側面があることを福沢は早い時期から知っていたが（構造的認識としての脱亜論）、近隣アジア諸国に対しては状況に応じて外の原理を適用していった（状況的認識としての脱亜論）。状況的認識としての脱亜論は、朝鮮に対しては明治初年から成立しており、中国に対しては日清戦争の結果はじめて成立しえたという。

＊6　「脱亜論」以後の福沢のアジア論に関しては、青木功一「「時事新報」論説の対清論調（二）」（『福沢諭吉年鑑』七、一九八〇年）、「思想家の中のアジア――福沢諭吉の朝鮮論」（『横浜市立大学論叢〈人文科学系列〉』三二―一、一九八一年）がある。

＊7　崔徳寿「福沢諭吉の朝鮮観研究（Ⅰ）」（『民族文化研究』一七、高麗大学校民族文化研究所、一九八三年一二月）。

＊8　福沢の発言に振幅があるのは、そのほとんどが状況的発言であったことと共に、自らの主張をきわだたせ、読者を説得するために駆使したレトリックによるところも大きい。「今回朝鮮の事件に就て、我政府の真意の所在を内外の人に明告して、内国の人民をして方向を誤ることなからしめ、外国の人をして我政府を妨ることなからしめんとするには、政府に於て国中一般の新聞紙を利用すること、最も緊要の策ならん」（「朝鮮の事に関して新聞紙を論ず」82・8・19）というような新聞紙上での論説をもとに本稿が検討しうるのは、福沢が本当のところ朝鮮をどう観ていたかではなく、どのように論じたか、どのような論理で日本の朝鮮進出を正当化し、読者を説得しようとしたかという問題に限定される。

＊9　「外交論」（83・9・29〜10・4）。

＊10　「国交際の主義は脩身論に異なり」（85・3・9）。

＊11　「凡そ道理論の喧しきは国交際を最として、其論の不通用なるも亦国交際を最とす。蓋し其道理たるや真の道理に非ずして兵力を以て製造す可きなるが故に、交際の一事一物も道理ならざるはなく又不道理ならざるはなし」（「兵備拡張論の根拠」85・3・26〜27）という。

＊12　中国に関しては、「支那人民の前途甚だ多事なり」（83・6・12〜13）から「日本は支那の為に蔽はれざるを期すべし」（84・3・5）あたりまでの諸論説では改革の動きに言及していたが、清仏開戦後の「支那政府の失敗支那人民の幸福」（84・7・7）以降になると外圧のもとでの改革の可能性に否定的な見解を示すようになり、「東洋の波蘭」（同10・15〜16）では図入りで東アジア分割の予想を述べるに至る。

＊13　巨文島事件に関しては、「英露の挙動、掛念なき能はず」（85・4・13）「対馬の事を忘るべ可らず」（同6・24）「巨文島に関する朝鮮政府の処置」（同6・27）「日本帝国の海岸防禦法」（同7・23〜30）などを書き、英国の行動に対抗して露国が元山や済州島をねらっており、対馬も安泰ではないと危機を訴えている。

＊14　「朝鮮の滅亡は其国の大勢に於て免る可らず」（一八八五年八月）。この論説は、朝鮮人民は政府の圧政をうけるよりも「露なり英なり、其来て国土を押領するがまゝに任せて、露英の人民たるこそ其幸福は大なる可し。……強大文明国の保護を被り、せめて生命と私有とのみにても安全にするは不幸中の幸ならん」と述べた論説「朝鮮人民のために其国の滅亡を賀す」（85・8・13）により『時事新報』が発行停止となったため、掲載を見合わせられた。こののちの「大院君の帰国」（85・9・24）「朝鮮の大院君帰国したり」（同10・30〜31）では、「朝鮮は其名こそ尚ほ独立国なれ、其実は今日既に亡国の籍に加入せられ居るなり」「我輩は朝鮮国の時勢に付き僅に数年の間その無事を保険せよと云はるゝも、保険料の多寡に拘はらず先づ以て平に之を辞退する者なり」

云々とのべる。

＊15　「朝鮮国の始末も亦心配なる哉」（85・4・11）。

＊16　「朝鮮は日本の藩屏なり」（87・1・6）。この論説で福沢は、「遠く日本島外の地にまで防禦線を張り、早くも日本島外の地に於て敵の侵入を喰留むるの工風肝要なるべし。今日本島を守るに当りて、最近の防禦線を定むべきの地は必ず朝鮮地方たるべきや疑を容れず。若し朝鮮地方にして一旦敵の拠る所とならんか、日本の不利益実に容易ならず」という。なお、一八八五年末の大阪事件にかかわる朝鮮での風聞に関連した「朝鮮の処事」（85・12・18）「朝鮮の事」（同12・19）でも、朝鮮は「日本の厄介国」だが「軽侮無用視すべき国柄」ではなく、その動向に注意をおこたってはならないと説いている。一八八六年中には、金玉均の小笠原移送問題についての論説「金玉均氏」（86・8・11）「小笠原島の金玉均氏」（同8・25）がある。

＊17　「脱亜論」後の中国に関する論説では、清仏戦争終結ののち分割への危機感はやわらぎ、「支那は果して其大版図を保つ能はざるか」（85・8・31〜9・1）で、「支那の存亡は両説に理ありて、独り其一方を偏執す可らず」とのべて文明化の可能性に注意をうながす。このあとの「支那軍艦を如何せん」（86・8・20）から「清国軍艦の来航に就て」（91・7・22）にかけての諸論説でも、改革の試みと軍備の増強に言及している。

＊18　一八八八年から九〇年にかけては朝鮮を主題にした論説がみられず、九一年には「朝鮮の警報を敏捷ならしむべし」（91・9・27）がある。

＊19　「山陽鉄道会社」（92・4・19〜20）および「朝鮮の変乱」（同6・24）で、朝鮮における列強の角逐と政情の不安定を指摘する。

＊20　「一大英断を要す」（92・7・19〜20）。「明治の初年に大政一に帰して、……諸藩の兵隊は何れも東京に集まりたるに、此兵隊は互に組織を異にするのみならず、其主義思想も銘々に異にして、動もすれば互に相争はんとするの勢あり。……時の参議木戸準一郎氏は茲に一策を案じ、……変を予防せんとするには、兵隊の鋒を外に向けて其思想を一に集むるの外に策ある可らず、外に向けるとあれば其方向は取敢へず朝鮮なり、朝鮮罪なしと雖も内の治安の為めには換へ難し、……木戸が此案を提出したるは維新後匆々の時にして、西郷翁等の征韓論に先つこと数年前なり」という。さらに福沢は、「人心を外に転ぜしむるの方便としては、南洋諸島に植民地を開くの策もなきに非ず。其策敢て不可なるに非ざれども、植民の事業は余りに尋常の計画にして、一時に人心を転じて内の紛争を忘れしむるの効能少なかる可きが故に、我輩は矢張り木戸氏の顰に倣ふて朝鮮政略を主張せざるを得ず」としている。

＊21　ひきつづいて、「朝鮮政略は他国と共にす可らず」（92・8・25）「所属論は論ぜずして可なり」（同8・26）「先づ天津条約を廃

す可し」（同10・1）「天津条約」（同10・11）「天津条約廃せざる可らず」（同10・12）を書き、清国の主張する朝鮮属邦論にはとりあわずに文明の先導者として朝鮮の改革と独立に努力すべきであり、臨機応変の処置がとれるように清国と交渉して天津条約を廃棄しておくべきだと主張する。一八九三年には、朝鮮の国内情勢を論じた「朝鮮の政情」（93・4・18）「閔族の地位」（同4・19）「朝鮮の近情」（同6・4）のほか、防穀令事件の交渉に関連した「防穀事件の談判」（93・5・17）「防穀の談判急にす可し」（同5・18）「談判の結局如何」（同5・19）「両国民相接するの機会を開く可し」（同5・20）「朝鮮談判の落着、大石公使の挙動」（同5・23）「国交際の療法」（同6・6）その他の論説があり、ここでは大石公使の強硬な談判のやり方を擁護している。一八九四年にはいると、金玉均暗殺に関した「金玉均氏」（94・3・30）「金玉均暗殺に付き清韓政府の処置」（同4・13）「韓人の治安妨害」（同4・19）を経て、「一定の方針なし」（同5・3）「他を頼みにして自ら安心す可らず」（同5・4）では、朝鮮をめぐる清国との角逐のもとで明確な対朝鮮政策を確定すべきだと主張した。

＊22 「朝鮮東学党の騒動に就て」（94・5・30）で福沢は、「朝鮮政府は危急の場合に至り必ず支那に向て援兵を請求する」だろうが、そうなれば「彼半島の全権はますます其手中に帰して朝鮮独立の実を害し、其結果は東洋に於ける我国権の消長にも影響する」から、「日本も亦彼と同勢力の兵を発して是非とも対等の地位を占めざる可らず」と述べ、以後、日清戦争および朝鮮・中国に関した数多くの論説を執筆する。

＊23 「朝鮮の文明事業を助長せしむ可し」（94・6・17）。

＊24 「日本兵容易に撤去す可らず」（94・6・19）。

＊25 「速に韓廷と相談を遂ぐ可し」（94・6・30）。

＊26 「外国の勧告を拒絶して更に如何せんとするか」（94・7・14）。

＊27 「改革の結果は多数の幸福なる可し」（94・8・10）。「本来西洋と東洋と、政治上に文野明暗の差別は、一方は多数の幸福安全を主としてますます之を拡張せんとする其反対に、一方は少数の快楽の為めに多数を圧制するの相違に在り。朝鮮の改革にして果して東洋流の弊習を去り、文明日新の地位に進まんとするの目的ならんには、少数の快楽を多数の幸福の犠牲に供するは自然の成行」であり、「朝鮮人も数年の後に至り改革の結果を見て始めて日本国人の志を知り、始めて大に感謝の情を表することとなる可し」とのべる。

＊28 前掲「朝鮮の文明事業を助長せしむ可し」。また、「朝鮮国の弊事」（94・11・23〜28）では、「改革の実を挙げんには、断然政府の根底より顛覆して其組織を一変し、百年の弊根たる地方制度の大改革を行はざる可らず」として、中央および地方政治の問題点

を論じている。

＊29 「朝鮮の改革に因循す可らず」（94・9・7）。

＊30 「井上伯の朝鮮行」（94・10・14）「井上伯の渡韓を送る」（同10・16）「朝鮮国の革新甚だ疑ふ可し」（同11・3）「朝鮮政府は何が故に朴徐輩を疎外するや」（同11・9）「朝鮮の改革」（同11・11）など。

＊31 「大使を清国に派遣するの必要なし」（94・7・3）。

＊32 前掲「朝鮮の改革に因循す可らず」。

＊33 「朝鮮の公債は我政府之を貸与す可し」（95・1・15）。

＊34 「教育の改良最も肝要なり」（94・8・7）。

＊35 「朝鮮の処分如何」（95・7・14）「朝鮮人を教育風化す可し」（同7・19）において、「朝鮮の国民愚昧なりと云ふと雖も、純然たる野蛮人に非ず。……殊に上流の士人中には往々緻密の思想に富んで事物の分別に明なる人物も少なからざれども、只幾千年来支那より伝染したる儒教中毒の結果、一般の気風を腐敗せしめて今日の極に達したるものなり。……一旦豁然として大に悟るときは忽ち心機を転じて改進々歩の望なきに非ず」とし、「一般の国民を直接間接に教育風化して文明の門に入らしむるの手段肝要なり」「普通教育の法を国中に布て一般の知識を開発し、又は新聞紙を発行し演説法を奨励して時事の形勢を知らしむるが如き、何れも必要なる事にして、就中秀才の少年を募集し、之を外国に派遣して、直に文明の空気に呼吸せしめて、新鮮の要素輸入の道を開くは、国事進歩の為め最も有力にして、其実効偉大なるや疑ふ可らず」という。

＊36 「朝鮮政府に金を貸す可し」（96・1・23）。「国王も其人々を信任して疑はず、大院君は全く政治の関係を絶して老を楽むの外、余念なく、閔族は王妃の不幸以来、陰にも陽にも勢力を失ふて回復の望なきのみか、一門零落、顧みるものなきは、平家の末路に異ならず。……朝鮮の現内閣は内外の関係より全く自由を得て、独立の運動を逞しうする其運動の主動者は前の金魚三人を中心として、之を輔くるに内部の愈吉濬、法部の張博の如き熱心なる若手の羽翼あり、百事意の如くならざるなく、基礎ますます鞏固にして自から永久を期すが如し」とのべていた。

＊37 前掲「井上伯の朝鮮行」。

＊38 前掲「朝鮮国の革新甚だ疑ふ可し」。

＊39 「対韓の方針」（98・4・28）。

＊40 前掲坂野「「東洋盟主論」と「脱亜入欧論」」参照。

＊41 「兵力を用るの必要」（94・7・4）。

＊42 「朝鮮改革の手段」（94・7・15）。

＊43 「破壊は建築の手始めなり」（94・11・17）。日清戦後にも、例えば「今の世界に国して、国事に人事に一より十に至るまで文明主義に従ふに非ざれば、国その国にあらず、……日本人は彼の為めに先づ独立国の名を正ふすると同時に文明主義の教導に従事したり。……朝鮮の如き腐敗の大病国に文明の新主義を注入せんとして、干渉の議を憚り優柔不断、遠方より傍観しながら、果して能く実効を奏す可き妙手段なきは、三歳の小児も了解に難からず。……朝鮮の干渉は啻に遠慮するに及ばざるのみか、我輩は其干渉のますます深くして文明入門の成功ますます速ならんことを祈る者なり」（「朝鮮問題」95・6・14）などと述べている。

＊44 「朝鮮の改革は支那人と共にするを得ず」（94・7・12）。「日本人は恰も文明医学の学医にして、学問上の真理原則に従て病を察し薬を投じ着々肯綮に中る其反対に、支那人は按摩同然の藪医にして頼む所は一篇の傷寒論のみ、……彼の張仲景の流が幾千年前に発明したる処法に従ひ、葛根湯を服せしむるの外に技倆の見る可きものなし」（前掲「外国の勧告を拒絶して更に如何せんとするか」）云々という。

＊45 「直に北京を衝く可し」（94・8・5）。「朝鮮国が従来師として学びたるは支那と名くる固陋の村夫子にして、……今の文明世界に許す可らざる傍若無人の挙動を働きたるにぞ、隣国なる我日本国は之を坐視するに忍びず、文明の為めに弟子国の独立の為めに傍若無人の村夫子を放遂して進歩の方向を示し、以て自立の実を全ふせしめんことを試みたるのみ」（「朝鮮の独立」94・9・29）。また、「我日本の兵を以て支那の腐敗軍を一撃の下に打破り、朝鮮国民をして多年来の干渉を免かれしめ、事実上よりして大国の老大頼むに足らざるの形勢を目撃せしめ、其心事一転の上にて徐々に之を文明開化の門に導く」（「朝鮮改革の手段」94・7・15）ためにも清国との戦いが必要であり、さらに「朝鮮の小弱、これを討つには聊か気の毒に似たれども、多年来彼等の脳裏に染込みたる支那崇拝の迷夢を覚破するには、弾丸硝薬に勝るものある可らず」（「支那朝鮮に向て直に戦を開く可し」94・7・24）とも述べる。

＊46 「日清の戦争は文野の戦争なり」（94・7・29）。「文明の勢力を以て四百余州を風靡せしめ、四億の人民をして日新の余光を仰がしめんとせば、是非とも長駆して北京の首府を衝き、其喉を扼して一も二もなく彼等をして文明の軍門に降伏せしむるの決断なかる可らず」（前掲「直に北京を衝く可し」）、「本来我国の出師は彼等の迷夢を一掃せんとするの目的」（「平壌陥りたり」94・9・18）云々。

＊47 「凡そ二千万に下らざる其人民は、決して無知蒙昧の蛮民に非ざる其上に、土地は頗る豊饒にして物産々出の望に乏しからず。

何れの点より見るも発達の素質を具ふるの国……先づ第一に政治を改革し、中央政府の基礎を固めて次第に地方政に及ぼし、生命財産の安全を実にして殖産興業の道を開くときは、国民の発達、必ず疑ふ可らず」(「対朝鮮の目的」96・3・3)という一方、「開国以来既に二十余年を経たれども、国事は只ますます紊乱するのみにて毫も改進の実を認めず、……名は独立国なれども実際には亡国と云ふも不可なきが如し。……朝鮮が斯る有様に立至りたるは決して一朝一夕の故に非ず、其由来する所甚だ遠しとあれば、之を回復するは容易のことに非ず」(「一国の隆替偶然に非ず」96・5・1)といった論調があらわれている。

*48 中国について、日清戦争期に清国滅亡・分割を予想する論調がみられるが、現実に中国分割が進行する段になると、「独逸の挙動」(97・11・24)から「支那分裂後の腕前は如何」(98・1・15)にかけての一連の論説などで危機の強調と、分割競争への参加が説かれるようになる。だが一方で、「支那人親しむ可し」(98・3・22)から「支那人失望す可らず」(同4・16)にかけての文明的改革への期待を述べた諸論説にも留意しておかねばならない。

*49 前掲「対韓の方針」。

*50 「対韓の方略」(98・4・29)。「彼の内地の有様に於ては……五百万の日本人を容るゝに余りありと云ふ。……差当り五十万にても六十万にても差支ある可らず。……差当り三南地方、即ち全羅、忠清、慶尚の三道こそ日本人の移住に最も適当の場所なる可し」といい、さらにこうした移住策をすすめる前提として、朝鮮政府の猜疑心をとくため日本に亡命している政客の帰国促進を提案したり(「亡命人を帰国せしむ可し」98・5・3)、移民の教化のため僧侶の働きを期待するといった論説(「朝鮮移民に付き僧侶の奮発を望む」同5・15)を書いたりしている。

*51 「世界の共有物を私せしむ可らず」(94・7・7)。

*52 「満清政府の滅亡遠きに非ず」(94・8・1)。

*53 前掲「日清の戦争は文野の戦争なり」。「戦争の事実は日清両国の間に起りたりと雖も、其根源を尋ぬれば文明開化の進歩を謀るものと其進歩を妨げんとするものとの戦にして、決して両国間の争に非ず。……日本人の眼中には支那人なく支那国なし。只世界文明の進歩を目的として、其目的に反対して之を妨げるものを打倒したるまでのことなれば、人と人、国と国との事に非ずして、一種の宗教争ひと見るも可なり。苟も文明世界の人々は、事の理非曲直を云はずして一も二もなく我目的の所在に同意を表せんこと、我輩の決して疑はざる所なり」。

*54 前掲「直に北京を衝く可し」。「今度の戦争は日清両国の争とは云ひながら、事実に於ては文野明暗の戦にして、其勝敗の如何は文明日新の気運に関する次第なれば、苟も東洋文明の先進を以て任ずる我国人たるものは、単に国と国との戦に非ず、即ち世界の

文明の為めに戦ふものと覚悟し」云々。

＊55　前掲「世界の共有物を私せしむ可らず」。また、「若しも我国の力を以て思ふ存分に彼の政府を改革し、……人民をして各其堵に安んじて農工商の業務に従事することを得せしむるときは、国内に潜伏する諸ろの富源は忽ち開発せられて、……鶏林半島一時に日本の為めに非常なる好市場と為るべきこと疑を容れず。即ち日韓相互の利益にして、間接には又欧米諸国の貿易にも香ばしき影響を及ぼすに相違ある可らず」（「義侠に非ず自利の為めなり」95・3・12）といい、中国については「外国の仲裁如何」（94・8・18）「外国干渉の説、聞くに足らず」（95・1・18）「支那内地の企業を奨励す可し」（同7・25）等々で「之を開くは天与の幸福利益を世界の人類と共にせんが為め」であると強調されている。

＊56　「朝鮮の独立」（94・9・29）。

＊57　「日清同盟到底行はる可らず」（95・6・6）。

＊58　「朝鮮平和の維持策」（96・2・27）および前掲「対朝鮮の目的」など。「国内の反対者はおのおの不平を外国人に訴へ、或は英人に依るものもあれば、或は米人に頼るものもあり、又は露人の援を借らんとするものもあるなど、為めに国内に党派の分裂を引起し、有力の外国が四国あれば内の党派も四に分れ、五国あれば五に分るゝ、其党派が、互に外の力を頼にして互に内に競争するは自然の成行として免る可らず。……ますます進んで其改革を助成せざる可らざる其助成の方法は、各国が真実協同一致して事を共にするに在り」として、「各国大使臣会議所」を設けよ、と述べている。

＊59　前掲坂野「「東洋盟主論」と「脱亜入欧論」」。日本が盟主となり朝鮮・中国の文明化を援けて欧米列強の侵略を防ぐというこの時期の福沢の主張を、坂野は東洋盟主論と名づけ、文明―非文明および西洋―東洋という二つの対立軸を綜合することによって日本の朝鮮進出を正当化しようとした議論だと規定する。それは日本の実力では手にあまる中国をも文明化の対象として立論されたが、現実において日本と中国の対立が激化すると維持が困難になり、脱亜論への転換を余儀なくされた。ここに福沢は西洋―東洋の対立軸をとりさげ、こののちは専ら文明―非文明の対立軸によって侵略の正当化を図ることになるという。

＊60　「朝鮮の外交を論ず」（82・3・11）。

＊61　「東洋の政略果して如何せん」（82・12・7〜12）。

＊62　「亜細亜諸国との和戦は我栄辱に関するなきの説」（『郵便報知新聞』明治八年一〇月七日、『福沢諭吉全集』第二〇巻、一四五―一五一頁）。

＊63　『時事小言』（『福沢諭吉全集』第五巻、一八七頁）。

＊64　前掲「脱亜論」。

＊65　例えば、条約改正交渉が進展するかにみえた一八八六年には「今や条約改正将さに緒に就て、純然たる独立国の名を成し、文明諸強国と正しく対等の地位に至らんとす」（「条約改正の愉快は無代価にて得らるる可きものに非ず」86・9・6）とのべ、日清戦争に際しては「西洋人をして……心の底より日本の文明国たるを承認するに至らしむるの覚悟」（「我軍隊の挙動に関する外人の批評」94・12・30）を強調、「欧米の新聞は……日本は西洋諸国と同等の文明国なり、日本の兵士は欧米の兵士と比較して勝るとも劣ることなしなどと公言」（「戦勝の大利益」95・1・9）、「我日本国も今日既に万国交際の仲間に入りて共に利害を与にす」（「欧州諸国の忠告」同3・1）、「日本の実力は既に満世界の認むる所と為り、列国間の均勢を動かすに至りしは明白の事実」（「日本人の覚悟」同5・5）等々と言う。

＊66　「国の為に戦死者に謝す」（99・6・21）。

＊67　「漫に一兵をも損ず可らず」（99・7・24）。

＊68　福沢のアジア観の根底に儒教批判があることについては、丸山真男「福沢諭吉の儒教批判」（『戦中と戦後の間』みすず書房、一九七六年に収録）などの諸研究が指摘するとおりである。「所謂儒教主義とは、特に周公孔子の教のみを指したるに非ず。古来我国に行はれたる神儒仏等の古主義を一括して儒教主義の名を下したるのみ」（「我輩は寧ろ古主義の主張者なり」98・3・15）というように、福沢にとっては「開国の以前に日本の人心を支配したるもの」の総体が批判の対象であった。なお、こうした西洋文明至上主義に対して、それを批判・克服する契機を「アジア」のうちに探ろうとする志向としてのアジア主義が問題とされねばならないが、本稿で問題としているのは、もっぱら脱亜主義の対立概念としてのアジア主義である。

＊本稿は、一九八八年度の朝鮮史研究会大会での報告の一部を整理したものである。報告全体の要旨は、別稿「明治前半期の朝鮮観」（『文明研究〈東海大学〉』七、一九八九年三月）としてまとめた。統一テーマ「朝鮮における近代認識の諸相」の検討を補足するために明治期日本の朝鮮観をとりあげた大会報告の意図は、アジア主義と脱亜主義に共通する文明主義こそが侵略の思想であることを確認するところにあった。この同じ文明主義が、朝鮮の側では、日本の侵略に妥協し、さらにはそれを受け容れる思想として機能することになるとの見通しに立つものである。

第四章　民権革命と朝鮮侵攻計画
——大阪事件における朝鮮

一　はじめに

大井憲太郎を主謀者とする一八八五年の大阪事件に関しては、自由民権運動における民権と国権、連帯と侵略の問題をめぐって、論者により著しい評価の違いがある。国内的には民主主義革命の貫徹、対外的にはアジア連帯の実現を図った運動とする平野義太郎の戦前来の見解に対して、[*1] 戦後の研究の出発点をつくった遠山茂樹は、民権・連帯という主観的な意図を承認する一方で、客観的には政府の侵略主義的政策に途を拓く役割を担うことになった点に注意を喚起した。[*2] 客観的役割をはなれた歴史上の人物評価はありえないとする中塚明は、大井らの朝鮮支援構想の論理自体が連帯論として問題性を孕んでいることを指摘するとともに、それが国内民権革命への努力を放棄した結果であると強調した。[*3] 民権・連帯双方にわたり主観的意図そのものにまで疑問を呈示したことになる。

民権論と国権論とを二律背反的に把え、国内的な民権意識の強弱と連帯か侵略かの対外的意識の分岐とを相即的に理解しようとするのが、中塚らの見解にみられる特徴であった。これに対して矢沢康祐は、連帯論と侵略論がともにブルジョア的発展を志向する意識の発現に他ならず、自由民権運動の初発より両者が混在してあらわれていることを指摘した。[*4] さらに山田昭次は、このブルジョア的発展＝文明開化を至上とする意識が生み出すアジア認識のゆがみを、自由民権運動が抱える本質的限界性の問題として抉出する。文明主義からするアジアへの優越感・指導者意識が、加害者としての自覚を欠落させ侵略意識を生み出す要因になっていることを明らかにするとともに、そうした傾向が顕著になる壬午事変から甲申事変期の思想状況の推移のなかに位置づけて、大阪事件を把握しようとするのである。[*5]

否定的評価が一般的であるのに対して大阪事件研究会編『大阪事件の研究』は、参加メンバー全員の法廷発言の検討から、彼らの民権意識が鮮明であり、国内革命の遂行を放棄していたのではないこと、朝鮮との連帯の志向は保持されており、けっして侵略主義を主張したわけではないことを、改めて強調する。[*6] 民権および連帯という主観的意図が再確認されるとなれば、それと客観的役割との間にズレが生じるメカニズムの解明、さらには、日清戦争期にかけて国権・侵略の色彩が強まってゆくプロセスの厳密な追跡が、不可欠の課題ということになろう。総じて、自由民権運動における民権と国権、連帯と侵略の重層的な連関のより綿密な再検討が提起されているものと思われる。

右のような研究状況を念頭におきながら、本稿では、課題追究の前提として、『傍聴筆記』[*7]からうかがわれる革命構想の概略をいまいちど整理しておくことにしたい。

二 「朝鮮の独立」

(1)朝鮮計画と実行グループ

大阪事件で勾引されたもの一三九名、このうち大井以下五八名が大阪重罪裁判所に送られた。第一回公判は一八八七年五月二五日で、以後、九月二四日の一審判決までに計九四回の法廷が開かれる。この公判において小林樟雄は、自分たちのねらいが「朝鮮を独立せしむる事」「内政を改良する事」「支那を懲戒する事」(一〇五頁)の三点にある

とし、さらに、

目的は事大党を殪し独立党を助け、朝鮮をして支那の干渉を絶たしむることにのみござりまして、支那の是が為めに怒り、遂に日清の戦争を惹起すと云ふが如きは其余波でござりまして、日清の戦争に依り内政を改良するは、即其反動の結果とも申すべきもの（一〇九頁）

であると陳述を行なっている。朝鮮独立→日清対立→内政改良というのが、大阪事件の指導グループの構想した筋書きであり、その発端に位置づけられた朝鮮独立計画について大井は、

朝鮮をして支那の覊絆を脱し、是をして独立せしめんには、独立党に政権を帰せしむるの外なし。独立党に政権を帰せしめんには、必ず事大党を殪さざるべからず。之を要するに、事大党を殪し、独立党に政権を与へ、其政府を改革して其国を独立せしめんとするに外ならず（三五三頁）

と説明する。

この朝鮮独立計画を構想しリードしたのは小林であった。周知のように、清仏戦争に際して、自由党の板垣退助・後藤象二郎らを中心にした金玉均支援計画があり、[*8]小林は駐日公使サンクイッチを説いてフランス政府の援助獲得に奔走した。一八八四年一二月の甲申事変で金玉均が日本に亡命し、計画は一頓挫を余儀なくされたが、後述の如く日本国内では義勇軍結成運動が巻き起り、小林は駐清公使パテノートルに、「朝鮮を助くるは仏国の義気なりとの趣意書」（一一二頁）を送って援助を要請する。天津条約で日清の妥協が成立し、清仏戦争も終息して独立支援の企図は沙汰止みとなったものの、これを前後して大阪事件の構想が浮上してくる。「此度の被告事件の所為に現れたるは十八年三月の頃にて、自分より大井に話したるが即其端緒でござります。其より六月の頃に至り磯山〔清兵衛〕に会ひ此計画を話し、是に於て同志三名となり、尚七月に至り更に新井〔章吾〕之れに加はりて四人となり」（小林・一〇四頁）、計画が動きはじめたのである。

当初より任務の分担が決められ、磯山・新井は「渡韓して実行の任」に当り、大井・小林は「内地に残りて金策に従事し、又金玉均に謀る事もあり、仏・魯の有志家に謀議すべき事」（小林・一〇六頁）などを担当した。国内での資金調達では、さらに富山の稲垣示、神奈川の天野政立・村野常右衛門、長野の石塚重平、茨城の館野芳之助、高知の波越四郎らの活動があり、また強盗による資金奪取も試みられる。一方、磯山は、自らが館長をつとめる自由党の壮士養成機関「有一館」の館生を中心に、二十数名の渡航メンバーを選抜・組織した。[*9] そして、八月一八日には新井が五名の壮士を率いて東京から大阪へ向かい、九月下旬から一〇月下旬にかけて磯山をはじめとする残りのメンバーがこれに合流する。さらに一〇月二五日には、新井が先発隊として渡航すべきメンバーとともに長崎に向かった。このあと、リーダーの磯山が離反するという事件が起きるが、大阪に会した大井・小林・稲垣・新井は改めて新井を隊長に選び、計画の決行を確認。新井は、大阪に残っていた壮士数人を連れ、一一月二〇日には再び長崎に戻った。かくして、朝鮮行きの船便を待つうち、二三日の大阪での大井・小林らの逮捕と同時に長崎の渡航グループも一斉に勾引され、計画は未発に終ったのである。

(2)渡航作戦

さて、事大党政権の打倒という目標に対して、いかなる戦略が企図されていたのか。新井によれば、「二、三百人の人員を率ゐ、船から押出して、加藤清正・小西行長が朝鮮征伐を為せし如」き「封建の時代」のやり方ではなく、「熱心の人でありさへすれば少数の人員にて十分なり」（新井・三八六頁）というように、当初より少数の有志による作戦が想定されていた。その具体的な方法については、各被告たちが明確な言及を避けているため全貌を把握し難いが、[*10] 渡航メンバーの陳述はおおむね閔氏要人の暗殺という方向でなされている。[*11]「彼の朝鮮の事大党たる六孽を鏖し、独立党を助けて之れに政権を帰せしむるの主意にして、其六孽を鏖すことは爆発物又は刀剣を以て之を殺すの計画なり」（橋本政次郎・一九五頁）、「六孽の集会したる所々を襲撃する」（武藤角之助・二一〇頁）、「六孽等が外出のときを窺ひ一時に殪す積りなり」（内藤六四郎・二二〇頁）等々。その手段として爆発物の用意がなされる。田代季吉が姓名を偽って警視庁から鑑札を受け、東京の本所に鍛冶場を設けて爆弾用のブリキ函や鉄片などを製造、以前から磯山が確保していた爆薬の他に、東京や大阪で塩酸カリ・金硫黄などが購入された。これらを持参して「渡韓の上……天幕を張り其中に在て」（田代・三三四頁）爆弾を製造する予定だったという。

もちろん、このような閔氏要人の暗殺によって計画が成就するわけではない。大井が、

六孽を殪せば、期せずして独立党の蜂起するに相違なし。……独立党を助けて政権を帰せしむる迄は意見を継続するものにて、独立党の起るを利用して同国を独立せしむる所なり（三六〇―三六一頁）

という如く、壮士による閔氏暗殺は独立党蜂起のひきがねとなるべきものであった。その蜂起を促すために、山本憲が漢文で檄文を作成し、有一館生がその複写百数十枚を準備した。独立党の決起を有効に組織するためにはもちろん、それを背景につくられる独立党政権は具体的には金玉均の政府と考えられていたから、金の担ぎ出しは必要不可欠の条件であった。小林を中心に金玉均との接触は一貫して試みられているようだが、一〇月に至って、「金玉均を同行せざれば彼国に渡航し事を挙ぐるも無名ならん」とする村野らが金玉均の説得に力を入れるよう運動する。このとき小林は、「金氏は二、三万円の金員を調達せざれば朝鮮国の改革は出来ざると云ひ居る」こと、「同人友人米国に在留するものに必ず問合すであろー、然らば空しく時日を費すのみにて発覚の恐れある」こと等を理由として、金の同行に消極的な姿勢をみせた。[*12] しかしながら、金玉均出馬は計画成功の絶対的条件である以上、「一時見合せたる迄にて、都合に依ば自分なり又は人を遣はしてなり、此事を談ずる積にてありし」（小林・三一七頁）というのが真相であっただろう。閔氏打倒によって条件を作ったうえで、帰国を実現させようというものだったと思われる。

ところで、武装部隊による上陸作戦でなく、「各自容貌に適したる風体に造り立て、……自分は職人の風が適する

と思へば腹掛を掛け、大工の風を為して行く積りなり」(氏家直国・二四〇頁)というように一般渡航者を装って居留地にまぎれ込み、機をうかがって暗殺を実行する作戦をとる以上、「其方法・手段は渡韓の上、実地を視察したる後、取極める積り」(新井・一五〇頁)だったとの陳述は、裁判戦術用というよりは真実の発言であり、それ以外のやり方はなかったであろう。だが、朝鮮に渡った後の伝手としては、釜山・仁川・ソウルにあるという長崎の福島屋の支店への紹介状をもらう約束をしていることと、米国公使館にいる鄭寿一を尋ねることぐらいしか知ることができない。鄭の名前は、新井が桜井徳太郎に教わったものだろうが、桜井はこの年五月、「当時村上中尉なる人が兵を卒ひ朝鮮に在り、……渡韓の上、同中尉に説き、事大党を殪し開化党を立ることを同意するに於ては助勢致させるの見込」みで単身、仁川からソウルへ入ったものの、なすすべもなく帰国しており[*13]、新井に対しても無謀な計画のとりやめをアドバイスした。肝腎の暗殺対象である「閔氏六孽」の名前さえメンバーの間に徹底していたとはいえず[*14]、朝鮮語を解する者は一人も参加していない。日本人壮士の単独決行、そのあとは独立党志士の決起をまつといった「連帯」作戦にとって計画の杜撰さは明らかである。暗殺作戦の成功可能性を云々する以前に、渡航したあと手も足も出せないといった状況に追い込まれざるをえない代物だったのではなかろうか。壮士たちの決死の覚悟はうかがえるが、計画の粗雑さの背後に、「三十名にて抜刀し行かば、文明国の人でもなければ容易なり」(武藤・二一〇頁)という優越意識と、「六孽を暗殺すれば、独立党は四方より蹶起する」(同・二〇九頁)はずだという情勢の誤認など、大きな問題が孕まれていたことは否定しえない。が、ともかくもここでは、「日本人壮士による閔氏要人の暗殺→それを契機にした独立党の蜂起→独立党=金玉均政権の樹立→清国からの独立」というのが、朝鮮計画の構想だったことのみを確認しておきたい。

三　「日清の葛藤」と「内治改良」

⑴国内革命計画

公判では外患罪適用の是非が争点となり、また内政批判発言が抑制されたため、『傍聴筆記』から浮びあがる大阪事件像は必然的に朝鮮計画中心となる。だが、裁判闘争の戦術的配慮から国内革命に関する明確な言及を回避した中心メンバーの陳述に対しては、「各主謀者の意見は全く朝鮮の独立党を助け、内治のことは夫に依て自然時機の来るを待つと云ふが如く見えたれば、自分と大に其目的を異にする」（二八六頁）という大矢正夫の違和感表明があり、大井自身も「自分等は只朝鮮を独立せしめしのみにて満足すべきものにあらず、……後に残りし則ち自分なり小林なり稲垣等に取りては他に沢山の責任あり。其責任とは内治の改良是なり」（三二一六頁）と述べていた。『大阪事件の研究』は、参加者全員の発言の検討を通じて、彼らの民権意識および専制政府批判が尖鋭であり、内治改良優先の志向が濃厚に存在していた事実を改めて確認した。さらにまた、多額の資金が渡航費用以外にプールされていたらしいこと、壮士養成所の設立計画が進行していたことなど国内革命の具体的準備が開始されていた可能性を指摘し、そこでの革命構想を「爆弾による政府高官の暗殺――各地壮士の一斉蜂起――民主的政府の樹立」あるいは「加波山事件にいたる過程で栃木・茨城・群馬の自由党左派メンバーが構想していた関東（ないしは関東甲信越）一斉蜂起論の延長に位置づけられるもの」と推測している。

計画の具体性において内実をともなっていたかどうかはともかく、構想としては、大阪事件の「本体」はあくまでも国内革命にあった。国内民権革命の構想としての大阪事件は、朝鮮計画を先行・介在させた点に特徴があるのだから、二つの計画をつなぐ論理こそ本質解明の核心であることはいうまでもない。なぜ国内革命にとって朝鮮独立支援が必要だったのか。平野が「ドンデン返し」という言葉で片付け、中塚からその無内容性を批判されたところの問題である。

朝鮮独立の支援行動が純粋な好意に発するものだと主張する大井は、[*15] そのことと究極の目標が国内革命にあったということとの関連について、

内治改良の為めに朝鮮に事を挙げ其餌に供するにあらず。……其理由は、日清間の葛藤を生ぜしむるを以て第一の主眼とするは甚だ迂遠なりとす。若し日清の葛藤を生ぜしむるを以て主眼とせば李鴻章を倒す方寧ろ効力あり。則ち簡便法なり。或は上海・天津まで行かずとも日本在留の東京永田町清国公使館を打ち毀つか、又は爆発物を投込む等のことは最も軽便なり。早業なり。然るに是等のことをなさず好んで廻り遠き朝鮮独立策に出でたるは日清間の葛藤を主眼としたるに外ならざるを見るに足り、世人の疑を多少晴るるに足らん（三五八頁）

と弁明した。すなわち、朝鮮計画の主眼が日清葛藤の惹起に他ならない事と、日清の葛藤は必然的に内治改良をもたらすものである事とを自明の前提としたうえで、国内革命だけを考えるならば日清の対立は手取り早い方法で引き起こせるのに、わざわざ朝鮮独立援助という廻り道をしてそれを起こそうとしたのだから、朝鮮計画はまったくの好意に基くものだったという論法である。その理屈の当否はともかく、朝鮮計画によって惹起される日清の葛藤こそ構想全体の中核的な位置を占めていることが、鮮明に語られているといえよう。

(2)愛国心の喚起

それでは、日清の葛藤はどのようにして内治改良に帰結するのか。人民の国家への関心・愛国心こそ社会改良の前提条件であり、且つその目的でもあるとの見解は大阪事件の指導メンバーに共通したものと思われるが、大井によると、「今日我国の人民を通観すれば其思想は都て腐敗に帰し去り、……自治の精神は殆んど消滅し、又愛国抔と云ふ

ことは殆んど日本人には皆無」であって、「斯る人民と国家将来の一事を共にすることは倒底望むべからざる」有様である。こうした現状を打開するには、「須らく社会に活動力を与へざるべからず。社会に活動の力を与へんとするには外患抔を惹起すは殊に良手段にして、此際に於て実に始めて人民に真正の愛国心と云ふものが起る」（三五九頁）のを期待するしかない。小林もまた、

外に事を挙げると先づ第一に人心に活動を与へ、其れから何んでも出来る様になりますが、内地に事を挙げたのでは只一部分に活動を起すのみで全体の活動は生じません。人身に譬へて申せば血液が全身を循還する如く、外でやッたのは国の全体に種々の感を起しまする。上等の人は其人丈の感を起し、中等の人も亦其の人の丈の感を起し、各々種々に劇しき感を起しまして国の全体は活気を生じます（一一三頁）

と、外患すなわち日清対立がもたらす愛国心の高揚を期待している。

こうして愛国心が喚起されれば、

国は彌々重くなり、身は益々軽くなり、即ち死でも何でも構はないと云ふの決心も起り、遂に国家の為めには懦夫・小人等の為し能はざる今回の如き非常手段〔資金獲得のための強盗〕をも為すに至るものにて、其此に至りたるは、即ち国は重く身は微塵の如く軽くなりし故なり（大井・三五九頁）

といった状況が生まれる。「十九世紀の革命手段の新方法」の特徴が「小人数を以ても能く強きものを挫き得る」（三六〇頁）爆発物の使用にあるとする大井は、また、「十九世紀の今日には……真の愛国者は我身を後にして国家を先にする故犬死を好んで致す訳にて、即ち此犬死が文明世界に行はるる革命の方法」（三一七頁）であるという。愛国心の高揚により「社会の為めに喜んで身を犠牲となす」革命家が創み出され、「甲は斃るるも乙之に継ぎ、乙斃れて丙又継ぐと云ふ様なる工合」（三一六頁）にした革命の前進が展望されるわけである。朝鮮計画が誘発する日清葛藤は、こうした革命主体の創出を媒介にして国内革命に繋がるものと考えられたのであった。具体的な国内計画におい

て壮士養成所の設立が企図されていたらしいことは、この点で暗示的である。[*16]
いずれにせよ、朝鮮計画が国内革命と結びつくには日清の葛藤が必要であった。大井の説明によると、かつて日本政府は日清対立を恐れて金玉均の援助要請を無視したが、そのこと自体が日清葛藤の不可避性を物語り、また、清国政府は征韓論などのため日本政府に猜疑心を強めているから、「我々有志者たる者が朝鮮に対して事を発し、政府は一切関係することなしとするも、支那は必ず政府も亦以て与れりとの感想を起」(三五八頁)し、日清の葛藤は確実におこるという。日本人が関与していることを示すためにも、閔氏殺害は「にぎやかに」「ハレヤカニ」(小林・一〇七頁)やる必要があったろう。また、新井は、

支那は日本人が朝鮮の独立を助けたりと聞かば、一も二もなく直に日本に向て開戦を挑むべく、若し左なくとも自分は独立党の一人をして詐りて支那に訴へさせる積りでござりました。日本政府は朝鮮に義勇兵を送りて朝鮮政府を顛覆して事大党を殪し独立党をして政権を執らしめたるは日本政府が為したものであると聞かば、傲慢無道の支那でござりますから、事の実否も問はず直に開戦を為すに至ることは必然でござります(一五〇頁)

と発言している。彼らの構想においては、清国政府をして日本に対し事端を開かせることが成否のカギを握っており、それを確実にするためには、たんなる紛争にとどまらず、実体をそなえた独立党政権を樹立させるという朝鮮計画の成功が必要不可欠だったのである。

四　排外意識による民権革命

(1)国辱意識

このようにみてくれば、革命計画の構想に際して大井らの念頭におかれていたのが、甲申事変を契機にした人心の

昂揚と義勇軍結成運動の展開であったことは、容易に推測できるだろう。公判において大井は、

彼の十七年十二月京城の変に就ては、吾も人も朝野挙て必ずや支那に問罪の師を発するならんと思ひ居たる時に徴し見るに、実に非常の感想あらん。彼の伊藤大使が出発するに方てや新聞には開戦論を唱へ、車夫馬丁に至る迄も是非今回は支那とヤラねばならぬ、若しヤルに至らば我々も亦其幾部の力を尽すべしと云ふ程の有様なりし。如此景況なりし故、自分等より事を発し彼をして問罪の師を起さしめば、内地の人心激昂するは知るべきなり。我国人心は彼時抔も既に義勇兵抔と云へば喜んで之に応じ、其相談に漏るゝ如きことあれば頗る不平の有様にて自ら進んで首を突込んで来る位にて、当時其計画を聞んが為めに自分等の宅へ出掛くるものも多かりし（三五八頁）

と述べ、「内地にありて如此人心の激昂するは誠に我々の希望する処」であると明言している。一八八四年一二月から翌八五年三月にかけて義勇軍の結成や反清デモが行なわれた地域は、確認されるものだけで三府三八県に及ぶという。[*17] 一月一八日に東京・上野公園で開かれた反清国の運動会には、磯山のひきいる有一館生が「我兄弟は虐殺に遭ひたり、我姉妹は凌辱を受たり」などと書いた旗をおしたてて参加、大井は蜜柑五箱の差入れをした。大井・小林・磯山らはすでに一二月の段階で、義勇軍結成について協議を行なっている。[*18] 漢城条約・天津条約の妥協によってこの運動は終息していったが、それを前後して小林らを中心に朝鮮独立計画が形を成してくるのである。朝鮮計画を発端とする日清対立の惹起という構想がめざしていたのは、こうした義勇軍結成運動の再現であったということができるだろう。[*19]

法廷での陳述によると、稲垣は富山県高岡で義勇軍募集運動を展開した。「同志二、三十名と共に、支那の日本に対するの罪を問はんと欲し、先づ檄文を起草して金穀を募集し、並に壮士を募ることに決し、……凡そ千人の義兵を出すこと」（二六〇頁）を計画、「人心を興起し、志気を振作せしめ」るため大運動会を予定したが、警察の妨害をう

け、「我等十余人は拘引」された。「義勇兵の事と朝鮮事件とは意志の継続するも之を為すの機会なかりしに依るか、将た已に義勇兵のことは当時にて絶念せしものか」との裁判長の問いに対し、稲垣は「意志は継続して暫らくも絶へたることとなし」と答え、大阪事件が彼にとって義勇軍運動の延長にあることを明らかにしている。稲垣の要請により大阪事件の資金提供者となって起訴された寺島松右衛門や南磯一郎は義勇軍運動の際の金策担当メンバーであり[*20]、このとき稲垣とともに運動を推進した窪田常吉と井山惟識は渡航壮士として大阪事件に参加する[*21]。このほかにも仙台で義勇兵を募り、「都合千五百名の見込を以て内務卿に請願し、腕を扼して其結果を待」(二三四頁)ったという氏家直国をはじめ、田代季吉・魚住滄・久野初太郎・橋本政次郎・武藤角之助・大矢正夫など[*22]、渡航メンバーのなかには義勇軍結成運動に関係したり、それに触発されて参加を決意したものが目立つ。このような人心激昂による壮士の輩出を背景にして大阪事件は成り立っているのであり、その再現・拡大こそ大井らが企図したものであった。

さて、この義勇軍運動は、甲申事変に際する諸新聞の反清キャンペーンに煽られた排外主義的な人心の高揚を背景にし、「国辱を雪ぎ国威を輝かさん」という強烈な国権意識に彩られたものであった。その再現を図った大阪事件に国権主義的傾向が色濃くみられたのも、蓋し必然のなりゆきであろう。もちろん、大井や小林らが国辱意識に無原則に取り込まれてしまったわけではなく、「復仇主義といふが如き、此不潔なる文字は裁判言渡書に掲げて貰ひたくなきものなり」(大井・三五二頁)「公訴状に我国旗に我国民に恥辱を与へたるを憤り云々とあれ共、……是等の事は事実にあらず」(小林・三六三頁)というとおり、理念的にそれと一線を画そうとする姿勢は堅持されている。義勇軍運動そのものが大井らにとっては国内革命用の勢力結集としての意味あいをもっており、散見される排外主義的言辞も「事を挙ぐるの口実」(磯山・三二一頁)という一面があった。

だが、まさにそれを口実として用い、「壮士の決心を促し敵愾の気を起さしむるの方便」(大井三一六頁)としたこと自体、大阪事件の革命構想が排外的国権意識に依拠したものであったことを端的に物語る。「磯山清兵衛が……朝鮮が十五年及十七年の両度我国に汚辱を加へたるは君も知て居らるる通り、此汚辱を雪ぐのだから君も同行せよと云ふ。故に同意したり」（魚住・一七五頁）という工合に組織されたグループであるから、大井自身も「事大党を懲らしめんと云ふことは壮士輩の意中に幾分か含蓄せしものとも推察せらる」（三一六頁）と認めざるをえなかった。指導メンバーの新井ですら、

昔しは我国に於て神功皇后の三韓征伐あり。中古には北条時宗の元兵を西海に鏖殺するあり。降りて豊臣氏の朝鮮征伐あり。明治八年には台湾征討の挙あり。日本は古来光を外国に輝したることはあれども、外国の為めに斯かる大耻辱を被りながら、遂に之を暖昧模糊の間に付し去るが如きは実に慨歎に勝へません（一四八頁）

と、事件への参加の動機を説明するのである。清国への復讐意識に発する人心昂揚の再燃を期待した運動にとっては、李鴻章や清国公使館の襲撃によってでなく、朝鮮独立支援に対する清国の理不尽な介入、それによってひきおこされる日清葛藤こそが必要であったといえよう。

(2)民権と国権

大井をはじめ参加メンバーの発言には民権の論理が堅持されており、彼らは決して民権を捨て去って国権を主張したわけではなかった。朝鮮計画は国内革命を放棄したが故に生まれたのではなく、あくまでも民権革命の貫徹を図る立場から構想されたものである。弾圧による困難な状況の打開策を模索していた大井らが、甲申事変をきっかけにした空前の人心高揚に遭遇して着想した戦術であり、その意味では民権運動の行詰りを突破するための苦心の産物だったといえなくもない。

だが、そうした民権意識の堅持、民権革命への志向の継続に、大阪事件の意義を求めるわけにはいかないだろう。もともと民権の伸長と国権の確立とが二律背反のものではなく、民権意識も国権意識もともに近代的発展を志向する

意識として不可分の関係にある以上、参加メンバーが尖鋭な民権の主張を展開しながら、同時に事件そのものの性格が国権主義の色彩を帯びていたとしても異とすべきものではない。のちの日清戦争の段階においても、大井は侵略的な国権主義の鼓吹者であると同時に、依然として平民的な民権主義者だった。民権革命推進のため民衆の排外意識を利用する戦術を意図的に採用し追求しようとしたこと、そうした戦略によってしか運動の前進を図りえないような主体的・客観的状況の深化を象徴的に示すものであること、ここに大阪事件のもつ画期性が求められるべきだと思われる。問題の核心は、やはり、排外的な国権意識の煽揚による民権革命のための主体創出構想とでも呼ぶべき戦術が、当時の歴史状況のなかではたした役割である。排外意識への依存は、その限りで専制政府の国権主義外交の戦略と区別はつかず、軍備拡張から本格的な侵略戦争の発動へと向かう事態の進展のなかにとり込まれるばかりか、積極的にそれを支え促迫してゆく役割を担わざるをえないだろう。

前述のように渡航グループのリーダー磯山は実行の途上で計画から離れたが、これは日下部正一の説得により、別の計画に乗りかえたものであった[*23]。前述のように副隊長の新井は、大阪滞在中に大和の桜井徳太郎を尋ねてアドバイスをうける。さらに、磯山離反ののちに隊長となり長崎から先発隊を渡航させる直前、わざわざ佐賀の江口一三を訪れて渡航後の協力を要請している。その時、江口のもとには樽井藤吉が居合わせた。日下部や江口が当初から大阪事件メンバーの一員であったか否か不明だが、彼らは樽井・桜井らとともに、金玉均をかついだ独自の朝鮮独立支援計画を画策していた[*24]。そもそも、大阪事件発覚の端緒は、樽井の動静をさぐっていた警察の情報網に探知されたことであった。小林は、「日下部なる人は……聞く処に拠れば同人は熊本なる紫溟会員なりと。同会の主義は自分等と反対せる故、政治上の主義を共にすることは到底出来難き話なり」（三四四頁）と述べているが、実際の行動においては、いわゆる国権派の画策と区別しがたいものになっていたということであろう。

五　文明主義にもとづく侵略

(1)好意主義

もちろん、大阪事件の参加者たちが露骨な侵略論を公言しているわけではない。むしろ大井は、「復讐主義等のことは思ひも寄らぬこと」（三五二頁）だと述べ、朝鮮計画は「問罪・侵略の二分子を含まず、同情相憐み艱難相救ふの好意主義に出づるもの」、すなわち朝鮮の幸福と富強を願う好意から発したものだと再三にわたって強調する。そして、国境を越える好意主義の根拠を、

彼の宗教家の海川に依りて国を劃せず四海の中皆兄弟とするが如く、我より老いたるものは父なり又母なり。若きものは弟なり又妹なり。即朝鮮人も亦た父母兄弟なり。彼れ日本を助くれば日本人も亦彼を助くるの感想を起すなるべし。故に国を異にするが故に同情相憐み艱難相救ふの感念を起すは決して怪訝すべきに非らず（三五三頁）

という連帯論で説明しようとしている。小林もまた、自由主義は「一人一国に限らず世界全体に通じて行はるべきもの」（二一〇頁）だという。

ところで、右の発言に続く大井の、

朝鮮の風俗は野蛮極まる阿弗利加人の如く、其刑は三族に及ぶが如き野蛮国にして、其国は亜細亜中殊に我国の近くにあり。然るに我国は之を捨てて其有様を傍観するは我々自由平等の主義に於て黙するに忍びざる所にして、我々は此に至て之を助くるの念を生じたるものなり（三五三頁）

という言葉や、甲申事変における朝鮮政府の行動を「未開国の常態」とし、「野蛮の迷雲に蔽はれ其方向を誤りたる

は憐むべきことなれども、……斯かる未開国に向て復仇の念慮などは少しも起さず、却て我主義を彼の国に吹込み彼の国民を導」（一〇五頁）くべきだとする小林の発言からうかがえるとおり、彼らの好意主義とは文明主義に基礎をおくものであった。文明の立場にたち、文明化に力を貸してやろうというわけである。「西洋新主義の人間にそだてられ」（一二七頁）「只肉体のみ東洋産のものの如くなって仕舞」（一〇一頁）ったと自認する小林は、「人に於ける進歩、社会に於ける上進は一大善事なり。故に進歩せしめざる可からず。之に反するものは害悪にして駆除せざる可からず」（三六四頁）とのべて、西欧近代文明を至上のものと絶対視する。「欧米は文学・知識・工芸より其他百般の事物大に進歩致しまして、政治は立憲代議の政治行はれ、人民は自主・自由の人民となり、日進月歩、益人生幸福の境内に向て進み行くの有様」（一四六頁）だという新井は、その内面が「腕力競争の世界」で「弱肉強食の野蛮世界に文学知識の上塗りを致した迄のこと」としながら、東洋諸国の危機打開の方策は西欧文明化する以外にないのだと述べている。

こうした西欧文明の賞讃・絶対化に比して、中国および東洋の歴史や文化に対する彼らの把え方には全面否定の感がある。政治形態のみならず伝統的な宗教や教育の結果として、「支那人は頭を殴たるるも恬として之を耻ぢず。只利をのみ是れ営み、殆んど人間なるか畜生なるか甚区別なき程」（大井・三五四頁）となり、「何も彼も昔を慕ふ如き汚習が脳髄に浸み込み」（小林・三六五頁）、「金銭を是れ貪ることをのみ知り、曾て高尚なる名誉・幸福と云ふ者を知りませぬ劣等の人民」（新井・一四七頁）となってしまったのだという。したがって「古来、政法・教育等総て此国より移し来りたる」（小林・一三〇頁）日本や朝鮮の歴史的文化もまた、当然に否定されなければならない。[*26]「支那国民頑陋にして西洋文明の風を知らず。自ら中華・中国と称し、彼の文明なる西洋諸国を目して蛮夷なりと云へり。此主義常に東洋諸国に感染」（新井・一三四頁）するところに、「東洋の振はざる所以」があるとみるのである。

かくして、アジアの現実は、西欧の文明と中国の野蛮・未開とを対抗軸として把握されることになる。新井によれば、「支那の我れ独り尊しと云ふ所謂自尊主義」に対して、欧米の主義は「四海の中皆兄弟なり。各人同等の権利を有す。皆平等の自由を有す」という「社会主義」と名づけうるものであるが、この両者は、

東洋は自尊主義と社会主義と両立致し居りまするが、此両主義は互に相容れざること恰も水火氷炭の如く、又物理上の語を以て申せば引心力と吸心力との如く何れか一方滅せざる限りは常に相闘ふて止まざる者なり（一四八頁）

というような絶対的対立の関係にあった。この東西文明の対立という図式のなかで、

日本は昔は支那の文明に感化致されましたが、一旦欧米と交を為してより西洋の新主義に移りまして、政治・法律・経済・工芸等其他百般の事物悉く皆欧に倣ひ欧に模し、遂に欧風に相成りました。……朝野共に其欧風を学ぶと云ふことは同一でござりまして、此くの如く日本は今日欧米に学び、欧米の主義を採ることに相成りました（一四八頁）

という如く、明治維新以後の日本は明確に西欧文明の側に位置するものと把えられる。そして、日中の中間に存在する朝鮮は、国内にこの対立が持ち込まれ、西欧＝日本の文明をうけいれる独立党と中国の風に染った頑迷な事大党の抗争が激化している。すなわち、

朝鮮は日支の間に介立する所の国でござりまして、其国内には自尊主義もあり又社会主義もござります。而して其自尊主義を採る所のものは即ち彼の事大党でござりまして、社会主義は即ち金玉均・朴泳孝等の正党、即ち独立党でござります（一四八頁）

というのである。このように、アジアの現実を規定する本質的な関係を東西文明の相克と正確に認識したうえで、西欧文明の側に身を置いてアジアの文明化を推進しようとする。これが彼らの好意主義＝連帯論の内容であった。

⑵ 連帯と侵略

さて、「好意の主義と復讐主義とは両立せざるものなり」（三一六頁）という大井の主張にもかかわらず、新井が、

国の文明を進むるには社会主義でなければなりません。社会主義を拡張するには自尊主義を排除せねばなりません。自尊主義を排除せざる限りは決して国の文明は進みません。而して之を為すは其自尊主義の本家なる支那を改革せざる可らず。……愛親覚羅氏の朝廷を転覆し、更に支那を数個に分割して数個の独立国となす。……左すれば支那も其より改良の途に就き、随って近隣諸国の改良にも及ぼし、遂に亜細亜全土改良の大業も成就することになりませう（一四八頁）

と述べるように、文明の拡大化という好意はそれに抵触するものの排除と表裏の関係にあった。文明化を妨げるものとしての清国への攻撃・侵略論と一体のものである。「日支両国の戦争は日本海若くは支那海でござりませうから、……彼は一方に気を取られ必ず満州を空にするに相違ござりません。自分は精鋭の兵を以て咸鏡道より其虚に乗じて直に満州を撃たば、北京は戦はずして手に落つる積りでござりました」（新井・一五一頁）というような中国侵略論が、文明の名によって正当化されるわけである。

そうした反文明＝清国への侵略正当化論であると同時に、朝鮮に対する好意の主張自体が、国家による連帯だろうと人民同士のそれであろうと[*27]、文明のおしつけであったことはいうまでもない。西欧文明の、したがってまた文明化した日本による、伝統的アジアの解体・否定こそがこの時代の侵略の本質に他ならないとすれば、意図的な侵略の主張であろうと主観的な連帯論であろうと、文明主義に立つ限り両者は二にして一のものという以外にない。そもそも、「独立党は我自由党と其主義を同うするものなれば、之に政権を帰すれば朝鮮人民の為め利益なるべし」（大井・三五四頁）、あるいは「泰西の文化を慕ふ所の金玉均」に「政権を執らしめたなら、即ち泰西文明国に耻ぢぬ所の開明国となる」（魚住・一八一頁）ことが朝鮮の幸福であるとするような認識自体が、金玉均との連帯が真剣なものだ

ったか否かという問題以前に、最も核心的な問題だったはずである。文明化とは朝鮮の民衆にとって生活破綻以外の何ものでもなく、文明主義を受けいれることはすなわち植民地化に途をひらくことではなかったのか。

いずれにせよ、実際の歴史過程において侵略は主に文明の論理によって実行・正当化されていったのであり、文明主義的な好意主義＝連帯論こそが、最も侵略的なイデオロギーとして機能するものであった。「壮年有志等の熱心をして内事より外事に転じて外事に向わしめ、政府は則ち之を利用して大いに国権拡張の方法を計画」すべしとする「国権拡張論」や、「われは心においてアジア東方の悪友を謝絶するものなり」という「脱亜論」でなく、この時期においてなお文明主義による連帯の主張を貫こうとしているところに、大阪事件の特徴をみることができる。この法廷での苦心の弁明こそ、より高度な侵略イデオロギー、文明主義による侵略正当化論の形成を示すものといわねばならない。しかもそれは、『傍聴筆記』などを通じて、当時の思想状況に無視しえぬ影響力をもったのである。

六　むすび

以上、概観してきたように、大阪事件が示しているのは、戦略的には排外的国権意識に依拠した民権革命貫徹の構想であり、思想的にみれば文明主義による連帯＝侵略論の展開というべきものであった。大井をはじめとする大部分の参加メンバーが、決して国権論・侵略論を主張していたわけではない。だが、そこにみられる排外意識への依存と文明主義の主張は、政府が対外侵略を本格的におしすすめ、日本の文明化＝近代化がいっそう進展するという状況の推移のなかで、必然的にそれにのみ込まれ、むしろ積極的にそのお先棒をかつぐ役割を担わざるをえない性質のものであった。こののち日清戦争期にかけての彼らの民権・連帯論のありようを厳密に追究するという課題の重要性は否定できないものの、対外硬を経て日清戦争賛美に至る基本的構図は既にできあがっていたものといえよう。

このような展開は、民権・国権論、連帯・侵略論を貫く文明主義の必然的な帰結であり、江華島事件への対応に端的に示されている如く、自由民権運動が初発から抱えていた問題性の発現であった。文明化が決して幸福の途ではないとの現実に直面し、その批判から新たな変革への模索が進展する朝鮮の場合と対比して、[*28]自由民権運動がたどった軌跡を相対化することも無益な試みではないと考えられる。[*29]文明の進展が朝鮮にとって幸福をもたらすものではないという事実の認識は、そのおしつけを図る日本の対朝鮮政策への批判を経て、さらには日本自身の文明化に対する懐疑へと連なる可能性を秘めていたはずである。近代日本においてそうした懐疑を現実のものとする契機が存在したとすれば、アジア・朝鮮に対する認識こそその重要な要素のひとつであっただろう。自由民権期のアジア認識の追究が課題としての重要性をもっているのはこのためであり、優越感・指導者意識が問題であるのはそうした契機を摘みとるべく作用するものであったからに他ならない。

註

＊1　平野義太郎『馬城大井憲太郎伝』(大井馬城伝編纂部、一九三八年、覆刻版、風媒社、一九六八年)、同『大井憲太郎』(吉川弘文館、一九六五年)、同「自由民権とくに大阪事件の評価について」(『大井憲太郎の研究』風媒社、一九六八年)。

＊2　遠山茂樹「自由民権運動と大陸問題」(『世界』五四、一九五〇年、歴史科学協議会編『歴史科学大系』二七、一九七八年に再録)。

＊3　中塚明「自由民権運動と朝鮮問題」(奈良女子大学文学部付属中・高等学校『研究紀要』二、一九五九年)、同「大井憲太郎論」(『歴史学研究』二四七、一九五九年)、同「大井憲太郎の歴史的評価」(『歴史評論』一八八、一九六六年)。

＊4　矢沢康祐「明治前半期ブルジョア民族主義の二つの発現形態」(『歴史学研究』二三八、一九六〇年)。

＊5　山田昭次「対朝鮮政策と条約改正問題」(『岩波講座日本歴史』一五、一九七六年)、同「甲申政変期の日本の思想状況――『大東合邦論』および大阪事件研究序説」(『幕藩制から近代へ』柏書房、一九七九年)。なお、同「立憲改進党における対アジア意識

と資本主義体制の構想」（『史苑』二五―一、一九六四年）、同「征韓論・自由民権論・文明開化論」（『朝鮮史研究会論文集』六、一九六九年）参照。

＊6　大阪事件研究会編『大阪事件の研究』（柏書房、一九八二年）。所収論文は以下のとおり。松尾章一「大阪事件研究の今日的意義」、牧原憲夫「大井憲太郎の思想構造と大阪事件の論理」、鶴巻孝雄「大阪事件における内治革命計画」、沼謙吉「大阪事件と神奈川の自由党」、松尾貞子「小林樟雄小論」、江刺昭子「景山英子と大阪事件」、小川原健太「大矢正夫素描」。なお、同書に対する後藤孝夫（『奈良県近代史研究会会報』一八）・山田昭次（『歴史学研究』五二五）・吉野誠（『朝鮮史研究会会報』七二）らの書評と、それへの牧原の反批判「大阪事件研究の意味と課題」（『大阪事件研究』一～二、一九八五年）参照。

＊7　松尾章一・松尾貞子編『大阪事件関係史料集』上巻（日本経済評論社、一九八五年）に収録の『大阪日報附録・国事犯事件公判傍聴筆記』を利用した。本文中の（　）内ページ数はこれによる。引用にあたっては変体仮名を現行の仮名に改め、句読点を付した。なお、大阪日報のものを含めた各種の傍聴筆記の検討については、後藤孝夫「二つの公判傍聴筆記」（『日本史研究』一三三～一三四、一九七三年）および『大阪事件関係史料集』上巻に付された松尾章一の解題「大阪事件研究の前進のために」を参照のこと。他の傍聴筆記との比較・検討を行なっていない本稿の不充分性は明らかであり、今後の課題としなければならない。ところで、傍聴筆記が法廷での発言をどれだけ忠実に伝えているかという問題の他に、傍聴禁止措置による威嚇で内政批判発言が抑制されたという点や、被告らの陳述には裁判上の戦術的配慮のあることなどが考慮されねばならない。だが一方で、大井は「自分等が裁判長閣下に向って申立つる所の事は……間接に天下公衆に聴いて貰ふの分子を含めり」（三五二頁）と法廷発言を意義づけ、各被告も「天下公衆の嗤笑を招か」（天野政立・三八一頁）ぬよう傍聴筆記で自己の発言を確認しながら、民権運動家としての主張を貫こうとしている。それ故にまた、「美辞麗句」を用いた自己正当化の要素が強まることにもなる。美辞麗句の背後にある本音を追究することが日本人の朝鮮観を解明するうえでとりわけ重要なことはいうまでもないが、自己の行動を正当化しようとする論理のうちにこそ、その思想のもつ特質が鮮明に現われるものでもある。本稿が検討しうるのは、そうした側面に限定される。

＊8　彭沢周「清仏戦争期における日本の対韓政策」（『史林』四三―三、一九六〇年）、同「朝鮮問題をめぐる自由党とフランス」（『歴史学研究』二六五、一九六二年）参照。

＊9　「磯山が渡航に決すれば亦其最も信用する壮士を引連れざるべからざる事にて……私共の信用する壮士も引連れよと申さんとせしが、傍より左様な事申出て磯山の感触を悪しくしては宜しからずと思ひしに付、其信任する壮士のみを引連れさすることになりました」（大井・八六頁）というように、渡航メンバーの選定は隊長となった磯山に一任された。したがって、磯山離脱ののち

「組織を一変して新井が行くこととなりたれど、新井の人となりをも知らざれば進退に苦しむの有様に立至りし」（橋本政次郎・二一三頁）という如く、磯山の私兵といった色合いも帯びることになった。

＊10　大井・小林らは「彼の地に於て決行すべき手段・方法等の細目は専ら渡韓者に一任したり」（八八頁）と述べ、渡航壮士たちは「手段は各首領に於て考えのあることであらうと思ひます。……自分等に於て始めより一も聞きたることはござりません」（一八〇頁）「内地を離れ船に乗り込んでから話すと申すこと故、如何なる手段を以て事を挙ぐるか知りません」（一六一頁）という。磯山・新井は現地に着いてから決める予定だったとしている。

＊11　「渡韓して自分の主意とする處を朝鮮語に訳し同国政府に差出し、或は之を英訳にして外国公使館に謀り、又は外国諸新聞紙に掲ぐるなどするときは自然我の本意を達するであらう」（井山・一八六頁）とか「言論・文章を以て改良する積りなり」（稲垣良之助・二一二頁）などといいはる者もいたが。

＊12　「村野常右衛門予審調書」（松尾編『大阪事件関係史料集』下巻に収録）。

＊13　「桜井徳太郎予審調書」（同右）。

＊14　「事大党とか六孽とか申立居るが其姓名は誰々なるか」との裁判長の尋問に、大井は「自分は其衝に当らざる筈なるを以て其指名は致し兼ぬれど慥か新井か誰かが記して置きました」（三一六頁）と答えている。「朝鮮人の名は兎角六ケ敷故忘れたり」（小林・三一七頁）、「六孽の名は記載し置たれど覚えず」（新井・同頁）、「氏名は閔泳翊を始め其他のものなるが他は明らかに記憶せず」（磯山・同頁）。橋本政次郎は「古き朝日新聞を見て自分及び他の壮士輩は承知致し居」（三三九頁）というが、魚住滄は磯山があげた閔泳翊を「独立党の一人」（三三七頁）といい、これを「磯山の申立てる如く六孽を統馭する処の首領」だとする弁護人に対して窪田常吉は、六孽が「李載元・金箕錫・閔応植・閔泳煥・閔炳奭・閔種黙以上六名を指すもの」で、「閔泳翊も六孽の中なりと云ひしも是は恐らく誤りなるべし」（二四〇頁）と陳述している。

＊15　内乱罪や爆発物取締罰則でなく外患罪適用の是非に焦点を絞ろうとする法廷戦術から、まず「戦争」が目的だったことを認めたうえで、「彼の国を安全にし彼の国の幸福を増進せん」との好意よりする「特別の戦争」だから外患罪に規定された戦争にはあたらない、というのが大井の論法だった。

＊16　朝鮮での計画決行に呼応・連動して決起するといったかたちで国内革命の計画が準備されていたようには思えない。それができないからこそ、朝鮮計画が構想されたというべきだろう。

＊17　義勇軍結成運動については、山田「甲申政変期の日本の思想状況」および小松裕「中江兆民とそのアジア認識――東洋学館・義

勇軍結成運動との関連で」（『歴史評論』三七九、一九八一年）参照のこと。山田は、義勇軍運動に連続するものとして大阪事件を把えている。

＊18　「十七年朝鮮騒擾の際、義勇兵を募りたることあり。……義勇兵を募るには大井・小林・其他二三の人にも回章を発して自由党の事務所なる寧静館に会し謀議せしに、大に賛成を得て各々分担を定め、成るべく全国にて募集せんと欲し、小林を特に有一館に招き此挙に力を尽さるるやと問ひしに、同人は尽力すべしと答へたり。……金も意の如くは調はず、彼是する中、小林より朝鮮計画のことを自分に勧めたり。素より自分も其志あれば、此義勇兵を以て朝鮮計画の方へ引移すも差支へなしと答へたり」（磯山・三二一頁）。

＊19　大井は、朝鮮計画によって「支那と戦端を開きたる上には、義勇兵を募るに尽力せざるべからず」（三一一頁）と発言している。また、磯山は「此事は十七年十二月に起りし云々」とのべ、「其後是は義勇兵を募りしことにて朝鮮計画には非ざる旨にて取消しを為した」（小林・三二〇頁）が、彼にあって朝鮮計画が義勇軍運動と連続して意識されていたことを示すものであろう。

＊20　「我々同志は已に義勇兵募集のことに尽力し、……遂に数千名の人員を募集することに至れり、……数千名の内を選抜し最も強壮なる同志千名を以て事に従はしめ、其費用は差当り十万円か十五万円を募るべしとて、寺島・南等廿余名にて此費用を担任し……」（稲垣・二六〇頁）。

＊21　宮崎富要『大阪事件志士列伝』上・中編（一八八七年）。

＊22　同右書および田代（一六二頁）、魚住（一七五頁）、久野（一七五頁）、橋本（一七六頁）、武藤（二〇九頁）らの法廷発言。

＊23　「磯山が……自分に同行を勧めしかど、二十名や三十名にて朝鮮の現政府を殪すことは到底難きことなればとて同人の言ふ所に随はず、反て我江口・樽井等と計画せし次第を説きたるに、……磯山は反て自分が説きたる計画に同意せし体にて……」（日下部・三〇一頁）。

＊24　「朝鮮の亡命者金玉均の忠情を憫み、樽井藤吉、江口三二、渋谷某等と共に謀り、金玉均を擁して朝鮮に渡り、金玉均をして朝鮮の現政府に立たしめんことを計り……」（日下部・三〇一頁）。前掲「桜井徳太郎予審調書」参照。日下部は「自分等の計画は大井等の計画とは初めより異なる」「我同志則ち樽井・江口等の内には大井等の計画と連絡を通ぜし者あらざる」と陳述しているが、磯山は「日下部は初度の時より加はり居たるものなり」（三三三頁）「小林より朝鮮計画のことを自分に勧めたり。……其後、日下部と大井の事務所にて面会せしに、大井は自分に向ひ日下部を朝鮮に先発さするとの話をなし……」（三二一頁）という。また、江口について新井は「全く同人は今回計画同意者の一人だ」という。

＊25　七月一八日午前の法廷における大阪府警部稲田鬼太郎の証言（三二七―三三〇頁）。明治一九年三月一〇日付伊藤内閣総理大臣宛山県内務大臣報告「大井憲太郎以下被告事件結了ノ件」（『大阪事件関係史料集』下巻に収録）参照。

＊26　小林は「朝鮮の独立は出来得る事と思はれます」「内政を改良して公議を執ることになれば我国人は平素軽蔑致ますれども存外善い国になることと思はれます」と、朝鮮を評価する如くである。しかし、「明治政府のまだ起らざる以前は日本も如何と思はれしも、改革すれば随分為すあるの国となりたると同様、改革すれば朝鮮も必ず善くなり……」（一三〇頁）というように、そこで評価されるのはあくまでも文明化の可能性においてであって、歴史的に形成された文化の担い手としてではない。

＊27　甲申事変の際に日本政府が最後まで強力に介入しなかったことを非難する点で参加メンバーの認識は共通しており、「日本は朝鮮に干渉すべきものにあらず、即ち一政府が一政府のことに干渉するの謂はれな」（三二〇頁）しと述べる小林も同様である。義勇軍結成に関しても「我々は現政府と意志目的を異にするものなれば政府の指揮に依らず」（三二一頁）にやるべきだというが、それは政府が清国と妥協を図る可能性を警戒し「平和に局を結ぶも其儘にて已むべきにあらずとて引続き尽力」するためであった。「日本の政体にして立憲代議の政体なりしならば自分の計画を公議輿論に付して後に実行することとなるが、……万一之を政府に相談するが如きことあらば忽ち牢獄に投ぜらるるの禍に遭はんも測り難きに付政府の人は相手にならず」（一一二頁）というように、人民の意志を反映しない専制政府ゆえに清国への妥協的態度がとり得るのだと認識され、それがまた専制批判の重要な要因であった。また、朝鮮計画における「日清の葛藤」は清国の干渉を防いで朝鮮独立を維持する不可欠の条件でもあり、日本政府が頼りにならぬ場合はフランスの介入を期待するなど、彼らが国家による干渉と人民同士の連帯を原理的に区別していたとはみなしがたい。

＊28　勿論、こうした潮流が大勢を占めるようになったわけではなく、金玉均を嚆矢とする親日派を筆頭に近代文明への志向は一貫して存続・拡大し、その問題性が鋭く露呈しているのが今日の姿だといえるのではあるが。

＊29　趙景達「朝鮮の民権運動」（『自由民権運動と現代――自由民権百年第二回全国集会報告集』三省堂、一九八五年）の問題提起が示唆的である。

第五章　東アジア「連帯」の内実

――『大東合邦論』の朝鮮観

一　はじめに

欧米列強の侵略に抗するため日本と朝鮮が対等なかたちで合邦すべきだと主張した樽井藤吉『大東合邦論』の評価に、再検討のきっかけをもたらしたのは、一九六三年刊行の『アジア主義』における編者竹内好の解説「アジア主義の展望」[*1]であった。戦前には大東亜共栄圏構想の思想的先駆としてもちあげられ、戦後は侵略主義の一形態と片付けられていた樽井の合邦論に対して、竹内は「日韓両国が平等合併せよという主張は、樽井が誇っているように、たぶん彼の創見であって、しかも絶後の思想ではないか」と、極めて高い評価を与えた。侵略思想か連帯思想かというアジア主義に関する二者択一的論議への批判の一環として提出されたものであったが、折から日本資本主義のアジア進出が本格化するにともなって対アジア認識のあり方が厳しく問い直される状況のもと、竹内の発言は大きな波紋をなげかけることになる。日韓条約反対闘争が高揚をみせるなかでこの竹内の問題提起をうけとめ、纏められたのが旗田巍「樽井藤吉〈大東合邦論〉[*2]」および「樽井藤吉の朝鮮観[*3]」であった。旗田はそこで、樽井が連帯意識をもっていたことを承認しつつ、なおかつ自覚的・無自覚的に侵略主義へ頃斜していった経緯を、彼の思想展開自体の必然的な帰結として明らかにしなければならないと主張する。そして、樽井の思想には本来的に侵略そのものを否定する観点が希薄であり、とりわけ日本の膨張政策への批判がないばかりか、むしろそれを積極的に肯定・賛美するものだったと指摘した。こうした性格をかかえていたことが、日清・日露戦争をはさみ朝鮮の植民地支配が現実化する段階において、侵略を支える思想としての役割を担うことになった原因だとするのである。侵略か連帯かの性急な峻別が複雑な展開を示す思想の分析に有効性を欠くのはいうまでもないが、両者をわかつ思想的契機を抉出しない限り、連帯運動の実践的な指針の形成に寄与することができないのも事実であろう。かくして、樽井が主観的には連帯意識をもちながら、なにゆえ現実の朝鮮侵略政策に対して批判的な観点をもちえなかったのか――、この問題を追究することが、当面の課題として設定されなければならない。

ところで、竹内が「彼は洋学の素養がない。だから彼の合邦論は、いささかコジツケの観がなくはないが、それだけに今日かえりみてきわめて新鮮である。洋学者たちにはこの独創は思いつかなかったろう」と述べて、樽井の「創見」が生み出された根拠を東洋の伝統的な思考様式に求めようとしたのに対し、鈴木正「東洋社会党の創設者――樽井藤吉」[*4]は、「『大東合邦論』をよんで驚いたことは……西洋の理解（それはとくに西欧近代の民主主義的理念にたいする十分な尊敬をこめた）をもって合邦論が展開されている点である」として、その「近代的性格」を強調した。「予盾に満ちた樽井の思想を徹底的に分析して発想の根源を追求する」ことを課題にした伊東昭雄「『大東合邦論』について」[*5]は、樽井の文明観の基礎にある概念として「競争」と「親和」に注目する。西欧社会の構成原理である「競争」に対し、アジアの原理たる「親和」により高い価値を見い出そうとする点で、樽井の思想は福沢諭吉の脱亜論などと違っていた。だが、この概念は近代化論への批判を内包してはいるものの展開が不充分であり、結局のところは「近代化を肯定することにより、かなりのものを福沢と共有」していたという。鈴木が、近代的性格をもつが故に樽井の合邦論を「単純に排外的・侵略的アジア主義者ときめつけることは速断」だとしたのに対して、伊東の場合は、近代化論を克服しえていない点に樽井の限界をもとめるわけである。さらに、初瀬龍平「アジア主義と樽井藤吉」[*6]

は、『大東合邦論』における国際関係認識のあり方を分析して樽井を「近代主義者」であったと断じ、そのような性格との関連において「連帯から侵略への思想的帰結のメカニズム」を説明しようとしている。

右のような諸研究を念頭において、本稿では、「朝鮮情況」と題する章を中心に、『大東合邦論』における樽井藤吉の朝鮮観を検討してみたい。

二　他律的かつ停滞的

日清戦争前年に初版が刊行された『大東合邦論』[*7]は、日本人のみならず朝鮮人や中国人をも読者として想定したものであった。そのために漢文で書いたと、樽井自身が述べている。そのなかでも「朝鮮情況」の章[*8]は、朝鮮人読者を意識し、合邦がいかに朝鮮のため必要不可欠であるかを説得しようとする箇所だった。樽井はここで、まず、「小かつ貧にしてその危機すでに迫」っている朝鮮が、「他日よく富強開明を致すか」「はたして興隆の徴すべき者有るか」（七五頁）と問題を提起する。「富強開明」「興隆」こそが朝鮮にとって最大の課題であるとしたうえで、そのための方策を考えようというわけである。そして、「既往は現今の因、現今は将来の因」であるから、将来への対策をたてるためには「既往の成迹を推してその由来する所を明らかにし」（七六頁）なければならないと述べて、歴史の考察を行なう。

樽井が指摘する朝鮮の歴史の特質は、自主性が欠如していること、発展がみられないことの二点に要約される。他律的かつ停滞的な朝鮮史認識というべきであろう。まず第一の点について、「已に在らざる者を恃みて自ら勉めざれば則ち日に退き……人を恃めば則ちわれ客と為り、客と為れば則ち人に制せらる」（七六頁）と強調した樽井は、朝鮮が不振に陥ったのは歴史的に自主の気風がなかったからだと述べる。すなわち、上古において檀君は「西北国」より、次の箕子や衛満は「漢土」から朝鮮へ来て支配者になったもので、「爾来二千余年、国人には自立して王と為る者無」き状態が続いた。三国時代に至って「国人はじめて君長と為り……自主の気象はじめて生」じたが、「三国の外に任那、安羅、加羅等の分裂有り……当時、韓土はわが日本に隷」していて、「その自主はなお未だ長ぜざる」状況にとどまった。新羅が朝鮮半島を統一するにおよんで、「その自主ようやく長ずる」に至る。しかしながら、「なお唐に事え、爾後、金に、元に、明に、清に、唯だ命これを聴き以て今日に至」ったのであって、「その自主なお未だ発達せず」（七七頁）というのが実情だったとするのである。「議者有りて……曰く、朝鮮は古より名は他邦の藩屏たり。然れどもその実は未だかつてその独立たるを失なわざるなり」（八二頁）と樽井自身が反論を紹介する如く、中国歴代諸王朝との冊封関係の実質をどのように理解すべきかは、議論の分れるところであろう。が、いずれにせよ、中国への事大が自主性を失なわせ、朝鮮不振の原因になったというのが樽井の主張であった。

第二の点、朝鮮の歴史を停滞的であるとする見解は、一種の発展段階論を下敷きにしている。樽井によれば、世界の歴史は、「太古の人類、山間丘陵の地に拠り以て栖息す。洞窟の便に負うに依るなり」という〈山間丘陵の時期〉から、「木を伐りて巣を構えるに及びて漸く平原に遷る」という〈平原の時期〉へ発展する。そして、「是に於て交通の便はじめて開ける。それ交通は開明の母」であるため、以後の歴史は交通の発達に従って三段階に区分される。すなわち、河川による交通が主だった〈河流の時期〉から、「人民ようやく船舶漕運の術に熟れるに及び」て〈内海の時期〉に進み、さらに〈太洋及鉄道の時期〉へ発展するというのである。河流の時期とはインド・バビロン・エジプト文明の段階、内海の時期はギリシャ・ローマの段階、太洋及鉄道の時期とはいうまでもなく「英国その他欧米諸国の隆盛を致すが如き」現時の段階に相当する。「国家の開明は地理これを導くもの有り」（七九頁）というように地理的決定論の色彩が濃厚だが、樽井はこれを西洋の学者の説として論じている。五段階の発展を経て現在の欧米諸国の繁栄が実現したのに対して、朝鮮は「平原広からず」「河流長からず」「船舶回漕の術に熟れざる」状況であったために「平原・河流・内海の三時期を失」ない、「その国小弱にしてその民は疲弊し、かつ政綱紊乱して治化廃頽す」（八〇頁）というありさまに陥ったというのである。

三　日本か中国か

このように、自主性が不足し、地理的条件の不備ゆえ時運にのることができず、低い発展段階にとどまっているというのが、樽井の懐く朝鮮史像であった。そうした認識を前提に、「興国の策はその盛衰の原因およびその脈絡を察し、その害の由来する所を避け、その利の由起する所に就くに如くは莫し」（八五頁）との視点から、将来に向けての興国＝富強開明の方策が検討される。まず、自主性の欠如という第一の問題に対して、それが中国への臣従によってもたらされたとする以上、清国との宗属関係を断ち切る必要が説かれるのは勿論であろう。だが、樽井の主張はそれにとどまらず、日本との提携こそ自主性強化の途だというところに眼目があった。「朝鮮はまた宜しく日本の気象・漢土の文章を取り、以て隆運を致す」（七六頁）と述べ、朝鮮の歴史展開をもっぱら中国および日本からの他律的影響の産物とする樽井は、わずかながら認められる「自主の萌芽」もことごとく日本から伝来したものとみなす。三国時代に自主の気象が生じたのは「漸く日本と交渉す」るようになったからであり、三国のなかでも新羅の発展が著しかったのは「三韓中新羅もっとも日本に近く、故に韓人にて先づわが気象に伝染せし者は新羅」だったからだとされている。樽井によれば、日本は自主を尊ぶ国で、「開闢以来膝を他邦に屈せざる」唯一の国であった。「新羅一統以来自主の気象却って展ぜざるは、その日本に親しまず漢土に親しむに因る」（七八頁）のであるから、自主性を養うには中国への事大をやめるばかりでなく、日本と手を結ばねばならないと主張するのである。

ついで、太洋および鉄道を主要な交通手段とする発展の段階に至っている世界で、朝鮮が遅れをとりもどすにはどのような策が必要か。これが第二の問題であった。地理的条件を決定的とみる樽井は、この問題を、「三面の海・一面の陸」に囲まれた朝鮮がとるべき途は何かというかたちで提起する。そうしたうえで、シベリア鉄道との連絡により興隆を図ろうとする考えを、「その将来の利益は海に在りて陸にあらず。それ一利〔一面の陸〕は三益〔三面の海〕に如ず」（八五頁）という理屈でしりぞける。そして、「国人航海術に習熟すれば則ち海潮の達する所はみな鉄道なり。布設の費、修繕の労を要せずして米国に達し、濠州に到る」のであるから、「興国の道はまず海外開明諸国と通商」し、しかるのちにロシア領や満州と連絡して利益を得るのが最上の方法だと主張する。そこから導かれる結論が、「我日本群島その海面を囲繞す。我と和さざれば則ち何を以てその利を博するを得んや」（八六頁）というものであった。ここでもまた、日本と結ぶことこそが富強開明の途であるとの提案に帰着するのである。

以上のような主張が、「今、清国の力は能く朝鮮を援くるに足るか」と清国の非力を強調し、「俄国〔ロシア〕は今、志を東洋に伸さんと欲す」（八一頁）とロシアの侵略性を力説しながら、「友愛の至情」（七五頁）を押し出しつつ朝鮮人読者に向けて説かれる。日清戦争前夜の朝鮮をめぐる国際情勢のなかで、樽井の主張がどのような意味をもったかは想像に難くない。[*9] ここではともかくも、自主性を身につけ、発展の遅れを挽回して富強開明を実現する方法が、日本との合邦、すなわち「大東国」の結成であったことのみを確認しておこう。

四　むすび

さて、アジア主義を脱亜主義の対極に位置するものと把えるならば、後者が欧米諸国を主軸に構成される近代国際社会においてそれと同質・同格の一構成員たるべく振舞おうとする志向性であるのに対して、前者はあくまでもアジアの一員たることを意識しつつ日本の国際行動を処していこうとする志向であるとするのが、もっとも包括的な定義といえよう。そして、アジア諸民族への実際的な対応からみると、脱亜主義にはアジアへの無関心から意識的な侵略論までの幅があり、アジア主義にも連帯から侵略までさまざまなヴァリエーションがありうる。思想内容からみた場合、脱亜主義がその性格からして近代主義＝西欧文明至上主義的であるのはいうまでもないが、アジア主義にあっては、近代主義的な潮流と、アジア文明そのものの中に西欧文明への対抗原理を見い出そうとする潮流——松本健一の言葉を借りれば「原理主義」的な潮流[*10]——とを区別することが肝要であると思われる。アジア主義がおしなべて連帯意識に出発しながら強硬な侵略論へ傾斜していったいきさつを、この二潮流の区別と関連させて追究しなければならない。

樽井藤吉の場合を考えてみると、先述の如く鈴木正らが指摘し、また本稿での検討からもうかがえるように、その合邦論は根本において近代主義的性格が濃厚であった。彼が究極の目的とする「興隆」「富強開明」とは、〈太洋及鉄道の時期〉における欧米諸国の繁栄に倣い、追いつくことに他ならない。そして、古い伝統をもつが故に朝鮮は独立を全うできるはずだとする見解に対し、樽井は「習慣の国情を固結せるは以てその国を守るべくも、未だその国を興すべからざるなり」と反論し、さらに「富強と云い開明と云うは固より貧弱に安んじて陋習を守るの致す所に非ず。乃ち日に新たに已まざるの結果なり。故にその国を興さんと欲せば則ち習慣と雖もまた破らざるべからざる者有り。故に曰く、習慣は未だ国を興すに足らざるなり」（八三頁）と述べて、伝統的なものへの否定的な姿勢を明らかにしている[*11]。伊東昭雄が詳しく検討した如く東洋文明の特質として「親和」を強調し、また家族制度に言及したりはしているものの、『大東合邦論』の論理展開の中ではそれらは合邦を容易にする条件として語られているにすぎない[*12]。アジア＝朝鮮文明のなかに、あるいは朝鮮と日本の文化に共通する特性のなかに近代西欧文明を超克するための契機を発見し、それを原理にまで鍛えあげていくといった志向は、樽井の論理のうちに見い出すことは困難である。つまるところ樽井藤吉は、西欧文明至上主義的な自由民権派と同一の潮流のうえに位置する思想家にすぎず、いかなる意味でも彼の思想にアジア「原理」主義の徴候をうかがうことはできないであろう。[*13]

近代文明を至上とする眼から、樽井は朝鮮の歴史にもっぱら他律性と停滞のみを見た。そこからは、朝鮮文化自体のうちに価値をみいだそうとする姿勢は生まれようもなかった。「その国は未だ一大英雄の四隣を震蕩する者有らず。また未だ一大賢哲の一学科を発明する者有らず。その他、器械の構造、物理の講究、美術の精巧、技芸の秀抜、未だ万国に卓絶する者有らず」（七八頁）「兵勢・財力・器械および百般の学芸、他邦に勝る者有るか」（八三頁）というように、政治・軍事・経済はもとより学問・芸術にいたるまで全面否定の態度が表明されている。相手方の社会・文化に何らの価値も認めないとなれば、「先覚者」たる日本による近代文明の持ち込みが、朝鮮のためにも望ましいことと考えざるを得なくなろう。[*14] 旗田巍が指摘した如く、江華島事件以来の日本の朝鮮政策が肯定・賛美の対象となるのは必然であった。

こうした樽井の合邦論がかろうじて連帯論となる可能性を残しうるためには、朝鮮内部に主体的な近代化勢力の存在が確認されなければならない。樽井自身この点には気を使い、「忠奮義烈・悲壮慷慨の士無きに非」（八〇頁）ざることを強調している。だが、その数は「千百人中に求む可きのみ」というのが実情で、彼らの活動を背後で支えるべき国民の意識については「国人の気象独り旺盛なるや、余未だその然るを知らざるなり」（八三頁）と悲観的である。そもそも近代主義者の樽井にとって、現状変革の気概とは「数隻の鋼鉄艦を購う」（八四頁）如き努力をさす。東学農民や衛正斥邪派の動向はもとより視野の外にあるのであって、主体的努力として注目されうるのはもっぱら開化派の動きであったろう。実際、合邦論の最初の日本語草稿が執筆されたという一八八五年当時、樽井は亡命中の金玉均に積極的なアプローチを図っていた。[*15] 金らによる政権奪取の可能性は年とともに小さくなってゆき、樽井もその事実を認めざるをえなかったのである。

相手民族の文化に独自の価値があることを承認せず、そのうえまた主体的な変革勢力の存在をも認めないとなれば、外部からの近代化の働きかけは、それがいかなる善意にもとづくものであれ、侵略以外の何ものとも言うことができないだろう。近代文明の高処からアジアの停滞を打破してやろうとする主観的な善意――、この善意こそが徹底した侵略主義を生み出す根源であった。それは、脱亜主義とアジア主義とを問わず、近代主義が必然的にかかえ込まざるをえなかった陥穽である。思うに、近代日本におけるアジア主義は、樽井藤吉を含めて近代主義的潮流のそれが大勢であり、原理主義的アジア主義の潮流は岡倉天心らをはじめとするごく少数の例外にとどまった。しかもそこに、戦略論的な深化をみいだすことはできない。近代文明のなれの果てとしての様相を強めつつある現代の日本において、閉塞状況打破の可能性を探ろうとするならば、まずもってこの事実のもつ意味の解明が不可欠の課題とされなければならないであろう。

註

＊1　竹内好「アジア主義の展望」(同編『アジア主義』筑摩書房、現代日本思想体系9、一九六三年)。
＊2　旗田巍「樽井藤吉〈大東合邦論〉」(『エコノミスト』一九六五年七月二七日号、同『日本人の朝鮮観』勁草書房、一九六九年に「大東合邦論と樽井藤吉」として再録)。
＊3　同「樽井藤吉の朝鮮観――朝鮮併合の前夜」(『朝鮮研究』四三、一九六五年九月、同右書に再録)。
＊4　鈴木正「東洋社会党の創始者――樽井藤吉」(田中惣五郎『東洋社会党考』新泉社、叢書名著の復興11、一九七〇年)。
＊5　伊東昭雄「『大東合邦論』について(1)」(『横浜市大論叢〈人文科学系〉』二四巻二・三号、一九七三年四月)。
＊6　初瀬龍平「アジア主義と樽井藤吉」(『広島平和科学』一、一九七七年)。
＊7　周知のとおり、樽井自身の言によると合邦論の日本語原稿は一八八五年に完成したが、大阪事件との関連で下獄する際に失なわれた。その後ふたたび起草し、一八九一年に雑誌『自由平等経綸』に一二章の構成で連載された。さらに四章を加えたものが一八九三年に初版本として発行され、一九一〇年の日韓併合直前には再版が出た。三者の異同とそれがもつ問題性に関しては、前掲の

旗田論文および伊東論文を参照されたい。なお、初版本には長陵書林からの覆刻版（一九七五年）がある。

＊8　初版本、七五—八六頁。以下、本文中の引用は書き下し文に改めたもの。また、（　）内の引用頁数は初版本による。

＊9　樽井の議論においては、日本と朝鮮の合邦という結論が予め設定されたうえで、それを説得するために種々の理屈を並べるといった趣が強い。山田昭次「甲申政変期の日本の思想状況——『大東合邦論』および大阪事件研究序説」（林英夫・山田編『幕藩制から近代へ』柏書房、一九七九年）が、「朝鮮のナショナリズムに対し、日本の対朝鮮支配を受け入れさせようとした論理が「対等」合邦」であり、「強い反日ナショナリズムをもつ朝鮮人を説得して合邦へ誘導する目的で書かれたもの」であったと断じている如くである。本稿の課題は、当時の樽井の真意がどこにあったかという問題からは一応はなれ、彼の主観的善意をひとまず額面通りに受け入れたうえで、なおかつ『大東合邦論』における論理展開に即して問題点を探してみようとする試みに限定される。

＊10　松本健一『挾撃される現代史——原理主義という思想軸』（筑摩書房、一九八三年）。本書で松本は、「西欧＝近代に抵抗しつつ、これを超える文明的な原理を掲げる思想的なヴェクトル」「近代に触発されつつ、それを全否定、超克するかたちで起こってくる思想、イデオロギー」として原理主義という思想軸の設定を行なう。そして、イスラム革命をはじめとする原理主義の活動が盛んになる一方で、ゆきづまった近代主義が原理主義とリンクして管理ファシズムを現出させるという、原理主義の二つの様相によって挟み撃ちされているのが現代だとしている。幕末維新期の吉田松蔭や西郷隆盛、朝鮮における東学からイランのホメイニまでを原理主義として一つに括る大きなスケールの立論だが、近現代史の理解にとって極めて示唆的である。松本はさらに、近代主義と民族主義（ナショナリズム）とを二項対立的にしか設定しえなかった竹内好の限界を指摘し、ナショナリズムの中に近代主義に結合したものと原理主義に連接したものとを区別する視角が必要なことを説く。ここからアジア主義を、「日本あるいはアジアを文明の原理へと鍛え上げて、それによって西欧＝近代を超えようとする思想」「ナショナリズムを、アジアを文明の原理と据えようとする原理主義のほうに引き取ろうとした思想」と定義づけている。だが、樽井や内田良平らをはじめアジア主義者といわれるものの多くが、アジアを原理とするような志向をもっていたかどうか、大いに疑問である。アジア主義のうちに二つの潮流をみるべきであろう。

＊11　他の章でも、「迷夢未だ覚めず。依然として古に泥むは時務を知る者と謂うべからざるなり」（序言・二頁）とか、「陋習に拘泥して一時の安きを偸むは自滅の道なり」（合同利害・一一七頁）などと述べられている。

＊12　たとえば、「親和合同は東人天賦の性たり」（合同利害・一一六頁）、「東亜諸国は家族たり。家族制度は一家を以て国本となすの謂なり。故に上下相保つの心最も切なり。故に合邦は固より東方諸国に適する者なり」（同・一一八頁）といわれる。

＊13　竹内の樽井評価は、連帯の側面を重視した点、非近代的な性格において、さらにいえば原理主義的な方向にひきよせて理解しようとしている点で、二重に問題をもっている。竹内自身の志向を投影させた評価というべきだが、それ故に却って、真のアジア連帯主義の成り立つ可能性が、アジア「原理」主義の潮流にこそ存在するはずだということを示唆した点に、画期的な意義を認めねばならない。松本健一の『竹内好論』（第三文明社、一九七五年）での樽井評価は、竹内のそれを踏襲したものであるが、前掲新著においては樽井に関し言及されていない。

＊14　「わが日本は亜洲の東極に位す。宜しく先覚者となり、以て友国の迷夢を破り、これを富強開明の域に導くべし。これ東極に在りて東号を冠する者の義務なり」（合同利害・一一六頁）という。

＊15　前掲山田論文、参照。

第六章　日清戦争と東アジア世界の解体

一　はじめに

資本主義の世界システムが形成され、世界の一体化が進展する時代が近代だとすれば、その始まりが一六世紀にあることは否定できない。新大陸の「発見」を契機に環大西洋市場圏がかたちづくられ、西欧に富が集められる。いくつか存在した世界のひとつ、それもあまり出来がいいとはいえない西欧を中心に、世界システムとしての資本主義が起動する。西欧勢力はアジアの市場に浸透し、その領域を拡大していった。

だが、一六世紀から一八世紀は、伝統的なアジアの諸文明世界に空前の帝国が形成される時期でもあった。東アジアには大明帝国が存在し、その滅亡のあとはさらに強力な大清帝国が繁栄を誇った。南アジアではムガール帝国が、インド亜大陸を席巻する勢いを示す。西アジアにおいてはオスマン帝国が勢力をひろげ、滅亡したビザンツ帝国にかわって東欧にまで領土を伸張した。西欧の「進出」は、アジア諸地域に交易の拠点を設けるにとどまり、世界経済を俯瞰すれば、その中心は依然としてインド・中国にあって、資本主義世界システムの領域はなお部分的であったといわなければならない。

資本主義の商品がアジア市場に浸潤し、列強の砲艦外交によってアジアの従属化が本格化するのは、産業革命を経た一九世紀のことになる。そして、同世紀の末葉にいたると、それぞれに完結性を保ってきたアジアの諸文明世界は解体を余儀なくされ、多くの地域が欧米列強の植民地と化していた。

中国を中心とした東アジアの世界秩序を基礎づけるのは、朝貢・冊封関係である。周辺国家の首長が中国皇帝に朝貢して爵位を授かり、その地域の王として冊封され、君臣関係を結ぶ。漢代以降、そうした冊封体制を基礎に、東アジア文明圏が形成された。万里の長城の外の遊牧世界とは、ときに対抗しときにそれを包摂しながら中華世界は形成されたが、唐滅亡ののちには、契丹族（遼）・女真族（金）の支配を許し、さらにはモンゴル族（元）に席巻された。明はこれを万里の長城外に駆逐して中華世界を再建する。明滅亡のあと関内に入った女真族の清朝は、中華皇帝として中華世界に君臨すると同時に、モンゴルの大カーンの称号をうけついだとし、遊牧世界を藩部として理藩院の管轄下においた。アヘン戦争以後、欧米列強は清朝に不平等条約を強制するとともに、周辺の朝貢国に浸透する。中国との紐帯を再強化して外圧に対抗する試みを妨害し、朝貢関係を切断させて、東アジア世界を解体し、列強の植民地として切り取っていった。

こうした一九世紀中葉以降の時期、東アジアの内部に位置しながら、日本は「脱亜入欧」を図り、東アジア世界の解体者として振る舞っていく。その焦点は、清の朝貢国であった琉球と朝鮮であり。とりわけ朝鮮をめぐって清朝と対立を深めた。その結果が日清戦争であり、朝貢関係が否定されて、東アジア世界は解体をよぎなくされた。

本書でとりあげてきた問題は、いずれもこの過程のなかで生じたものである。前章までで不足したことがらを補いながら、いまいちど簡単な整理を行っておくことにしたい。

二　朝貢体制と征韓論・万国公法論

(1)征韓論

近代日本と朝鮮半島の関係は、**第一章**でみたとおり、明治初頭における征韓論の高揚にはじまる。[*1] 幕末期の吉田松陰によれば、建国ののち皇統が絶えることなく継続するところに日本の優秀性があり、天皇を中心とした体制こそ日本の本来のあり方、「国体」である。朝鮮半島の諸国はもともと天皇に服属するはずの存在であって、征韓は国体を回復する不可欠の一環である。たまたま取りやすい土地があるから奪ってしまおうなどといった次元のものではなく、日本人たるもの代を継いで追求すべき崇高な事業だということになる。征韓論とは、国体論によって基礎づけられた朝鮮侵略論であった。明治維新が天皇の権力奪還として実現すると、征韓の主張が力を増すのは必然である。

江戸時代に対朝鮮外交の実務を担ってきた対馬藩藩主も、維新政府に迎合し、武家政権期には幕府（将軍）が朝鮮国王と対等の礼をもって外交をおこなってきたが、維新によって「朝廷御直交」つまり朝廷（天皇）が直接に朝鮮と交際することになるのだから、「名分条理」（守るべき道義・物事の道理）を正さなければならないと強調した。ここで「条理」に基づく正しい日朝関係とは、どのようなものなのか。外務官吏が作成した報告書には、政府内外にある朝鮮論のひとつが、次のように紹介されている。王政復古して「大号令」が天皇から出されるようになった以上、朝鮮は昔のように「属国」とし、臣下の礼をとらせねばならない。服従していないことを責め、貢物を持ってこさせるべきである――。征韓論とはなにかを、端的に示すものである。

こうした考え方は、朝鮮半島の国家が天皇に服属する「蕃国」だとみる古代以来の思想に淵源する。天命を受けて天下を治める中華皇帝に、周辺諸国の首長が朝貢して爵位を授かるという東アジアの朝貢・冊封体制の中で、中国の東方にいま一人の皇帝たろうとする称号として設定されたのが天皇称号であった。天皇すなわち皇帝は、当然に朝貢国を持っていなければならない。『日本書紀』では百済・新羅などが朝貢国だったことになっており、律令の規定では唐が「隣国」すなわち対等な国家であるのに対し、新羅が「蕃国」ということにされている。そうした蕃国観が底流としてうけつがれる一方、一五世紀の初めに足利義満は明皇帝から「日本国王」として冊封をうけ、東アジアの外交体制に参入して、朝鮮国王との交隣外交を開始した。武家政権の首長である将軍が、朝鮮と平和で対等な外交関係を展開することになったのであり、豊臣秀吉による侵略戦争のあとに成立した江戸幕府も、室町時代の外交を原則的に復活させるかたちで交隣関係を継続した。武家政権期は基本的に対等な外交関係が展開されたわけだが、同時に古代以来の蕃国観も伏在し、朝鮮認識は両面性を持たざるをえなかった。近世にいたって次第に高まってくる日本賛美論のほとんどは、日本の独自性・優越性の根拠を、万世一系の天皇が存在することに求めている。建国以来いちども王朝が替わらず、皇統が連綿として続いている点に日本の偉大性があるという主張であった。そして、欧米列強の外圧が強まる時期になると、日本中心主義はいっそう昂進し、王政復古、つまり本来の日本の「国体」に復するとして明治維新がなされると、それに随伴して征韓の思想も強まることになったのである。

書契問題が紛糾するなかで、対朝鮮外交は征韓論に掣肘されざるをえなかった。天皇はひとまずおいて政府同士で対等だとした「政府等対」論による打開の試みも模索されたが、征韓の主張に配慮して、日清交渉中の臨時の措置だとしたり、いずれ本来の交際を打ちたてるときの障害にはならないなどと説明せざるをえなかった。一八七三年に大院君が下野して閔氏政権となり、新たな外務卿書契で交渉をすすめようとした際も、「皇」と「王」の直接交際、つまり朝廷直交の原則はひとまず措いて「一小局」となし、そのあとで「公明正大」なあり方に改めていけばいいのだという言い方で、了解がもとめられている。「公明正大」とは、もちろん天皇と朝鮮国王の関係を「正しく」設定することにほかならない。

紛糾がつづくなか、明治六（一八七三）年になると、西郷隆盛が自ら使節として朝鮮へ行くと言い出し、政府内部で「征韓論争」がおこった。西郷の真意が征韓戦争の発動にあったのか、平和的な使節派遣にあったのかについて、見解が分かれている。三条実美太政大臣にあてた手紙で西郷は、「名分条理を正す」ことこそ「討幕の根元」「御一新の基」だったはずで、それがかなわないなら単なる「物好きの討幕」だったことになるなどという部下たちに、台湾への出兵問題で突き上げられ困っているのだと強調する。そのうえで朝鮮問題に言及し、始めから「親睦」などを求めたわけではなく、「方略」があったはずであり、ぐずぐずしているわけにはいかないのだと述べている。真意がどこにあったかはともかく、使節就任の同意を得るために掲げたのが、「名分条理」の貫徹ということであった。それは維新政府にとって「正論」であるがゆえに、西郷に言われると正面から反論しにくい。それを見越し、西郷は切札として持ち出しているのである。その理屈からすれば、談判による解決といっても、目指すのは決して対等な関係の構築などではなかったことになろう。

江華島事件を契機に明治政府は武装使節を派遣し、一八七六年二月、「朝鮮は自主の邦にして、日本国と平等の権を有」するという日朝修好条規を強要した。当時の新聞諸紙は、この条約締結を歓迎・評価し、「彼を以て敵国抗礼（対等の礼）の国にあらずとし、彼れ我と比肩の礼を執るは、是我が国前朝の美迹を貶すなり、飽まで彼れをして朝貢の礼を執らしめ、八十船の歳貢を我に収むるを以て前朝の通規とな」すというような見解、すなわち征韓の主張は成り立たないのだと論じている。征韓論が外交を直接に拘束した時期は終了したものとみていい。

⑵万国公法と宗属関係否定論

ところで、朝鮮と中国の関係が如何なるものであるかは、書契問題の過程においても強い関心が示されていた。先述の『朝鮮論』には、征韓思想のほか、一七世紀前半に清が侵入して「朝鮮王面縛して降り臣と称」し「東藩」となったものの、アヘン戦争やフランス艦隊の江華島攻撃に対して互いに傍観していることからすると、万国公法における「半独立国」に当たるのだというような見解もとりあげられている。七〇年四月に外務省が出した方針案は、当面は断交するという案や朝鮮へ皇使を派遣する案とともに、日清交渉を先行させる案を掲げており、それは「朝鮮は支那に服従し、其正朔節度丈けは受」けているから、まず清へ使節を派遣し「皇国支那と比肩同等の格に相定り候上は、朝鮮は無論に一等を下し」て交際しようというものであった。江華島事件が発生したあとの木戸孝允の意見書は、朝鮮は清の「正朔を奉」じるなど「羈属する所ある」のは確かだから、事件の顚末を「支那政府に問ひ、其中保代弁を求めざる可らず」という。これに対して、全権黒田清隆の派遣と並行して駐清公使に任命された森有礼は、朝鮮は清の所属だとする李鴻章らに対して、「中国嘗て内政に干預する無く、其の外国と交渉するも亦た彼国の自主するに聴せ」ているのだから、「朝鮮は是れ一の独立する国にして、貴国の之を属国と謂へるは徒に空名耳み」であると反論した。万国公法によって、朝鮮は独立国だという主張である。話し合いは平行線のまま打ち切られ、日本は一方的に朝鮮が独立国であるとしたうえで、「平等の権」をもつとする日朝修好条規を結んだ。

この間に日本は、琉球国王尚泰を藩王に冊封して天皇の臣下とし、台湾出兵をへて、清への朝貢を禁止していた。さらに、一八七九年に沖縄県として日本への併合を強行すると、清は次の標的が朝鮮になるものと警戒し、宗属関係の強化を図る。八二年の朝米条約締結においては、李鴻章が米提督シューフェルトと交渉をおこない、「朝鮮は中国所属の邦たるも内治外交は向来その自主に帰す」という文言を条約中に盛り込むことはできなかったが、調印後に国王が同趣旨の宣言を大統領あての照会でおこなった。同じ方式で、イギリス・ドイツとも条約の調印をおこなう。日本についで欧米諸国への開国をおこなったことに反対する衛正斥邪派の運動が強まるなか、同年七月に壬午軍乱が起きて鎖国攘夷の大院君が政権を掌握する。この際に公使館を襲われて日本が出兵すると、清も宗主国として軍隊を出動させ、大院君を捕えて天津に連行するとともに、反乱軍を鎮圧して閔氏政権を復活させた。

第二章で述べたとおり、軍乱発生のあと清が宗主国として日朝間の調停を申し入れてきたのに対し、外務卿の井上馨は、当初「朝鮮属邦の談判を開くは必要なり」とのべ、清との間に正面から属邦論の議論を行う準備を命じた。だが、そのあと一転して、「万一総理衙門より……朝鮮属国論等言及ぶとも一切取合わず」とし、清・朝鮮側が属邦か否かの議論をしかけてきても、それを回避するよう指示する。この変更の要因ともなった井上毅の意見書は、日本政府がとるべき方針について、「清国と朝鮮非清国之属国論に渉り目的外之葛藤を生ずるは甚だ好まざる事なるべし」と強調していた。なぜなら、「朝鮮非清国之属国否之問題に渉る時は、或は外之関係国々之中万一清国に左袒するものある時は意外之面倒を引起す」恐れがあるからである。さらに、一六二七年と三六年の二度にわたる清軍の侵入により朝鮮が降伏して朝貢・冊封関係が始まった由来を指摘し、この「征服之事跡」がある以上は、「公法に依り局外より平心に論じ候へば、朝鮮は公法之所謂半独立之邦に而、……朝貢国にして外国交際にのみ自主之権を有するものとなす事至当」であるという。宗属問題を正面から議論すれば、「恐らくは水掛け論に落ち、公法上之判断に於而も着手いたし兼」るのだというわけである。

清の属国論は承服できないというのが明治政府の表向きの立場なのだが、実際の交渉にあたった井上毅らの考えは、万国公法が清の主張を全面的に退けるものではなく、むしろ列国がその主張に「左袒」する可能性があると警戒するがゆえに、正面からの議論は避けなければならないというものだったのである。諮問に対してボアソナードも、「自国の小弱にして、隣邦に抗敵するの難きを悟りたるに於ては、其最も信任する所の一国の保護を仰ぐこと一に其意の随ふ所にして、決して他邦の喙を容るべき所に非ざるなり」といい、「甲国を助けて、乙国の羈軛を脱せしめんが為に、丙国の執るべき方便、如何」という質問には、「国際法に反せるの事業を行ふに、一定の方便あることをしらざるなり」と釘をさしている。

軍乱鎮圧のあとも、清は三〇〇〇人の軍隊をそのまま駐留させた。あらたに調印された中朝水陸貿易章程は前文で、「朝鮮は久しく藩封に列」しており、締結は「属邦を優待するの意に係わる」のだと謳い、宗主権をいっそう明確化した。また、衛正斥邪派の鎖国攘夷運動は後退し、閔氏政権の中で開化派の勢力が伸張したが、その政策は、伝統的な清との事大関係を戦略的に維持・強化することで欧米や日本の侵略を防ぎつつ、改革を推進しようとするものであった。金允植は朝米条約に関する李鴻章との対談で、「我国が中国の属国たることは天下の共知するところ」であり、「吾国のごとく孤弱の勢いを以って、若し大邦の作保無くんば、則ち実に特立し難」いのだと述べている。条約中に属邦条項を盛り込もうとした当初の李鴻章の案について、「敝邦中国に在りては属国たりて、各国に在りては自主たり。名は正しく言は順にして、事理両便なり」といい、中国の役割を明記することによって各国が朝鮮を軽侮する心をおしとどめ、自主の明記によって諸国との交際で平等の権を用いることもできるのだと評価した。魚允中もまた、朝鮮を「独立」国だとする日本人に対して、「自主たるは則ち可なるも、独立は則ち非なり」と反論している。そもそも軍乱の際の清の出兵は、天津に滞在していた金允植・魚允中の要請をうけてのもので、両者は嚮導官に任じられて、清軍とともに朝鮮へ帰国したのであった。*2

井上毅によればまさに、「支那之属国たる事を甘心し、我国に向ても、米英に当てたる同然之書面を送り、日韓条約之第一款を削除する之希望を提出するも難斗」い情況であった。アメリカのみならずイギリス・ドイツに対しても、朝鮮国王は条約締結後に清の属邦である旨の宣言をおこなっていた。「韓国に於て若し其国の清国管下に在るの確証を示すに於ては、日本は条約の改正を拒絶すること能はざるべし」というのが、ボアソナードの回答である。万国公法において「保護」「附庸」の関係の存在は前提されているのであり、「上国を外にした」条約を結ぼうとするのは「許すべからざる」ことであって、「若し上国に於て其権利を主張する」場合には第三国は「必ず之を承認するか、又は無名無義の戦端を開く」のどちらかしかないというのである。

そうした現状において、万国公法が必ずしも宗属関係を否定するものでないとしたら、どのように対処すればいいのか。壬午軍乱によって露わになった日本・朝鮮・中国の緊張した関係については、新聞諸紙がこれを一斉にとりあげ、清の属国論を批判しようとしたが、具体的な対応策は容易に見いだせなかった。[*3] あくまでも万国公法に依拠して、清による宗主権強化の動きに対抗すると同時に、それに呼応して事大関係を戦略的に利用しようとする朝鮮側の動きをも封じ込める方策はあるのか。そこで井上毅が持ち出したのが朝鮮中立化の構想である。「日清米英独の五国互に相会同して朝鮮の事を議し、朝鮮を以て一の中立国となし、即ち白耳義・瑞西の例に依り、他を侵さず、又他より侵されざるの国となし、五国共に之を保護す」というもので、すでに朝鮮との条約に調印している五か国が共同して朝鮮への不可侵を約束し、他の国家による侵略を共同で排撃しようとする提案であった。この構想の眼目は、清は他の「四国」つまり日本と共に保護国であり、「四国」つまり日本の叶同なくして独り内政干渉はできないというところにある。国際的な取り決めによって清の宗主権強化を阻み、日本の発言権を確保しようというわけである。

三　日清の対立と「協調」

(1)天津条約

日本にとって最も望ましいのは、朝鮮自身が宗属関係を否定することだったが、壬午軍乱のあと清軍が駐留する状況のなか、それに反発して「独立」を標榜する急進開化派の動きが生まれる。三度の訪日をつうじて日本人士と親交を深め、とりわけ福沢諭吉の影響を受けた金玉均を中心に、一八八四年一二月、甲申政変がひきおこされた。事前の約束どおり竹添進一郎公使は駐留日本軍を出動させ、この目論みに加勢したが、清軍が出動して劣勢に立たされると早々に撤退を決め、金玉均・朴泳孝らは日本に亡命、クーデターは文字通り三日天下で失敗した。日本国内では、自由民権派を中心に清との開戦を叫ぶ義勇軍運動が展開されたが、翌八五年四月に天津条約を結んで日清双方とも朝鮮から撤兵する。

天津条約によって妥協が成立したものの、朝鮮をめぐる日清の対立が解消したわけではない。清は朝鮮の内政への介入をいっそう強め、ロシアの保護をうけようとした朝露密約の試みを二度にわたって阻止し、総理朝鮮交渉通商事誼として派遣された袁世凱は、駐米公使の派遣に圧力をかけたり、朝鮮政府の意向を顧みず大王大妃趙氏の死去にともなう弔勅使派遣を実施するなど、いっそう影響力を強めた。

これに対して、金玉均ら親日勢力が壊滅し、日本は朝鮮への干渉の足掛かりを失ってしまう。すでに壬午軍乱のあと、清に対抗して大がかりな軍備拡張計画がスタートしていたが、一八八四年には国家予算に占める軍事費の割合は二〇パーセントを超え、九〇年には三〇パーセントを超えるにいたる。八八年には師団制への改編がおこなわれた。そして、九〇年の首相山県有朋の「外交政略論」は、「主権線」はもとより、その外側の「利益線」までをも守らねばならないとして、それに足る軍事予算の必要を説いた。総理大臣が、朝鮮半島を日本軍の活動範囲として公然と主張したことの意味は、きわめて重大であったといわねばならない。

ただ、一直線に日清戦争へ向かって対立が深まったわけではなかった[*4]。天津条約締結の直後に井上外相が提案した「朝鮮弁法八カ条」は、朝鮮に関しては李鴻章と井上が協議したうえ、李鴻章がそれを施行するとしており、清の優位を認めている。山県の「外交政略論」も、具体的な外交方針として挙げられているのは列国の会議にもとづく朝鮮中立化の提案であって、日本が排他的に朝鮮を支配しようとするものとはいささか趣が異なっている。居留地の日本商人や国内の政党勢力などが強硬な姿勢をみせた防穀令事件でも、伊藤内閣は李鴻章との裏面での交渉によって解決しようとした。対清強硬派に対し、伊藤・井上ら主流派の「穏健路線」といわれる所以である。天津条約体制の一〇年間は、近代東アジアの国際関係においてまれにみる平穏な時代でもあり、協調的な体制でもあった。こうした中での「穏健路線」をどのようにみたらいいのか。

(2)「穏健路線」

天津条約のもとにおいて「平和」で「協調的」な状態が続いたのは、なお清の威信が保たれ、朝貢関係が維持されたからである。[*5] フランスやアメリカ艦隊による攻撃以来、「朝鮮は属国であるが内政・外交は自主である」という清朝の対応は、「人臣に外交の義無し」という朝鮮側の主張とあいまって、外圧への防波堤として機能するものだったが、日本が江華島事件をひきおこして開国を迫ってきたときも、李鴻章は条約締結を勧奨しつつ、「該国が日本と通商往来を願うと否とは、其の自主を聴し、本より中国が能く干預する所に非ず」として、領議政の李裕元にあくまでも私的な書信のかたちではたらきかけるやり方を堅持した。日本が琉球処分を強行して沖縄県を設置すると、次の矛先は朝鮮に向かうとの危機感から、朝鮮に列国との条約締結を勧めるが、このときも李鴻章は原則を守って李裕元に書簡をおくった。外圧に対応すべく、何如璋のように「朝鮮に駐箚弁事大臣を設け、蒙古・西蔵の例に比い、凡そ内国の政治及び外国の条約は、みな中国に由りて之を主持」すべきだとする意見も生じたが、李鴻章はそうした提案を退け、属国＝自主の朝貢関係を維持しようとする。[*6]

壬午軍乱に際しては、宗主国として軍隊を派遣し、大院君を清へ拉致したうえ、反乱を鎮圧。そのまま軍隊を駐留させて、前述のように中朝水陸貿易章程では朝鮮が属邦であることを明記したが、中国から大員を派し監国として内政・外交を担当させ「泰西通例の属国」にしようという張佩綸の主張（「朝鮮善後事宜六策」）を受け容れることはなかった。甲申政変のあと袁世凱をおくりこんで、強制的なやり方が目につくようにはなるが、属国＝自主の原則は変えなかった。袁世凱も「摘姦論」で、「中国の朝鮮を待つに、内政・外交は其の自主に由るも、泰西は之無く、惟だ歳給・稟俸のみにして、内政・外交は自主を得ず」と強調している。

朝鮮においても、朝貢関係を否定して「独立」を標榜した金玉均ら急進開化派の甲申政変は失敗し、穏健開化派の金允植が外務督弁の地位に就いて、李鴻章・袁世凱と連繋して二度にわたる朝露密約の企てを阻止した。さらに、高宗・

閔妃を牽制するため壬午軍乱のあと清へ拉致されていた大院君を帰国させると、金允植は閔氏勢力に警戒されて流配となるが、配所で書かれた文章においても、「信」が「守国の大宝」であり、信義を貫くことで朝鮮を「有道の国」にするのだと強調する。まずは清との事大関係において「信」を貫き、属邦たることを明確にし安全を確保して「自主」を護り、列国との間では平和のルールと考えられた万国公法を守って信頼をえることにより安全を確保しようとする。朝貢体制を離脱する「独立」は、同時に列国による属国化の危険をはらむものであり採らないということである。

福沢諭吉のもとで学び、金玉均ら急進開化派と深い関係をもつ兪吉濬が、甲申政変ののちアメリカ留学をきりあげ帰国して書いた「中立論」は、清を中心に列国が盟約を結ぶという朝鮮中立化の主張である。ロシアの圧迫を受けるブルガリアや列強の勢力が交差するベルギーとの共通性をあげて朝鮮中立化の必要性を説くとともに、朝鮮はトルコの朝貢国であるブルガリアと諸国との条約締結の権利を持つベルギー双方の性格を併せ持っているのだという。そこで、清が盟主となって英・仏・日・露などと条約を結ぶことにより中立化を実現すべきだというもので、朝貢関係を前提とした構想である。さらに、公使派遣をめぐる紛糾など「自主」の領域が問題になると、兪吉濬は「国権」を著して朝貢国の権利について検討した。小国が自らを保全するため大国の保護をうけることがあり、そのために贈貢（朝貢）する場合もあるが、贈貢国も信義に基いて贈貢するだけで、双方の国権に軽重があるわけでなく、受貢国による抑圧は公法がみとめるところではないのだという。これを国漢文に改めたのが「邦国の権利」だが、そこには「国権」にない「両截体制」という言葉が出てくる。受貢国（清）が贈貢国（朝鮮）に対して力による威圧的な対応をするならば、清は諸国と対等な条約を結びながら、やはり諸国と対等な条約を結んでいる朝鮮との間に不平等な関係をもつことになり、諸国との関係と朝鮮との関係が「両截（二つに引き裂かれる）」されたものになってしまう。朝鮮もまた諸国と対等な関係をもちながら、やはり諸国と対等な条約を結ぶ清と上下の関係をもつことになって、諸国との関係と清との関係が両截されることになる。にもかかわらず、諸国が清の両截された体制と朝鮮の両截された体制を同一視するのは、強弱ではなくもっぱら国権を持っているかどうかを基準に考えるからなのだという。本来の朝貢関係は「両截」を生じさせるような強圧的なものではないはずだとして宗主権強化を牽制するわけである。たしかに万国公法に依拠した議論であり、将来的には朝貢関係の廃絶を展望していたのかもしれないが、この時点ではあくまでも朝貢関係を前提とした立論となっていて、朝貢国の「自主」を認める議論として機能するものであった。政府の一連の「自主」追求策も、朝貢体制を逸脱するような性格のものではなかったといってよい。*7

こうした中国および朝鮮の動向に応じて、日本も協調的な対応をせざるをえず、時に朝鮮が中国の「属邦」たることを容認するような発言もみられることになったのである。そのような「穏健路線」を、どのように理解すべきなのか。そもそも、万国公法の観点からも単純な朝鮮独立論の主張が難しかったことに加え、現実的に親日勢力が壊滅して政府内に全く足掛かりを失った甲申政変以後の朝鮮で、日本は強硬な政策をとる余地がなかった。しかも、イギリスがロシアとの対抗のため清と協調しているとき、正面から清と対立するのは困難な情勢であり、朝露密約にあらわれたロシアの動きを警戒する必要もあった。そうしたなかで、実際の外交を担当する伊藤・井上ら主流派が清との直接的な対決姿勢をとれなかったのは当然のなりゆきである。

むしろ注目すべきは、弁法八カ条や朝鮮中立化案など、朝鮮問題での清の発言力を極力制限し、日本の発言権を少しでも拡大しようと腐心する姿勢である。ロシアへの警戒も、のちの日露戦争へ連なる朝鮮への野心の一貫性を示すものとみるべきだろう。資本主義の世界システムが東アジア世界を解体させていく過程は、つまるところ暴力的なものなのだとすれば、日清戦争にいたる道は、軍拡の進展とともに、日本における朝鮮「独立」論すなわち朝貢体制廃棄論の動向を軸にあとづけられなければならない。

四　日清戦争への途

(1)「独立」論のゆくえ

様々な議論が展開されるなか、対清「独立」を呼号する点において、福沢諭吉の『時事新報』は際立っていた。壬午軍乱の際、清の出兵を知ると直ちに、「傲慢と猜疑の心を以て妄りに我義挙に対して妨礙を加へんとするやも知る可らず」とし、「我も亦東方の男子国なり、黙して此暴慢を容赦すべきに非ず」と対決の姿勢を示す（一八八二年七月三一日―八月一日社説「朝鮮の変事」）。清は朝鮮と日本の離反を図り、「八道を挙げて本国の版図に入れ、十八省に一を加へて新に高麗省を置」こうとしているのだなどと煽りたてた（八二年一二月七―一二日「東洋の政略果して如何せん」）。周知のように福沢は、日本が中心となって中国・朝鮮を文明化し、連帯して欧米の侵凌に対抗するというアジア盟主論を主張してきたが、壬午軍乱のあとには、朝鮮の文明化のためにも清からの「独立」と干渉の排除が先決であり、そのため「我東洋の政略は結局兵力に依頼せざる可らず」と説くにいたる。一七世紀前半に清軍に屈したものの、「敗軍の当日一たび軍門に跪きて臣妾の虚礼を執りたりと云ひ伝るのみ」であり、「爾後今日に至るまで厳然たる独立独宰の朝鮮国王たる体面を全くして、厘毫も他国の属隷たるの実を表したることもなきなり」という（八三年一月一七―一九日「支那朝鮮の関係」）。正朔や貢献は属国の証とはみなせず、第一次・第二次アヘン戦争や太平天国の乱に対しても属国としての行動はしていないのだとする。そして、「汝は胡人の所属たるを甘んずるやと尋ねば、八道の人民一人として然りと答る者なし」とし、朝鮮人が清への臣属を快く思っておらず、心中では蔑視しているのだと強調する（八二年八月二一―二四日「日支韓三国の関係」）

福沢は、早くから金玉均が密かに派した李東仁と接触があり、慶応義塾には朝鮮人初の留学生として兪吉濬がいた。壬午軍乱の発生時、兪は日本の出兵を義挙とした上書を提出する。初の訪日中であった金玉均は、花房義質公使の軍艦に同乗して帰国した。金は乱後の「謝罪」を兼ねた修信使朴泳孝一行の顧問格で二度目の訪日をしたが、一行は英公使パークスをはじめ列強の外交官との会談で朝鮮の「独立」を語り、日本にも援助の要請をおこなう。日本政府内では、清との紛糾を避けようとする穏健論と積極的な援助を主張する強硬論が対立したが、朝鮮においても開化政策の進め方をめぐって、清との事大関係を維持しながら改革を図ろうとする金允植ら穏健開化派に対して、宗属関係を打破して清からの「独立」を優先させようとする金玉均ら急進開化派が分立することになった。福沢は弟子の牛場卓蔵や井上角五郎らを派遣して、急進開化派の施策を支援する。金玉均は一八八三年六月から翌八四年四月まで三回目の訪日をおこない、福沢との関係をいっそう深めるが、借款導入計画などの成果を得られないまま帰国した。

この福沢主義者ともいうべき親日的な急進開化派によって引き起こされたクーデターが、一八八四年一二月の甲申政変だったが、のちに金玉均が書いたとされる『甲申日録』によれば、その「政綱」には「朝貢儀礼の廃止」が掲げられていた。朝鮮内部からの宗属関係打破の動きは、明治政府にとって最も歓迎すべきことだったにちがいないが、前述のとおり、クーデターは失敗し、金玉均らは日本へ亡命する。

自らの関与を隠蔽しつつ、福沢は翌一八八五年三月、『時事新報』に社説「脱亜論」を掲載した。西洋文明が目指すべきものであることを改めて確認しながら、朝鮮・中国には能力が欠如しているから、日本はそうした「悪友」を「謝絶」して西洋の文明国と進退を共にするのだという。そして、隣国だからといって会釈せず、西洋人がするのと同様のやり方で「処分」すべきだとのべる。この「処分」に社説の力点が置かれているわけではないが、それがレトリックとしてアジア分割競争への参加を指していることは否定しようがない。そもそもこの論説自体が、西力東漸の時代に何もしなければ「亡国と為り、その国土は世界文明諸国の分割に帰」してしまうという前提のもと、これを防ぐための方策としての議論であり、西欧のやり方とはアジアの併呑以外にありえない。同じ時期の論説「外交論」

（八三年九月二九日―一〇月四日）や「国交際の主義は脩身論に異なり」（八五年三月九日）などでも同様の主張がなされている。[*8]

ここに至るまでの福沢は、あくまでも日本がアジアの一員であるとのポーズをとって、朝鮮への介入を説明してきたが、そうしたアジア主義的な物言いは放棄された。**第三章**で検討したように[*9]、アジアの固陋を脱して西洋文明を目指すという意味での「脱亜」は以前も以後も福沢の一貫した主張であるが、アジアの友人と手を切って西洋文明世界に参入するという意味での「脱亜」はこの論説にはじまり、以後変わることはなかった。後述のように福沢は日清戦争の時期にふたたび朝鮮の文明化を叫びはじめるが、そこではもはやアジアの一員としての立場からではなく、自らを「世界文明」の位置においた発言がなされることになる。

大井憲太郎を中心とした大阪事件は、**第四章**でふれたとおり、自由民権左派のグループが武器・弾薬をもって朝鮮に渡り、急進開化派と連帯して朝鮮での民権革命を実行しようとしたものである。亡命してきていた金玉均を担ぐ計画であった。四海兄弟による連帯にもとづく民権革命の構想で、目指すところの日本での民権革命の前提となる愛国心の昂揚を、清との対立によって醸成しようとした。清国公使館への爆弾投入でなく、朝鮮で民権革命の支援を行ない、それに介入してくるだろう清への開戦が、敵愾心の喚起に効果的だと考えられた。民権革命がナショナリズムと不可分のものであることをみごとに示すものだが、あまりに無邪気な文明開化と独立の押しつけである。

樽井藤吉の『大東合邦論』も、最初の日本語草稿は同じ時期に進められていた金玉均を担ぐ朝鮮侵攻計画と関って書かれたものである。日本と朝鮮が合邦して大東国をつくり、それと清が連合して西洋の侵略に対抗するという主張だが、のちに朝鮮人を説得するために漢文で書き改めたのだという。「空前絶後」の構想で、西洋的発想とはことなるアジア的な原理によるともいわれるが、**第五章**でふれたとおり[*10]、維新以降の文明開化を疑うこともなく朝鮮に押し付けようとするもので、合邦も中国とでなく日本とすべきだというところにこそ力点が置かれた主張である。清からの自立、すなわち日本との合邦を説く書物にすぎない。

さて、「脱亜論」ののち、福沢の朝鮮に関する発言は減少した。そもそも福沢の朝鮮についての議論の大部分は、政府や国民に対して積極的な介入を呼びかけたものである。その場合、決して粗野な侵略の言辞を吐いたりするのではなく、朝鮮の文明的改造を説くかたちをとった。急進開化派が一掃されて介入の足掛かりがなく、そのうえ英露対立を背景にイギリスが清と協調関係にある中で、現実に日本が介入する余地が狭くなった以上、福沢の発言は必然的に少なくならざるを得ない。巨文島事件のあと、「朝鮮人民のために其国の滅亡を賀す」という捨て台詞を最後に、福沢は朝鮮問題について沈黙した。

再び発言をはじめるのは、帝国議会開設により政府と民党の対立が激化した一八九二年である。福沢は、「今の謀を為すに唯英断を以て対外の大計を定め社会の耳目を此一点に集めて以て国内の小紛争を止むるの一法あるのみ」とし、「人心を外に転ぜしむる其方向は朝鮮に在り」との観点から、「官民調和」の手段として朝鮮問題をとりあげるのがいいと主張した（九二年七月一九―二〇日「一大英断を要す」）。そのためには、まず天津条約の廃棄が必要とされ、朝鮮問題に口を挟む現実的な主張として清との共同改革が提案された。そして、一八九四年三月に金玉均が上海で暗殺され、清および朝鮮政府への敵愾心がたかまると、対清「独立」を鼓吹しはじめるのである。

(2)金玉均の葬儀

敵愾心の醸成　前項でとりあげた議論は、いずれも金玉均を担いだ計画と関連したものであった。甲申政変に福沢が深く関わっていたことは間違いない。「脱亜論」は、そうした積極的な関与からひとまず手をひくという「撤退宣言」でもあった。大阪事件は金玉均を押し立てて朝鮮計画を実行しようとしたものであり、樽井藤吉の『大東合邦論』は、やはり樽井が構想していた朝鮮計画の一環をなし、その趣意書ともいうべきものだった。さらに、これとは別に玄洋社も金玉均を中心にした侵攻計画を模索している。そして、亡命したあとも金玉均は、再起を期して活動を継続していた[*11]。

甲申政変の際、朝鮮政府は趙秉鎬とメレンドルフを仁川に派し、逃亡しようとする金玉均らの引き渡しをもとめたが、千歳丸船長がこれを拒んで長崎に航行した。一八八五年二月に徐相雨とメレンドルフを日本へ派遣して交渉したが、日本側は犯人引き渡しの条約を結んでいないとして拒否していた。続いて張溵奎を派遣して金玉均にはたらきかけ、江華留守になっていた李載元に接触させようとする。金玉均はこのさそいにのって、日本人と結んで朝鮮に戻り政権を奪取するという計画を書き送った。朝鮮政府はいっそう神経をとがらせ、外務督弁金允植の名で、金玉均の送致を要求する。これが拒絶されると、一八八六年に入り池運永らを刺客として日本に派遣した。日本政府は六月に池運永を朝鮮へ送還する一方、金玉均に対しても国外退去を命令した。

だが、日本の法権がおよばない横浜居留地に滞在し、フランス人所有のグランドホテルにとどまる金玉均をいかんともしがたく、フランス公使と協議して金玉均を引致したうえ、小笠原島へ抑留することになる。そののち一八八八年七月から北海道に移送して、国内の諸勢力と結びついて国際的に問題を起さないよう監視する措置をとった。この間も、金玉均の動静は新聞などで伝えられ、日本人士との接触も断たれたわけではない。

一八九〇年一〇月に東京に出てくると、金玉均は行動を活発化させ、新聞各紙も金玉均が朝鮮へ帰るつもりだという噂を書き立てた。朝鮮政府はいっそう警戒を強め、一八九二年五月には新たに李逸植らを刺客として派遣する。李逸植は一八九三年九月、フランス留学から帰る途中で日本に寄った洪鐘宇を仲間にひき入れ、機会を窺った。一八九四年三月、金玉均は日本人二人・朝鮮人二人とともに上海に渡航した。朝鮮人のうち一人が洪鐘宇である。上海租界にある日本人経営の旅館東和洋行に荷を解いたが、同月二八日に金玉均は洪鐘宇のピストルにより射殺された。

金玉均殺害の報を受けて、新聞各紙は連日このニュースをとりあげた。たとえば、三月三〇日の『郵便報知新聞』

社説「金玉均氏暗殺せらる」は、「韓人未開にして、政争の当さに公明正大なるべきを知らず」と朝鮮の野蛮さを強調しつつ、上海に行って金玉均の遺骸をひきとり「愛国者相応の礼容」をもって「氏が敬愛せる日本国土に埋葬」するのだという。「平生敬愛せる日本国土に永眠するの冥福を得せしめよ。其遺骸を氏が平生憎悪せる清国に遺棄して百年不冥の鬼とならしむる勿れ」とし、義捐金の蒐集を訴えた。交詢社を中心に「故金玉均氏友人会」がつくられ、四月五日には一五社の連名で「金氏追悼義金」の募集広告が出されている（時事・毎日・報知・読売・新朝野、国民・万朝報・中外商業・自由・めざまし・中央・やまと・改進・都・東京日日新聞）。このあと、参加する新聞社の数は、さらに拡大した。

友人会は上海に委員を派遣したが、現地では遺体は中国側から朝鮮へ引き渡され、犯人の洪鐘宇とともに軍艦で朝鮮へ送還。洪が褒賞される一方、金玉均の遺体は八つ裂きの刑を施されたうえ、楊花津に晒された。同時に日本国内で朴泳孝らを暗殺しようとした計画は、露見して未遂におわったが、首謀者李逸植らの取調べがつづいていた。金玉均の死体の扱いは、朝鮮政府への批判をいっそう強めさせることになった。四月一三日の社説「刺客事件について」で『郵便報知新聞』は、李逸植の事件を念頭に「国家主権の必要防衛」のためには「国際談判」を開き「無礼を謝せしめざるべからず」とのべ、死体への極刑や洪への嘉賞が噂通りならば、「与国交際の礼儀に於て」日本政府は如何にするのかと迫る。四月二〇日の社説「対韓問題を如何にせんとするか」では、「国権の汚辱」に対し「断然たる処置を為して、以て彼れの非礼を責め、我れの名誉を回収すべき」だとし、「我が国威の在る所を示し、彼れをして粛然として畏敬する所あらしめずんば、彼れ必ず我が寛容に狃れて益々、我れを軽侮するに至るや知るべきなり」という。「国権の尊重すべきは、特に欧米諸国に対してのみ然るに非ず、国権の外国に対するは遠近遐邇、宜くその趣を一にせざるべからず」と主張した。

新聞諸紙は連日この問題をとりあげ、四月二一日には神田の錦輝館、二四日には芝公園弥生館で、友人会が中心となって演説会が開かれる。ここでは、朝鮮の措置が日本の国権を貶めるものだったことが強調され、強硬策の実施が叫ばれた。なかでも、大井憲太郎は、「少しにても理屈さへあればグングン遣り付ても毫も妨げなし。我日本が余り大人振り上手を使ふから、今回の如く小弱の朝鮮より馬鹿にされるなり。彼れが今日の処置は実に無礼極まる。不都合の政府なり。実に憎むべきの国なり。故に吾々は尤も勇気ある決心を以て之に対する処分を為さゞるべからず」といい、「予は現政府を目して軟派中の又軟派なりと断言するを憚らず。故に我国民は理屈も何もいらぬからグングン朝鮮攻撃に向て厳重なる談判を開くの決心を以て現政府に迫るべし」と呼びかけた（『国民新聞』四月二四日）。

また、川村惇は、「金玉均氏の事件が今より二三百年前にあらしめば、今日は最早既に帝国の軍艦は朝鮮海に浮び居りしならん」とし、「我国の主権に対し侮辱を加え」ている事態に対し、「斯の如き時に国民の義気を発動せずんば、何時発動の機会あるべき。諸君凡そ文弱の弊ほど恐るべきは有ません」といい、今回の出来事を好機とし大に対外思想を奮起すべきだとする（同右）。板倉中は、「予の希望は地図上朝鮮と日本の上に新に日本と記するにあり」といい、「我為すなくんば朝鮮は遂に亡滅を免れず。之を支那に与へんか若くは露国に奪はれんか、両つながら我国の大不利なり。予は朝鮮を併すの時期遅れたるを恨む。今日は最早我国が最終の朝鮮政策を施すべき時期なり」とした（『毎日新聞』四月二五日）。小久保喜七は、「朝鮮の如き神宮皇后征伐以来徳川時代の半迄も付庸国たりしなり。古来我国外交上の歴史は名誉ある歴史たりしに、明治政府之を汚したること一にして足らず。今回の事件の如き宜しく国際談判を開くを要す」とし、「一朝事破れば清韓共に来るべしとの決心なかるべからず。日本の地小なりと雖も以て四千万の同胞を埋むるに足る。今日の事、只だ戦あるのみ。国民たるもの一死報国の決意を要す」とまで煽り立てている（同右）。

対外硬の矛先　このように、演者は朝鮮や清への強硬策を主張し、政府の弱腰を「事なかれ主義」「緩慢主義」（小室重弘）「竜頭蛇尾」（志賀重昂）などと批判した。対外硬運動に火を注ぐかたちとなり、演説会でも、「政府には何を望むも無益なり。宜しく更迭を計るべし」（香月恕経）、「国民たるもの宜しく大合同大攻撃を為さゞるべからず」（志賀重昂）と政府を攻撃し、「今日は自由党の人も来た、改進党も来た、同志同盟も皆来ました。苟も政府以外のものは皆不満足です。来月八日には是非大運動をやらねばなりません」という。五月八日に神田錦輝館で開かれる予定の全国同志大懇親会は、大井や犬養・志賀らが発起人に名を連ね、「対外硬派非藩閥主義の同志に限る」として参加を呼び掛けている。

政府系の『東京日日新聞』は、朝鮮のやり方を非難しつつも、「独り金氏の霊を慰するを精神として清韓及び我政府の処置を論ずるに至ては吾曹断じて之に同意する能はず」「一流亡の人たる金氏の霊を慰むるが為に堂々たる帝国の国権を以てするに至ては亦内外本末を誤るものと謂はざるべからず」と、対外硬派の政府批判には同調しがたいとする。福沢の『時事新報』は、対外硬の運動には距離をおきながらも、「彼国人をして無法の思想を改めしむるよう適当の処置」をとり「悟らざるに於ては一刀両断、力を以て悔悟の実を成さしめ」るべき（四月一三日「金玉均暗殺に付き清韓政府の処置」）であり、「公然たる国際談判を開」くべき（四月一九日「韓人の治安妨害」）だとしていたが、四月二六日社説「一刀両断、事の結末を告ぐ可し」では、朝鮮側がうけいれなければ「条約破棄を宣言」し、居留地日本人に対しては「我兵力を以て之を保護するも亦自から止むを得ざるの手段たる可し」と言う。四月二七日の「感情を一掃す可し」では、「明治十七年京城の変以来、我対朝鮮の政略一変して随て彼我の関係、旧時の如くならず。両国の交際は只表面の儀式上のみにして隣交唇歯の情なく、彼人民の我国を視ること啻に冷淡のみか寧ろ仇の如しと云ふも過言に非ず。一大英断を施して其感情を一掃するに非ざれば円滑の交際は到底望む可らず」、「他日の禍根を断んこと国医たる当局者の為めに勧告する所なり」と、断乎とした対応をとるよう政府に求めていた。さらに、五月三日「一定の方針なし」および四日「他を頼みにして自から安心す可らず」で、（これまでは清に対して慎重な言い方をしてきたが）朝鮮・清への方針を定めておくべきだとし、天津条約の再考を主張する。「目下の形勢より卜すれば朝鮮の地が他の強国の手に落つるは必然の成行」であり、それは「我立国の為めに容易ならざる次第」であるから、あらかじめ政略を一定して独立を助けるべきだが、「救ふ可らざるに於ては一旦の変に際して我国利を傷けざるの用意肝要なり」とする。「支那は恰も之を属国視して鋭意その保護に勉」めており、とりわけ李鴻章が熱心で、しかも「その背後に一大強国の声援」つまりイギリスの支持があるから、天津条約を遵守して「朝鮮を彼保護に一任して日本に於ても暗々裡に之を承認する」方が賢明だとする意見もあるが、李鴻章がいつまでも元気でいるわけではなく、清自体が「今の列国競争の世界に永く独立を維持するは容易ならざる次第」なのだという。「朝鮮政略のみならず支那に対するの方針をも予め一定して有事の場合には自から進んで大に為すの用意こそ肝要」だと主張した。

対外硬の気運が強まる情況を背景に、五月二〇日、浅草東本願寺別院で金玉均の葬儀がおこなわれた。新聞諸紙によれば、生前に暮らした有楽町の小暮直次郎方を午前九時に出棺、「葬送故金玉均氏」の大旗を押し立てた騎馬につづいて、諸方から贈られた生花・造花数十台、「嗚呼東洋偉人逝矣」「志士仁人投身為仁」などと大書した旗十数旒、楽隊が悲愴の曲を奏でるなか、金玉均の遺髪・衣類を納めた棺、さらに多数の会葬者が馬車や人力車を連ね、「路傍万人の涙を以て送られ」て、一一時に会場に到着。四七名の僧侶による読経のあと、自由党有志代表石塚重平・改進党有志代表首藤陸三・全国八二新聞代表志賀重昂・親友総代小林勝民らの弔辞朗読がおこなわれて、零時半に式は終了。青山墓地に埋葬を終わったのが四時。近衛篤麿・谷干城や、尾崎行雄・犬養毅・大井憲太郎・井上角五郎ら衆院議員・貴族院議員五、六〇人をはじめ、参列者は千人とも二千人ともいう。

こうした雰囲気のなかで五月三一日、ついに議会では伊藤内閣に対する弾劾上奏案が可決された。この日はまた、朝鮮で東学農民軍が全州城を占領した日でもあり、鎮圧に手をやいてきた朝鮮政府が清に軍隊出動を要請する可能性が現実味を増した。『時事新報』は、五月三〇日社説「朝鮮東学党の騒動に就て」で、「朝鮮政府は危急の場合に至り必ず支那に向て援兵を請求することならん。支那は元来朝鮮を属国視して常に其保護に怠らざるが故に斯る場合には請求までもなく大に兵力を発して鎮制の労を執ることならん」とし、「若しも支那の兵力を以て朝鮮の内乱を戡定し其政府の自立を助くるにも至らば、彼半島国の全権はますます其手中に帰して朝鮮独立の実を害し、その結果は東洋における我国権の消長にも影響」すると述べて、出兵を呼びかけていた（六月五日「速に出兵す可し」、六月六日「計画の密ならんよりも着手の迅速を願ふ」）。伊藤内閣は六月二日、総辞職でなく議会解散と、清が出兵した場合の出兵方針を決定。五日には大本営を設置し、清が六日に出兵を事前通告してくると、翌七日には日本も出兵することを通告した。

こうして、日清戦争への動きが開始されることになった。六月一〇日の『東京朝日新聞』社説「人心の倦怠と朝鮮の変乱」は、「在朝者自ら謀る所ありて人心を外に転ずるこそ其宜しく為すべき当然の政略なるに、事実全く之に反し対外問題、外交論は却て在野論客より勃興しぬ。顚倒も亦甚しからずや」といいながら、「在朝者亦今回の事に就ては稍踏込みて為すあらんとするかの状あり」と述べて、自分たち対外硬派の突き上げが政府を動かしたのだと強調する。六月一四日「対外硬派と朝鮮問題」では、「対外硬派と称する以上は単に条約改正若しくは条約励行等に関してのみ強硬なるにはあらずして、今回の問題に就ても亦必ず国威を発揚するの方針」なのだという。同様に『郵便報知新聞』も、「対韓政略に於て国民の政府に期する甚だ大」であるとし、「内閣の行動を阻害するかの如きは、吾輩全国の同志として之を為さず」としながら、「人心を外に転じて陰に総選挙に臨むの奇策」「目下の対韓問題を誇張して人心を外に転ぜしめ、以て総選挙に於ける対内政略となす」ことを警戒している（六月一三日「徒らに人心をして外に転ぜしむる勿れ」）。対外硬の気運に突き上げられ、またそれを取り込みながら、官民一体の日清戦争へのうねりが創りあげられていったわけである。金玉均暗殺事件はそのような意味で日清戦争への動きを促進する役割をはたしたのだった。

(3)日清の出兵と天佑侠

農民軍との「連帯」　東学農民軍が蜂起すると、日清が出兵。日本は、戦争に持ち込むため、いわゆる「開戦外交」を展開することになる。こうした情況のなか、農民軍と連繋するとして内地に入った日本人グループが天佑侠である。彼らが掲げた「日朝連帯」の内実、めざしたものは何であったか。その機関誌的な役割を担ったものとして『二六新報』に着目し、全体像を明らかにしたのが姜昌一「天佑侠と「朝鮮問題」」[*12]であった。それを参照しながら、天佑侠の活動と、主張をなぞっておこう。

釜山の「梁山泊」で朝鮮問題を語らう「朝鮮浪人」たち（武田範之・吉倉汪聖・大崎正吉・千葉久之介・田中侍郎・大久保肇・西脇栄助・白水健吉・井上藤三郎・本間九介）がいた。そのうちのひとり本間九介（安達九郎）は、いったん東京にもどり、金玉均暗殺事件が世の中を騒がす四月一七日から六月一六日にかけ、如囚居士の名で『二六新報』に「朝鮮雑記」を連載中だったが、同紙の「戦地探訪者」として改めて朝鮮へ特派されることになり、六月二日に東京を出発し九日には釜山から「戦地探訪者通信」として第一報を送っている。また大崎正吉は、一一日ごろ釜山を出発し東京に行って支援を要請、『二六新報』の主筆だった鈴木天眼が、特派員として大崎とともに朝鮮にむかう。さらに途中で加わったメンバーをあわせ遠征グループ（鈴木・時沢右一・日下寅吉・大原義剛・内田良平）は六月二五日ごろ釜山に到着、一五人のメンバーが揃った。（これらを支援する者として、釜山領事館書記生の山坐円次郎、二六新報社長の秋山定輔、さらに玄洋社の頭山満らが挙げられるという）。

さて、六月二六日に吉倉・井上の二人が釜山を出発して先行（本間は日清両軍の状況を探るため仁川に向かう）。二九日には千葉・大久保・白水・日下・大原・内田ら六人が陸路で、田中・鈴木・時沢ら三人が海路で出発、三〇日には馬山浦で合流する。一一人は昌原で日本人経営の金鉱を襲撃してダイナマイトを奪ったあと、咸安・晋州・丹城・山清・雲峰を経て七月六日には南原に到達。同月二日に遅れて釜山を出発して亀浦・金海から晋州を経て先発組を追いかけてきた武田・大崎・西脇ら三人と合流した。ここで一四人は檄文を作り、「天佑俠」を名のることになったという[*13]。そして、八日に淳昌に至り、当地に農民軍五百余人を率いて滞留していた全琫準と「済衆議所」で会見した。天佑俠側の資料によると、彼らは清国や閔氏政権を糾弾する檄文を手渡し、農民軍の再起や、その際に天佑俠が支援することなどを約束したのだという。農民軍は一〇日に、天佑俠に東学の式文などを与え、玉果の方面へ進軍して行った。

淳昌を七月一一日に出発した一行は、一三日に全州に着くが、全州府は彼らを監視下におくとともに政府に報告、日本公使館にも連絡がいった。天佑俠は一四日に全州を脱出し、一八日には鶏龍山の新元寺に入った。翌一九日に釜山から急行してきた本間が合流して一五人となるが、ダイナマイト強奪の件で釜山領事館から逮捕令が出ていること、日清の関係が風雲急を告げていることを本間から聞かされ、ソウルに行くことを決める。

二〇日に田中・時沢・大原の三人が出発、二二日に吉倉・大崎・大久保・白水・本間・日下の六人が出発して安城の金宗漢宅に至った。ここで大原・時沢は先にソウルへ向かい、さらに吉倉・大崎は日本軍の斥候隊とともに成歓近辺で偵察活動、田中・本間も成歓での軍事活動に加わった。鶏龍山に残っていた武田・千葉・鈴木・内田・井上・西脇ら六人も八月一日に安城に留まっていた大久保・白水・日下に合流。九人で四日に安城を発ち、六日にソウルに到着した。

この間、すでに七月二五日に清軍との戦闘がはじまり、八月一日には宣戦布告がなされていた。ソウルにやってきた天佑俠のメンバーは、陸軍に復職するため日本へ帰った時沢と年少の井上以外は、本間が朔寧支隊の朝鮮語通訳として、他の一二人は歩兵第二一連隊で軍事偵察の任務につくことになる。牙山の戦闘で敗れた清国軍の敗残兵を追跡・監視して情況を報告するのが任務であった。八月八日と翌日に漢江の港から出発して春川方面に向かった。途中で病気やその他でソウルに戻るものもあったが、本間は九月一六日、田中・千葉・大崎・日下は一七日に平壌に入城、田中はさらに義州にまで至っている。武田は途中で発病してソウルから釜山に戻っていたが、大崎・千葉・日下も釜山で武田と合流、武田・大崎は日本に帰る。吉倉は再起した全琫準に会うとして全羅道へ向かうものの果たせないまま、釜山領事館に拘束され、翌年一月に釈放された。

以上が、天佑俠が為した活動のすべてである。勝手に内地に入ってダイナマイトを強奪しただけで、全琫準率いる農民軍に会ったことは確かであるが、具体的な連帯の活動がなされたわけではない。実際に行われたのは、開戦後の日本軍のための偵察活動だけだったといってよい。

文明開化の勧誘　『二六新報』は七月一〇日の社説「如何にして朝鮮の独立を策せむ」を掲げる。「東洋の平和を保たんと欲せば、朝鮮の独立を鞏固にせざるを得ず。朝鮮の独立を鞏固にせんと欲せば、朝鮮をして其内政を整へしめざるを得ず。朝鮮をして其内政を整へしめんと欲せば、内政を整ふるに堪ゆるの人をして政府の椅子に憑らしめざるを得ず」という。つまり、閔氏政権を倒して改革をしなければならないが、「政治を整理するは国家の重事なり。機敏達識にして真個に国を憂ふるの士、局に当るにあらざるよりは、到底此重事の遂行を期すべからず」というわけである。

この「機敏達識真個憂国の士」として、東学に着目したのが、天佑俠だった。閔氏政府ではもちろんなく、急進開化派でもなく、日本では一般に有害な勢力とみなされていた東学に変革のエネルギーを感じ取っていたところに、朝鮮で活動を続けてきた浪人たちの面目が現れているというべきだろう。だが、彼らが東学の教義なり、農民軍の理念なりに、意義を見出していたとは思えない。

本間は、前年の一八九三年四月にたまたま黄海道瑞興で東学の徐丙学・朴仁炳に会って筆談したことを、「朝鮮雑記」に書いている（五月一八日）。壬辰倭乱で日本軍を撃退したとする徐らに対し、本間がその「誤謬」を正そうとして論争になるが、「誤聞頗る笑ふべきなり」と記す。「今日は是れ東亜危急の時、貴邦弱小にして強大の間に挟まれ、兵弱く国貧し、豈其れ汲々乎として危殆なるの時にあらずや」というわけである。本間が、「露清等の両国其れ貴邦の文明を助長し、貴邦の兵備を堅からしめ、貴邦の財力を増進するに勉めたるの形跡あるか」と問い「清国の正朔を奉ずるの愚を嘲り、暗に我邦の頼む可きを告」げたのに対し、徐らは、「弊邦嘗て明朝に貢を納れ、藩を称し臣と号して以来、明朝の弊邦を遇する、慈母の其子に於けるが如、休戚維《これ》共にす、其恩の高くして深き、泰山渤海も及ぶ可からず、惜哉、大明の末運南風振はず、終に社稷を挙げて蕃人の掌に帰せしむ、……丙子の大敗恨を呑んで、空しく蕃人の正朔を奉ずるもの、豈敢て好んで為す所ならん耶、……悪んぞ崇禎の二字を忘れん乎」「弊邦今清国の正朔を奉ずと雖も、衣冠は明の古制を変ずることなし」と答え、さらに、「貴邦堂々徐市の裔を以て何を苦しみ洋国に臣隷となりて、其正朔を奉じ腥羶を学ぶや」「自が臭を知らずして他の臭を摘発するもの、特に笑ふ可し」と鋭い反撃を加えた。

　これについて本間は、「我邦が維新以来、暦日制度法律を始めとし、家屋衣服の末に至るまで、制を西洋に擬したる外形を捉へて、彼等は大早計にも我邦を以て正に西洋の属国と断定せるなり」と述べて、自らが文明開化の徒にすぎないことを表白し、「我皇室を徐市の裔と叫ぶや憎む可きなり」と「感情を激発」させた。

　日清開戦となって、東学農民軍は再蜂起し、日本軍と戦うことになる。日本軍は徹底的な鎮圧作戦を実行した。こうした状況でも鈴木天眼「東学党の真相」は、あくまでも全琫準を擁護する。鈴木は「東学党に純雑二種有り」という。つまり、「仁義の二字を信奉し下民の疾苦を拯ふに急なる全明叔（全琫準）一派、即ち純粋東学党」と、「頑固にして稍抵抗力有り、特に野次馬主義に駆らる、雑駁烏合の東学徒党」である。前者は「内政更革を強制的に催促せる全明叔一派の東学党」、後者は「現今斥日の旗を慶尚忠清の諸道に翻へし、屡（しばしば）我兵站部を襲撃する自称東学党」である。どちらも、「始祖崔先生の遺訓を服膺すと称する事」「祖国支那を崇奉する点」は同じだが、前者は「純ら地方制度の改革に熱中」し、後者は「只管鎖国の旧習を株守」している。「貪官汚吏掃蕩の目的未だ達せざる途上、横合より日清両国の出兵に遇ひ、案外の事迚進退に当惑し、一先づ退陣して様子を窺ふ間」に、「純雑茲に混合し去り挙って向不見極まる斥日運動に狂奔」するようになってしまった。このため、「殊勝にも民を塗炭に拯はむと欲する純粋東学人全明叔等も我日本の逆鱗に触れ、玉石共に焼かる、の末路を見ずと謂ひ難」い情況になっている。そこで、「韓廷の有力者が手加減」と「我外交家がヤリ塩梅」にかかっており、どうして「此辺の駆引に心を尽し我に心服する屈強の見方をば朝鮮内地に作らざる」のかと述べている。

鈴木は、一〇月二六日から一一月七日にかけて「サラミ」、一一月八日から一七日にかけて「東学党の真相」、一一月二五日から一二月一八日にかけて「せめては草」を連載。「先づ朝鮮を識れ」として朝鮮人・朝鮮社会を紹介する「サラミ」は、興味深い指摘もないわけではないが、「人間としては零点」「社会の無文」「山川草木市街村落悉く単調無味」等々の小見出しのうえ、「地球上に他の国民と同じく人間として生れたる韓人が何故独り獣に近き状態に陥り、人間らしき精神知覚を没了せし乎と云ふに、……外界の変化刺衝なき無味単調の境界、習慣を固守し役人に卑屈する国風は彼等の神経を鈍殺し、彼等の思想を凋死し、退歩に退歩を加へて今日に至りしや論を須たず」「朝鮮は本源より悪しき習慣を保守する国風を馴致し来れり、其れ曷ぞ退歩の極、蠻野に帰せざらむや」というものである。

武田範之は、日本へ帰ったあと、「此度の開戦は私共が原動者即ち開戦の導火線」となったもので、「軽挙扇揚して身一道の火線となり以て必ず戦端を抽出せんことを期」したのだと、自慢げに語っている。全琫準が反日の旗を掲げて第二次蜂起したことは、彼等にたいへんな衝撃を与えた。武田は、全琫準を説得するため朝鮮へ派遣してくれと、広島大本営の樺山資紀に二度にわたって上書し、その際に示すための「全琫準に与ふる書」を執筆した。そこで武田が強調したことは、もっぱら清国への期待を捨てて日本と結べということに尽きる。それでこそ、文明開化が進みうるというわけである。

樺山への上書で武田は、「明叔（全琫準）を説きて之を起伏せしめ、明叔起伏せば共に崔時亨を説き、……大接主をして首として文明を唱道せしめ、然るときは頑冥の贅疣却て化して文明の一新団肉を得るに至らん」との展望を示し、「明叔を扶けて東学を革新し、三南の頑民と倶に文明の域に躋らんと欲するのみ」という。全琫準に対しては、「今や朝鮮、天地一転して大光明を放つ。何ぞ夫子の英気を纘ぎ、天下の民と与に文明開化を新作せずして、徒らに黒山鬼窟の活計を為すや」と書き、また、「鎖港攘夷の論は、我国三十年前に亦この擾あり。幾多の英雄、空しく相殺死す。爾後はじめて文明の術を策取し、今や蕞爾の小嶋は富強にして万国に抗敵す。往夢を顧みて一笑すべし。しかるに当時の英雄、まさに自ら悟らずして痛哭憤惋し、袂を奮いて死せんとするもの、其の数を紀せず。今の状勢は、我三十年前と稍やく相似たり」と述べている。[*14]

ここには、文明主義の徹底という立場からとはいえ福沢や大井らにみられた現状批判のかけらすらない。維新以後の文明開化への全面肯定、賛美の姿勢しか読み取ることができないというべきである。

五　開戦と講和

(1)「宗属の問題」

農民軍の蜂起をきっかけに日清両国が出兵して対峙する形勢となったが、ここから七月下旬の戦闘開始、八月初めの宣戦布告に至る過程をどのようにとらえたらいいだろうか。出兵当初から伊藤内閣は開戦の決意を固めていたのか、それともなお「穏健路線」のうえにあったのか。戦闘の開始までの「紆余曲折」にはどのような意味があるのか。開戦までの過程で日本と清・朝鮮の間で争点となったのは、撤兵問題とともに、内政改革要求と宗属関係廃棄要求をめぐる問題であった。戦争の性格とかかわって、この経緯を簡単に整理しておくことにする[*15]

伊藤内閣の六月一三日の臨時閣議は、日清による農民軍の共同鎮圧とその後の共同内政改革を決議したが、汪鳳藻駐日清国公使への伝達で伊藤は、日清が撤兵したあとの内政改革協議の意向も示しており、この時点では撤兵の余地もあったかにみえる。だが、改革を要求すること自体が軍事力の展開を前提とせずにはありえないもので、一五日の陸奥あて書簡では、李鴻章が単独で撤兵してしまい、日本も撤兵を余儀なくされる状況になることを危惧している。[*16]そして、同日の閣議では、日清による共同改革と、それが実現するまでは撤兵しないこと、清が拒否した場合には日本単独での改革実行を決議し［『日本外交文書』第二七巻の第二冊、資料番号五五一。以下、「外文Ⅱ 551」と略記］、翌一六日にそれを清側に通告した［外文Ⅱ 553］。陸奥からソウルの大鳥公使には、留兵のため尽力するよう電訓がなされる［外文Ⅱ 552］。[*17]

そもそも、朝鮮政府の要請に基づいて宗主国としてなされた清の出兵に対し、日本の出兵は、それ自体が清の宗主権に敵対するものにほかならない。共同改革だろうと単独改革だろうと、内政に干渉すること自体が清および朝鮮からすれば不当きわまりない介入であり、こうした侵略行為があったときに機能すべきものこそ冊封関係だったはずである。案の定、六月二二日に伝えられた清からの回答は天津条約に基づいて撤兵すべきこと、改革は朝鮮政府が自ら行うべきで、日本が内政に干渉することは認められないという原則的なものであった［外文Ⅱ 576］。これに対して陸奥は、撤兵せず、日本単独で朝鮮の内政改革を行うと通告する［外文Ⅱ 578］。いわゆる第一次絶交書である。

ここで列国の介入が強まった。ロシアが同時撤兵を勧告したのに対して、日本はこれを拒絶する。イギリスは、日本に対して清との交渉を勧告してきた。ただし、その条件は「属邦論は之を度外に置」き「主権に関する名義上の要求」をとりあげないというものであり、日本側はこれと正面から対立する「政治上及通商上の事項に関し清国と同様の権利特権」を要求、清はあくまでも撤兵をもとめ、交渉は成立しなかった［外文Ⅱ 636/640］。七月一二日に日本は第二次絶交書を送る［外文Ⅱ 592］。

このあとなおもイギリスを通じた調停が試みられたが、七月一九日に駐日イギリス公使が伝えた清の条件は、内政改革を協議する「協同委員」を任命するという譲歩を示すものの、あくまでも「各其自国政府へ報告を為す」もので、清国政府が朝鮮国王に改革を勧告するが、「国王をして強て之を採用せしむること能はざること」つまり強制はできないとし、日清両国は「通商上」同一の権利を持つとはいえ「政事上」ではなく、「属邦論」はもちださないこと、最初に撤兵についてとりきめることとした［外文Ⅱ 604］。原則は一歩も譲れないということである。同日中に陸奥は、あくまでも「政事上」の同一権利を問題とすること、日清両国政府が「朝鮮国王をして改革を採用せしむること」という条件を対置し、五日以内の回答を求める「最後通牒」を送ったのである［外文Ⅱ 605］。すでに七月一六日、イギリスとのあいだで治外法権を撤廃した日英通商航海条約が調印されていた。

さて、この間に朝鮮では、大鳥公使を中心として、日清間を衝突に持ちこむべく工作が進められていた。清に対して「第一次絶交書」を送り日本単独での内政改革をめざすとした六月二二日、陸奥は大鳥に対し朝鮮政府に改革を申し入れるよう指示するとともに、加藤増雄書記官に訓令を持たせて派遣した［外文Ⅰ 370/371］。大鳥は六月二六日、高宗に謁見して内政改革を申し入れた［外文Ⅰ 384］。しかしながら、高宗は当然に改革は朝鮮自らが行うものだとして謝絶し、日本軍の撤退を求める。日本による改革は要求すること自体が拒否されたわけである。さらに、六月二八日になって「如何なる手段にても執り開戦の口実を作るべし」という陸奥の訓令を持った加藤がソウルに到着すると、大鳥はこの日のうちに朝鮮政府に対して、「朝鮮は清の属国か否か」を問う照会を送りつける［外文Ⅰ 389］。何を問題として開戦に持ち込むかについては、陸奥は『蹇蹇録』のなかで、「そもそも始め我が政府が清国政府より朝鮮へ出兵の行文知照に接したる時、余はその照会中に保護属邦の字面あるを以て、直ちにこれによって一の争議を提起せんとしたり」と述べている。[*18] 大鳥は六月一七日に陸奥にあてて、軍事衝突に持ち込む際の「各国に宣言する名義」としては、「我国は従来朝鮮の独立を認定し且つ其独立権を保護せん」としてきたのに、清国が朝鮮国内に駐兵しているのは「事実上朝鮮国を属邦とし其主権を志向するもの」であり、「我認定を抹殺」するものだと強調するのがいいと提案していた［外文Ⅱ 559］。この提案を六月二六日に受け取った翌日、陸奥は伊藤に対し、「此の際、如何様なる名を以てなり清兵と一衝突を起し、兎も角も一勝を獲たる上、更に剛柔宜しきを得べき外交上の懸引も可有之。……大鳥が申越したる属邦論の争にても、又は其他何等の問題にても一衝突を為試みては如何」と書き送っている。[*19] しかし、『蹇蹇録』によると、「当時内閣の同僚は、この際宗属問題を以て日清両国の外交的争議とするに同意せず」といい、その草稿には「当時内閣同僚特に伊藤総理は此宗属問題なるを以て日清両国の外交上の争議とすることに同意せず」とある。欧米列強、とりわけイギリスの動向に配慮せざるをえなかった伊藤が、宗属問題を直接ぶつけることに二の足を踏んだわけである。[*20]

こうして六月二八日、陸奥は大鳥に、朝鮮政府に対してさらに内政改革要求を継続するよう命じるとともに、外務省政務局長の栗野慎一郎に訓令をもたせてソウルへ派遣した［外文Ⅰ 386/387］。大鳥は七月三日に趙秉稷督弁へ「内政改革方案綱領」五カ条を送って圧力を加えていたが、七月七日に栗野が到着したあと七月七日には八日正午までの期限をきって「確答督促状」を送りつける［外文Ⅰ 396］。朝鮮政府はやむなく三人の委員を選び、七月一〇日から南山山麓の老人亭で大鳥との会合にはいった［外文Ⅰ 409］。だが、七月一八日に送付された回答は、日本が撤兵して提案を撤回すれば、改革は自らの手で行うというきわめて原則的な立場を表明するものであった［外文Ⅰ 412］。

改革要求が拒否された場合に取るべき方策に関し、すでに大鳥は七月一〇日付で、指示を仰いでいた［外文Ⅰ 398］。すなわち、甲案は内政改革を「兵威を以て之に迫り其必行を促す」ことであり、乙案は「宗属の関係を悉皆革除せしむる事」「最恵国条款に依りて支那政府及人民に許与したる権利特典を我に要求する事」であるが、甲乙いずれの場合も、「我護衛兵を派して漢城の諸門を堅め且つ王宮の諸門を守」るとし、武力を用いて要求を貫徹するというものである。乙案については、「清韓間の宗属の問題は我より提出すべからざる旨兼て電訓にて承知致居候へども、朝鮮に向て提出する強て差支有之間敷」としている［外文Ⅰ398］。七月一二日に陸奥は大鳥に対し、「今は断然たる処置を施すの必要」があり、「世上の批難を来さざる或る口実を択」んで「実際運動」を始めるよう電訓するとともに［外文Ⅰ403］、公使館へ帰任する本野一郎に内訓を持たせた。七月一八日に改革要求の拒否回答を受け、大鳥は乙案すなわち宗属問題で圧力を加える方策の実施にとりかかるが、「王宮を囲襲する事は貴大臣より此上の訓令有る迄は差控」えると電報する［外文Ⅰ411］。翌一九日に清に対して「最後通牒」を出したあと、陸奥は大鳥に対し「自ら正当と認むる手段を執らるべし」と電訓［外文Ⅰ414］。ここでは「我兵を以て王宮及漢城を固むるは得策に非ずと思はるれば之を決行せざる事を望む」とするが、同日ソウルに戻った本野がもたらした内訓は「日清の衝突を促すは今日の急務なればこれを断行するためには何らの手段を執るべし、一切の責任は余自らこれに当るを以て同公使は毫も内に顧慮するに及ばず」と述べていた（『蹇蹇録』[*21]）。かくして、大鳥は七月二〇日、朝鮮政府に対して、朝鮮の自主独立を侵害するから牙山に駐屯する清兵を退去させること、貿易章程を破棄することを要求し、二日以内の回答を求めた。これに対する七月二二日の回答は、清軍は我国が請援して来たものであり、南匪稍平ののち既にしばしば撤回を請うも未だ即退かざるは、亦た貴兵の尚今住留する如くであるというもので、明確な拒絶であった［外文Ⅰ422］。清と同様に朝鮮政府も、終始一貫して原則的な姿勢を堅持したということができる。

ここにいたって日本は「強手段」の実行に移る。計画どおり、七月二三日の早朝、龍山より入京した日本軍の一隊は王宮を包囲するにとどまらず、警備の朝鮮軍隊と激しい戦闘の末、宮内に侵入しこれを占拠。[*22] 閔氏政権を崩壊させたうえ、大院君を担ぎ出して新政府をつくらせた。[*23] 七月二五日、この親日政府から依頼を受けたというかたちをとって、日本軍は牙山に駐留する清軍への攻撃をおこない、日清戦争に持ち込んだ。[*24] 改革問題だろうが宗属問題だろうが、戦闘開始のためには朝鮮政府の要請が必要だったのであり、強引にそれをつくりだしたわけである。[*25]『蹇蹇録』で陸奥が、「我が軍が牙山にある清軍を進撃するにも必ず韓廷の委託を俟たざるべからず、而して韓廷をしてこの委託をなさしむるに至る前に、我は先ず強力を以て韓廷に迫り我が意に屈従せしめざるべからず、酷に言へば先ず朝鮮国王を我が手中に置かざるべからず」というとおりであった。

(2)「独立自主の国」

八月一日の宣戦の詔勅は、朝鮮は「帝国が其始に啓誘して列国の伍伴に就かしめたる独立の一国」であるのに、「清国は毎に自ら朝鮮を以て属邦と称し陰に陽に内政に干渉」し内乱を口実に出兵した。日本が改革を勧めて「独立国の権義を全」うしようとしたのに、これを妨害しようとして大兵を派し攻撃してきたのだという。朝鮮の「独立」を達成すること、すなわち伝統的な中国と朝鮮の冊封関係を廃絶させることが戦争の目的であることを明言したものであった。八月一七日の閣議に陸奥外相は、今後の朝鮮政策について四案を提示し議決を求めた。①一個の独立国として自主自治に放任して干渉しない、②名義上独立国として公認するものの日本が間接・直接に独立を保翼扶持する、③朝鮮の領土の安全を日清両国で担保する、④朝鮮を世界の中立国とすることを日本から欧米諸国および清国にはたらきかける、というものである［外文Ⅰ 438］。このうち閣議では②案をめざすことが決定する。日清が担保するのでなく、また列国が共同して保障するのではない②案の「独立」について、「彼の半島の一王国を以て帝国の勢力の下に屈服せしむる」ことに他国から非難と猜忌を招かないか、「朝鮮を保護国の如く取扱ひ得る」としても他国の侵害を独力で防禦し得るかどうかという陸奥の懸念自体が、問題の本質を示している。清の宗主権を否定したうえで、日本が朝鮮を自らの勢力下におこうとするものであった。八月二〇日に暫定合同条款、同二六日に両国盟約を押し付け、一〇月からは井上馨が公使として赴任し、日本軍の軍事占領状況のもとで内政への干渉が強められていった。

九月中旬の平壌会戦と黄海海戦で、戦争の帰趨が決し、戦線が中国本土に及ぶ形勢になると、一〇月八日にイギリス公使から陸奥に対し、列国による朝鮮独立の担保と賠償金支払いで講和に応じる意志があるかどうかの問い合わせがあった。講和条件の検討にせまられた陸奥は、①清国をして朝鮮の独立を確認せしめる、②各強国にて朝鮮の独立を担保する、③まず清国政府の意嚮如何を承知する必要がある、という三案をまとめた。[*26] 伊藤は、このうち①案に同意する。このときは列国の共同干渉にはいたらず、二三日に申出を拒絶したが、朝鮮独立を列国の共同担保でも、日清による担保でもなく、清国に認めさせるという講和の方針は、この後も一貫して変わらなかった。

一〇月二四日に鴨緑江を越えて戦線が中国領内に入ると、李鴻章は講和の道をさぐりはじめ、アメリカが調停を働きかけてくると、閣議は一一月一四日、その受け入れを決定する。講和条約案の作成は陸奥が伊藤と協議しながら進めたが、『蹇蹇録』によれば、清の講和使節が来日する時日が迫り、総理大臣官邸で在京の閣僚にはじめて開示した。その賛同を得たうえ一八九五年一月一一日に、伊藤とともに東京を出発して広島に至ったという。一月二七日の広島での御前会議でひとまず講和条約案を決定。一月三一日には伊藤・陸奥が全権に任命されたが、来日した講和使節が全権委任状を持っていなかったため交渉を拒否、あらためて李鴻章が全権として三月一九日に下関に到着し、二〇日から会談がはじまる。日本側は四月一日に条約案を提示した。この間、条約草案の朝鮮独立に関する条項の内容は、一貫して、朝鮮が独立国であることを、清国が確認するというものであった。[*27]

会談の過程では、李鴻章が「日本も亦た須く照認すべき」だとし、四月九日に、「中日両国は公同に朝鮮の特立自主為るを認明」するという条文案を提示したが、このことが日本側提案の意味を明確にものがたっている。[*28] 日本側は、「第一条に付ては……語句を変改することを得ず」と突き返した［『日本外交文書』第二八巻第二冊、資料番号一〇八一～一〇八四］。四月一七日に調印された日清講和条約は、原案どおり朝鮮が「完全無欠なる独立自主の国」であることを清国が確認し、朝鮮から清国への貢献典礼などは廃止するものとされた。[*29] 東アジアの伝統的な国際秩序の解体が決定的になった。

六　むすび

朝鮮の「独立」を、列国の共同保障でも日清による担保でもなく、清国が承認するとしたことによって、日本は他国に縛られることなく朝鮮に干渉する前提をつくりだした。三国干渉に慌てた陸奥は、「各国聯合して朝鮮の独立を維持する」と変更することで乗り切れるかどうか検討するよう閣議に提案したが、このこと自体が条文の意義を示している。朝貢体制が解体して東アジアが帝国主義の分割競争の舞台となるなか、日本はロシアと対抗しつつ朝鮮への勢力拡大をはかっていく。**第七章**にみるように、一八九五年一〇月には、ロシアに接近して日本に対抗しようとした王妃閔氏を虐殺する事件をひきおこした。親日内閣を作って干渉を深めたが、日本への反発が強まり各地で義兵闘争がおきる状況のもと、一八九六年二月、国王がロシア公使館に逃れる露館播遷により、親露派が主導する内閣ができてロシアの勢力が強まり、同年五月の小村・ヴェーベル覚書や六月の山県・ロバノフ協定でとりあえず双方の妥協が図られた。

甲申政変失敗のあと日本からさらにアメリカに亡命していた開化派の徐載弼が帰国し、一八九六年四月に『独立新聞』を創刊、七月には独立協会が設立された。独立協会は、朝貢関係のシンボルでもあった迎恩門を撤去して独立門を建て、慕華館を独立館に改造する募金運動をおこして、中国からの「独立」意識を涵養しようとするが、ロシアの進出が強まると、利権の譲渡などへの反対運動を展開した。露館播遷のあとますます増加した日本への亡命者たちとも連携し、日本人がロシアに対抗して策動していたことは、与謝野鉄幹を扱った**第八章**にみるとおりである。この間、ロシア公使館から戻った高宗は、九七年一〇月、自ら祭天の儀式を行って皇帝に即位し、国号を大韓と改め、一連の改革（光武改革）を実施して国家体制の整備を図った。朝貢体制が解体して中国との紐帯を強化する戦略がとれなくなった状況のもと、列強争覇の国際社会で生き抜くための試みである。独立協会は、これを担う「国民」の創出を目指した運動としての意義をもつものだったが、国家構想とりわけ議会開設問題をめぐって対立が深まり、九八年末に強制的に解散させられ、翌九九年には皇帝が「無限の君権を享有」する「万世不変の専制政治」であるとする大韓国国制が制定された。外交的には勢力均衡策をとり、永世中立化で独立の維持を図ろうとする。

ロシアが一八九八年に旅順・大連を租借し、一九〇〇年の義和団事件を契機に満州を占領すると、日露の対立はいっそう深まる。朝鮮の独占的な支配を目指す日本は、「如何なる場合に臨むも実力を以て之（朝鮮）を我権勢下に置かざるべからず」として、ロシアとの対決の道を進めた。大韓帝国は戦時局外中立の宣言を発して列国の承認を得たが、〇四年二月、日本軍はこれを無視して仁川に上陸しソウルを占領したうえ、ロシアへの宣戦布告を行なった。日英同盟改訂でイギリス、桂・タフト協定でアメリカ、そしてポーツマス講和条約でロシアの承認を得たのち、〇五年一一月、日本は第二次日韓協約を押し付けて外交権を剥奪し、韓国を保護国にした。清の宗主権を否定するために朝鮮中立化を唱えていた日本が、韓国政府の中立化構想を踏みにじって自らの保護国としてしまったわけである。こののち、熾烈な反日義兵闘争を鎮圧したうえで、一〇年八月、韓国併合が断行される。この過程で現れた植民地化をめぐる様々な構想については、研究史の紹介を試みた**第九章**でふれることにする。併合により大韓帝国は「廃滅」し、その領土は大日本帝国の内部に組み入れられた。征韓論にはじまる明治日本の朝鮮侵略は完全植民地化によって完結することになったのである。

註

＊1　第一章の初出論文発表ののち、征韓論に関しては石田徹『近代移行期の日朝関係――国交刷新をめぐる日朝双方の論理』（渓水

社、二〇一三年）が、吉田松陰に関しては桐原健真『吉田松陰の思想と行動』（東北大学出版会、二〇〇九年）、須田務『吉田松陰の時代』（岩波書店、二〇一七年）が公けになった。参照されたい。

＊2　内在的な発展に即して歴史展開を理解しようとした朝鮮史研究においては、清の干渉を排して自立しようとした金玉均ら急進開化派、朝貢関係の廃棄が謳われた甲申政変が高く評価された。原田環は、儒教への対応とともに、清への「事大」と「独立」を基準に開化派の分化を整理した。そのうえで「一八八〇年代の閔氏政権と金允植」（『朝鮮史研究会論文集』二二、一九八五年）では、穏健開化派の金允植をとりあげ、その事大政策が一定のリアリティーがあったことを明らかにした。ただ、その後に編まれた『朝鮮の開国と近代化』（渓水社、一九九七年）には、この論文はそのままでは収録されず、あらためて朝貢体制の打破、事大外交の克服が近代化のメルクマールだと強調している。これに対し、趙景達「朝鮮における大国主義と小国主義の相克」（同、『朝鮮の近代思想』有志舎、二〇一九年に再録）は、伝統的な朝貢関係にも依拠しながら自存の道をさぐった穏健開化派の企図のうちに、覇道的な近代の国際秩序や日本的近代に対する批判の契機を見いだし、開化派研究に画期をもたらすことになった。

＊3　たとえば政府系の『東京日日新聞』（一八八二年八月二五―二八日「清国ト朝鮮ノ関繋」）は、イオニア諸島やチェニス・エジプトなどの例をあげながら万国公法における「半独立国」「隷属国」を検討し、内政外交の自主権を持って朝貢のみを行っている朝鮮は独立国にほかならないと強調する。ただ、外交的にどう対応すべきかに関しては明確でなく、年が明けてからの社説（八三年三月二〇―二三日「朝鮮及ビ埃及」）でも、中国について「其版図に属するあり、或は付庸国たるあり、或は属邦となるもあり、又全く隷属せざるもあり、又半独立国たるあり、其種類甚だ錯雑して画一なる能は」ず、「境域を接する日本に於てすら之を知ること難し」といわざるをえないのが実情だった。『郵便報知新聞』（八二年九月一三―二〇日「日清両国ハ向後如何ニ朝鮮ヲ処置スベキカ」）は、他日のために朝鮮の位置を確定しておく必要があると主張し、独立国とするのが望ましいが、朝鮮は「礼楽刑政文教の事総て支那を学び来りしが故に独り之を畏敬するの情あるのみにあらず之を尊崇し之を愛慕するの情甚だ切」であり、清は「其の所属たるの名を棄てば国威衰替するが如きの思をなし、其の朝廷は国人に対して申訳けなきに至るべき事勢」となるから、容易には受け入れないだろう。したがって、「虚名所属、実勢独立」の現勢を列国の会議で確定するのがいいとする。『横浜毎日新聞』（八二年九月九―一七日「日韓及び清国の関係を論ず」）も同様に、朝貢国の名義はそのまま認め、「貢税を納れ正朔を奉じ封冊を受る」ことに限定し、「其の他は朝鮮一切自主の権利ありて外交に至ては清国毫も之を指揮するを得ざる」ことを、列国会議で公認するのがいいという。これらに対して『朝野新聞』（八二年九月六―七日「支那ニ対スル政略如何」）は、台湾出兵や琉球問題で日本に不信感を強めているときに対立を煽るよりは、「是れ支那と朝鮮との間に生ずる関係なりと見做し之を不問に付するも

決して我邦の国威国益を損害せざるや断々乎として其れ明らかなり」と考え、「東洋の英吉利」を気取って首を突っ込むべきではないとする。これは、さらに「支那は已に朝鮮を以て己れの所属なりと明言し、若し一朝此の土地をして欧州諸国の為めに侵奪せらる、ことあらば止だ其の国の一大耻辱なるのみならず北京政府は一日も枕を高うして臥す可からず、故に支那は内外多事の際に於ても朝鮮を保護するの一点に於ては充分の注意を尽」くすはずだから、「支那の干渉を受け其の海陸の兵勢に依頼するの安全なるに若かざるなり」（八五年二月一八―二〇日「朝鮮ニ対スル政略」）という立場につながっていくものということができる。

＊4　朝鮮をめぐって日清両国の対立が鮮明になったのは壬午・甲申事変の時期であるが、それ以前に明治政府成立時からの侵略性を強調する見解（中塚明『日清戦争の研究』一九六八年など）がある一方、日清戦争にいたる過程にはなお曲折があることを強調する研究（高橋秀直『日清戦争への道』一九九五年、大沢博明「天津条約体制の形成と崩壊」『社会科学研究』四三―三・四、一九九一年など）もある。高橋は、日本の大陸国家化が確定するのは日清戦争を画期とし、それまでは「強硬路線」ばかりでなく、対清協調的な「穏健路線」が存在し、政治・外交をリードした伊藤博文や井上馨ら主流派は後者であったとした。壬午軍乱のあと訪日した第三次修信使の支援要請をうけて朝鮮「独立」論を唱え、介入の強化を主張した強硬派に対し、アジアの平和は「日清の親睦を厚くする」ことにあり、「朝鮮をして一面には清国に事るの礼を失はしめず、一面には之が保護を与」える政策をとるべきであり、「朝鮮より先ず清国に通報し、其の異議なきを待」ってから実施すべきだとした穏健派の主張に、その淵源があるとみる。

＊5　近代的な外交関係を樹立しながら朝鮮への進出をめざす日本と、伝統的な宗属関係の強化をはかる清との対抗として、日清戦争にいたる過程をあとづけたのが田保橋潔『近代日鮮関係の研究』（一九四〇年）であった。一九六〇年代初頭の遠山茂樹・芝原拓自の論争では、清国洋務派の朝鮮政策が伝統的な宗主権の維持・強化にすぎなかったのか、明治政府の国権主義的な政策と同質のものだったのかが焦点のひとつとされた。この時期に進展した前近代の冊封体制論などをふまえて、坂野正高『近代中国政治外交史』（一九七三年）は、中国と周辺の朝貢国からなる伝統的な国際秩序が近代的な国際関係の拡大によって蚕食される過程、朝貢ベルトの喪失の過程として描いた。永井和「東アジアにおける国際関係の変容と日本の近代」（一九八六年）は、これを近代世界システムによって中華帝国体制が解体されて帝国主義体制が形成される過程として整理した。これらの研究において伝統的な東アジアの国際秩序は、もっぱら近代的な国際システムによって崩壊し代替されていくものとして捉えられたが、それに対して浜下武志「朝貢貿易システムと近代東アジア」（一九八六年）は、アジアの内在的な論理に即して近代の歴史過程を把握しようとする。東アジアの域内秩序である朝貢関係は一方的に解体されるのではなく、西欧に起源する条約関係と併存し、むしろそれを下位概念としてみずからの内に取り込みつつ自己変容していくものとしてとらえる必要があるとした。茂木敏夫「李鴻章の属国支配」（一

九八七年）は、中国の伝統的な宗属関係の側に視点を据えた分析を試み、「属国＝自主」の原則を維持しながら近代世界の「力」の論理に対応しようとした李鴻章の外交政策をあとづけた。西洋近代に起源する覇道的な国際秩序を相対化し批判的に捉えなおそうとしたものだが、岡本隆司『属国と自主のあいだ』（名古屋大学出版会、二〇〇四年）は、そうした朝貢システム論が概念の見直しによる課題提起にとどまり、漢文的修辞にひきずられた理解には実態と齟齬があるという。豊富な研究蓄積をもつ条約関係に沿った事実解明をすすめ、それをふまえて朝貢関係の特質を照らし出す作業が必要なのだとし、条約関係と朝貢関係が邂逅して以来の中朝関係が一八八〇年代に「属国自主」と表現されるにいたる過程をあとづけた。この解釈をめぐって、「属国」に力点をおく清と、万国公法に立ってそれを矛盾とする日本や欧米との対抗に焦点が当てられる。

＊6 「主持朝鮮外交議」で何如璋は、朝鮮への侵略を防ぐには清との宗属関係を明確にする必要があるが、「泰西の属国は、（宗主国が）皆な其の政治を主」るもので、「亜細亜貢献の国は、属土を以て論ずるを得ず」といい、したがって、駐箚弁事大臣を置いて西洋人にも朝鮮が属国であることを明確に示すのが「上策」だとする。それが不可能ならば「其次」の策として諸国との条約締結をすすめるべきだが、そうすると「他国が皆な（朝鮮が）自主為る事を認め、中国の属国は忽ち其の名を去る」おそれがある。「泰西の通例では、属国と半主の国が人と約を結ぶには、多く其の統轄の国に由り政を主る」のであるから、清から外交に精通した官吏を派遣して条約締結を担当するか、あるいは条約の中に清政府の命を奉じて締結したことを明記するようにしなければならないと述べた。この主張は、属国＝自主の朝貢関係を、万国公法の属国ないし半主の国に改編しようとするものだが、李鴻章は「論維持朝鮮」を書いて何如璋の提案を退け、属国＝自主の朝貢関係を維持することを明らかにした。朝米条約の締結に際しては、馬建忠に仲介させるものの調印を命じたわけではないことを強調、属邦条項にかわって高宗の照会により属邦たることを宣言するにあたっても、清の命を奉じるというような文言は避けた。

＊7 兪吉濬「邦国の権利」にある「両截体制」に着目した原田環は、その前提に朝貢体制と万国公法体制の対抗をみいだし、開化派の分化を「事大」と「独立」によって説明するとともに、朝貢体制の打破が朝鮮近代化の基本的課題であるとした（『朝鮮の開国と近代化』）。糟谷憲一「近代的外交関係の創出」（『アジアの中の日本史Ⅱ』東京大学出版会、一九九二年）は、開化派ばかりでなく、主体性の欠如した親清事大とみられてきた閔氏政権の外交をも考察の対象とし、新旧の外交体制が併存する状況のもと、清の宗主権強化に対抗して「自主」を追求した政策として駐米公使派遣や弔勅使派遣問題を位置づけた。清の宗主権強化については、伝統的な旧い性格のものとする見方から、具仙姫『韓国近代対清政策史研究』（慧眼、一九九九年）のように近代的な植民地化政策とみるものまで多様だが、それに対する朝鮮側の抵抗に注目するのがおおかたである。これに対して趙景達「朝鮮における大国

主義と小国主義の相克」（『朝鮮史研究会論文集』二二、一九八五年）は、李鴻章の朝鮮政策があくまでも伝統的な朝貢関係の原則を維持しようとするものであったことに対応して、甲申政変後にしばらく外交を担った金允植ら穏健開化派はもとより、その後も外交文書作成などに係わっていた兪吉濬の中立化構想の対清協調的な小国主義に、積極的な意義を見出そうとする。一方で岡本隆司『属国と自主のあいだ』は、あらためて「属国自主」の解釈をめぐる対抗に注意を喚起しようとした。たしかに、「属国」に力点を置く清と、万国公法の立場から矛盾をあげつらう日本などとの対立が、日清戦争への底流をなすものではあるが、金玉均らが一掃されたあとの朝鮮の対応については慎重な検討が必要なように思われる。米人デニーの『清韓論』も、朝鮮を朝貢体制から離脱させる方向へ誘導しようとするものであることは確かだが、それが朝鮮政府の見解とどこまで重なるかは議論を要するところである。兪吉濬がデニーの議論を下敷きにしていることもまちがいはないが、この時点ではあくまでも「受護国」「贈貢国」であることを前提とした立論にとどまっている。清および朝鮮はあくまでも朝貢体制の枠内にあり、万国公法の立場にたって「属国」と「自主」の齟齬を言いつのり、外からそれを攻撃をしようとしたのが日本であった。なお、最近の朝鮮近代外交史に関しては、崔蘭英「近代朝鮮の外交政策の一側面」（『朝鮮学報』一八四、二〇〇二年）、同「一八八〇年代初頭における朝鮮の対清交渉」（同二二六、二〇一三年）、酒井裕美『開港期朝鮮の戦略的外交』（大阪大学出版会、二〇一六年）、李穂枝『朝鮮の対日外交戦略』（法政大学出版局、二〇一六年）、森万佑子『朝鮮外交の近代』（名古屋大学出版会、二〇一七年）など参照。

*8 「外交論」（一八八三年九月二九日〜一〇月四日）で福沢は、「禽獣相食まん」とする情勢のなか「食むものは文明の国人にして、食まるゝものは不文の国」であるという現実において、「食む者の列に加はりて文明国人と共に良餌を求め」るか「古風を守て文明国人に食まれ」るか、「二者其一に決せざる可らず」と述べていた。「勉めて西洋の風に倣ひ、亜細亜の東辺に純然たる一新西洋国を出現する程の大英断」が必要だというわけだが、ここにおいては、「東方文明の魁」として「近隣の国々をも誘導して共に天与の幸福を与にする」のだとも述べられている。だが、甲申政変の失敗でそれが不可能になった以上、必然的に「彼等（西洋文明国）と共に他を食み他を狩るの勢いを成さん」という道を選択せよということになる。

*9 第三章の初出論文発表ののち、福沢諭吉の朝鮮論に関しては安川寿之輔『福沢諭吉のアジア認識』（高文研、二〇〇〇年）、青木功一『福沢諭吉のアジア』（慶応義塾出版会、二〇一一年）、月脚達彦『福沢諭吉と朝鮮問題』（東京大学出版会、二〇一四年）、同『福沢諭吉の朝鮮』（講談社、二〇一五年）、杉田聡『福沢諭吉と帝国主義イデオロギー』（花伝社、二〇一六年）などが公けになった。参照されたい。

*10 第五章の初出論文発表ののち、樽井藤吉に関して並木頼寿「樽井藤吉の「アジア主義」」（義江彰夫ほか編『歴史の文法』東京大

学出版会、一九九七年)、趙景達「近代日本における道義と国家」(中村政則ほか『歴史と真実』筑摩書房、一九九七年、『朝鮮の近代思想』有志舎、二〇一九年に再録)、嵯峨隆「樽井藤吉と大東合邦論」(『法学研究』九一—九、二〇一八年九月)などが公けになった。参照されたい。

*11 琴秉洞『金玉均と日本——その滞日の軌跡』(緑蔭書房、一九九一年)、参照。亡命期の金玉均の革命構想を論じたものに金河元「金玉均のクーデタ再起運動と「甲申日録」」(『朝鮮史研究会論文集』二八、一九九一年三月)がある。金玉均暗殺事件をめぐる世論の動向に関しては、小林瑞乃「日清戦争開戦前夜の思想状況——金玉均暗殺事件をめぐる一考察」(『青山学院女子短期大学紀要』六四、二〇一〇年一二月)が論じている。

*12 姜昌一「天佑侠と「朝鮮問題」」(『史学雑誌』九七—八、一九八八年八月、『近代日本の朝鮮侵略と大アジア主義』明石書房、二〇二二年に再録)。鈴木天眼に焦点をあてた岡部柊太「鈴木天眼のアジア主義と天佑侠」(『東アジア近代史』二七、二〇二三年六月)が発表された。参照されたい。

*13 日本軍の出兵以来、『二六新報』は「朝鮮の擾乱」さらに「風雲乱飛」などとして朝鮮情勢を報道するが、七月六日付の記事「「天佑侠」の旗幟、新に韓山に翻る」で、「去一日払暁日本刀其他の武器を帯べる一群の雄士慶尚道晋州の傍を過ぎり一山上に屯して「天佑侠」の三字を大書せる旗幟を翻へし二三百の韓民を集めて大に告ぐる所あり、右一群は将に大邱監営に向はんとする者の如し」とし、はじめて「天佑侠」を報じている。「何処より起りたる者か、何国の人か、朝鮮人か、将た他邦人か」とし、それは「東学党の騒乱の地方一揆たる性質を一変して、真個の革命軍たらしめんと謀る、義人烈士の徒ならざるか」とする。「一片稜々真男児の侠骨を、文弱気死の泰平世界に存じ、弱邦小民の轗軻沈淪を座視するに忍びずして、決死の活動を試みんとするガリバルヂー以上の大侠の徒なるなからん乎」という。そして、ダイナマイト強奪事件も「天佑侠」と「大関係あるにあらずや」とし、次号を見よと予告して関心を呼ぼうとする。七月一七日の『二六新報』は、安達が仁川から、鈴木が釜山から朝鮮内地に侵入しており、鈴木の内地侵入は「釜山より十余名の風雲的奇児を伴ひたる筈」だとし、「我社の両人は何の目的を携へて深く内地に入りたるか是れ今日公言する能はざる所、唯読者諸君は他日両人が如何に奇警なる報知を為すかを看られよ」と期待をあおる。

*14 武田範之「樺山資紀将軍ニ上ル書」(『洪疇遺蹟』東京大学総合図書館「鷗外文庫」所蔵)、同「与全琫準書」(『鰲海鈎玄』顕聖寺、一九一一年、三頁)。

*15 出兵当初からの一貫した「開戦外交」によって戦争に持ち込んだとする『蹇蹇録』の記述とはちがい、陸奥は状況に応じて「紆余曲折」「右往左往」しながら開戦に至ったのだとする見方もある。伊藤内閣は出兵の段階でなお穏健路線にあったが、国内世論

におされ（高橋秀直）、あるいは日清共同改革案の拒絶にあい（大沢博明）、戦争に引き込まれていったとする。なお、日清戦争の原因として、宗属問題が主因でなかったとする高橋に対しては、岡本隆司による批判があり、さらに近年、古結諒子は内政改革要求と宗属関係廃棄要求のそれぞれを分析し、内政改革要求の中心が朝鮮での清の位置づけをめぐる問題だったとして、宗属問題が核心だったとしている。開戦にいたる過程については、田保橋潔『日清戦役外交史の研究』（刀江書林、一九五一年）、中塚明『日清戦争の研究』（青木書店、一九六八年）、藤村道生『日清戦争』（岩波書店、一九七三年）、檜山幸夫『日清開戦外交の研究』（ユニテ、一九九四年）、高橋秀直『日清戦争への道』（東京創元社、一九九五年）、大沢博明「伊藤博文と日清戦争への道」（『社会科学研究』四四―二、一九九二年）、同「日清共同朝鮮改革論と日清開戦」（『熊本法学』七五、一九九三年）、同「日清開戦論」（東アジア近代史学会編『日清戦争と東アジア世界の変容』下、ゆまに書房、一九九七年）、古結諒子『日清戦争における日本外交』（名古屋大学出版会、二〇一六年）など、参照。

＊16　高橋秀直『日清戦争への道』三四五―三五三頁、参照。

＊17　袁世凱が再三にわたって相互の撤兵を働きかけてきているとする大鳥の報告に対して陸奥は、「如何なる口実を用ふるも我兵を京城に留め置くこと最も必要なり」とし、公使館員や領事館員を暴動の地方に派遣し、「取調は成るべく之を緩慢にし、其報告書は故さらに平和の状態に成るべく反対せる模様を含めて之を作らしむること最も望まし」という。

＊18　陸奥は汪鳳藻駐日公使に対して六月七日、「帝国政府に於ては未だ嘗て朝鮮国を以て貴国の属邦とは認不申」と照会（『外文』Ⅱ 519）、さらに陸奥の訓令（外文Ⅱ 532）をうけた小村寿太郎臨時代理公使が六月一二日、総理衙門に対して同様の照会を行った（外文Ⅱ 545）。

＊19　春畝公追頌会編『伊藤博文伝』（一九四〇年、復刻版、原書房、一九七〇年）下巻、六二～六四頁。

＊20　中塚明『『蹇蹇録』の世界』（みすず書房、一九八二年）、一〇八頁。「英露両国はいずれも暗に清韓宗属の関係を黙認し朝鮮との交渉事件については、専ら清国に重きを措きたるは争うべからず。特に英国はその東洋政略において近日まで、朝鮮が事実上一個の独立国たるよりはむしろ永く清国との関係を保持するを以て、自己の利益なりと断定したるに相違なく……」（『蹇蹇録』）。

＊21　一九日の電訓は、王宮包囲は見合わせるよう指示しながら、最後に清軍増派の報を示したうえ、「清国は兵力を以て敵対するものと認定するの外無之、随て我は之れに対する手段を執るの外なかるべし」とあって、事実上ゴーサインをだしたものとみていい。「余は大鳥公使に向ひ何等の口実を使用するも実際の運動を始むべしと電訓したる後なれば、同公使は最早何等の口実を択むの自由を有し」（『蹇蹇録』）たという陸奥の言葉どおりである。

＊22　中塚明『歴史の偽造をただす――戦史から消された日本軍の「朝鮮王宮占領」』（高文研、一九九七年）、渡辺延志『日清・日露戦史の真実』（筑摩書房、二〇二二年）、参照。大鳥の報告によれば、七月二三日午前四時に「龍山より兵一聯隊並に砲工兵若干を入京せしめ王城を囲繞せんが為め之を王宮の方に進めた」ところ撃ち合いとなり「城門を押開き闕内に侵入し其四門を固めた」が、「閔家の一族、我兵の侵入に驚き追々後門より逃走し、亜閔の輩らも之に続」いたという［外文Ⅰ 422］。その後、「引続き我が兵は五宮を守備し、宮門の出入を監督」するとともに、「京城内外に在る韓兵の営所へは……我兵を派して之を逐払い兵器をば尽く之を我手に収め」たとする［外文Ⅰ 423］。

＊23　裏面において大院君の担ぎ出し工作がすすめられていたが、「今一歩の処に至り決し兼ぬる様子」であった。腹心の鄭雲鴻は、大院君が清から帰国したあと閔氏政権に警戒され幽囚されていたが、大鳥は七月二三日午前一時に国分書記生に兵卒一〇人・巡査一〇人を従えて獄舎に赴かせ、「日本人の手にて解放せらるるは不本意」とする鄭を公使館に連行し、大院君の説得にあたることを約束させた。国分は鄭とともに大院君邸に向かい出仕を説くが、「大院君容易に蹶起すべき模様無之」様子である。「日本人に強いられ出でたりと云はば当国人の評言も有之」ためとみなし、安駉壽・兪吉濬らが「大闕と同君邸との間に奔走し遂に勅使を差立つる事」となった。国王からの勅使に応じるかたちで、大院君は日本軍が占拠する王宮に入る。国王からの命を受けて一一時ごろに参内した大鳥に対し、大院君は「大君主の命により自今政務を統括する」と述べている［外文Ⅰ 422］。

＊24　「牙山清兵の撤回一事は朝鮮政府は遂に我請求に応じ一昨二十五日本官参内の時外督弁の名を以て大弁の依頼有之」「朝鮮政府に代て牙山に在る清兵を撤退せしむべき事を以てせり」といい、水陸貿易章程の廃棄も袁世凱代理の唐紹儀に通告された［外文Ⅰ 423・424］。

＊25　陸奥によれば、「大鳥が乙案と称せしものは、若し朝鮮特立国なれば属邦を援けんとして来たりたる清国兵は朝鮮自ら撤回を求むべく、若し清兵撤回を拒み候へば之を追出すべく、朝鮮の兵力不足なるときは我が兵力を以て之を援くべしといふ意味の照会に対し、朝鮮政府は不満足なる回答を与へたるが故に王宮囲遶する迄に相運候事」（『伊藤博文関係文書』七、二九七頁、伊藤宛書簡）といい、すでに開戦の方針が決まっている状況においては、直截に清軍攻撃の依頼を引出すための照会として有効であった。このあとの日本の増兵については、諸外国に対し、清国が内政改革を妨害するので「此等の妨碍を阻格する為め」であり「朝鮮政府が革新の業を助くるの目的なり」というふうに説明せよと訓令している［外文Ⅰ 427］。

＊26　『伊藤博文伝』下巻、一四〇―一四一頁。

＊27　中塚明『日清戦争の研究』参照。中塚によれば、伊藤博文編『機密日清戦争』（原書房、一九六七年）に収録された四つの草案

のうち第四の「講和条約艸案」(a)が最も古いと考えられ、外交史料館所蔵『日清講和条約締約一件、休戦条約』中にある「媾和予定条約」（『機密日清戦争』の解説で山辺健太郎が全文紹介している）(c)が、閣僚の花押が書かれていて一月一一日に陸奥が在京閣僚らに示したものとみられる。これと同内容のものが、国会図書館憲政資料室所蔵『陸奥宗光文書』に収録されている「媾和予定条約」で、黒筆楷書の文章に朱筆で補正、さらに黒筆のくずれた字体で補正されて完成されたものになっている。従って黒筆楷書のものが原案(b)ということになる（中塚『日清戦争の研究』に全文が紹介されている）。これらのあとにくるのが、『機密日清戦争』にある二番目の「講和条約（二）」(d)であり、同書中の（一）(e)と（三）(f)は講和会談直前のもので、四月一日に清国側に提示された案(g)に近いという。会談を経て四月一七日に調印に至った(h)。

＊28　日中両国は「公同」に朝鮮が「特立自主」たることを承認し、「公同」に朝鮮を「局外の国」とすることを保障して、その「自主」を阻礙する「内務への干預」および「特立」を阻礙する「貢献典礼」は停止する、というのが李鴻章の提案である。

＊29　前註にある(a)では、「支那は朝鮮の完全なる独立自主を確認し、今後同王国の内治外交に何等の干渉を為さざることを約す。随て朝鮮の独立自主を損傷して、朝鮮の支那に尽したる貢献其他典例儀式は将来全く之を排すべし」とある。(b)(c)(d)も同様に、「清国は朝鮮国の完全無欠なる独立自主の国たることを確認し」といい、清国が内治外交に干渉しないことを約し、貢献典例を廃止するという内容である。(e)(f)(g)(h)でも、清国が朝鮮国の自主独立国たることを確認するとなっており、貢献典例の廃止も同じだが、内治外交に干渉しないという文言は削除されている。

第七章　日本人による朝鮮王妃の虐殺

――閔妃殺害事件

一　はじめに

日清戦争が終わって五ヵ月あまり後の一八九五年一〇月八日未明、ソウルの王宮に日本人の一団が侵入し、国王の妃である閔妃（明成皇后）を斬殺する事件がおきました。閔妃事件あるいは乙未事変などとよばれるものです。日本政府は証拠不十分として真相の隠蔽を図りましたが、公使の直接指揮のもと軍人・外交官・警察官・民間人らが一体となって引き起こした事件であり、近代日本の朝鮮侵略を象徴的に示すできごとといわねばなりません〔補①〕。単なるクーデターというにとどまらず、閔妃の殺害そのものを目的としていた点に、この事件の大きな特徴があります。以下、予審での取調べにもとづいてまとめられた『謀殺及兇徒聚衆被告事件始末大要』〔補②〕などの資料をてがかりに、事実経過をあとづけてみましょう。

補1　閔妃事件に関しては、山辺健太郎『閔妃事件について』（『日本の韓国併合』太平出版、一九六八年）以来の研究がある。朴宗根「三浦梧楼の赴任と明成皇后殺害事件」（『日清戦争と朝鮮』青木書店、一九八二年）は、史料を渉猟して全体像を明らかにし、角田房子『閔妃暗殺』（新潮社、一九八八年）は、広くこの歴史的事件への関心を深めるのに寄与した。韓国では、崔文衡他『明成皇后弑害事件』（民音社、一九九二年）、韓国政治外交史学会編『明成皇后弑害事件と露館播遷期の国際関係』（東林社、一九九八年）、崔文衡『明成皇后弑害の真実を明かす』（知識産業社、二〇〇一年、日本語版『閔妃は誰に殺されたのか』彩流社、二〇〇四年）、姜昌一『近代日本の朝鮮侵略と大アジア主義』（歴史批評社、二〇〇二年、日本語版、明石書店、二〇一二年）、李玟源『明成皇后弑害と俄館播遷』（国学資料院、ソウル、二〇〇二年）などがある。近年では、秦郁彦「閔妃殺害事件の全貌」（『政経研究』四三―二、二〇〇六年、『旧日本陸海軍の生態学』中央公論社、二〇一四年に収録）が、事件の経過についてこれまでの研究を検証している。金文子『朝鮮王妃殺害と日本人』（高文研、二〇〇九年）は、事件の事実経過および背景に関して、研究水準を大きく引き上げるものとなった。同「「王妃ヲ弑シ申候」――新たに発見された堀口九萬一の書簡から」（『朝鮮史研究会論文集』六一、二〇二三年一二月）は、主要メンバーの一人である堀口の書簡から事件の真相にせまる試みで、なお史料発掘の余地が存在することを教えてくれる。

補2　ハワイ大学図書館の梶山文庫（寄贈された梶山俊之のコレクション）に収められているものを、『朝鮮史叢』七（一九八三年六月）に金慶海氏が全文紹介している。予審での取り調べをまとめたものと思われるが、裁判所が把握していた、あるいは描き出そうとしていた事件の全貌を知ることができる。殺害現場の状況が不明であるとして免訴となったが、ここでは殺害の場面まで具体的に記述されていることがわかり、貴重である。事件の基礎的な史料は市川正明編『日韓外交資料5　韓国王妃殺害事件』（原書房、一九八一年）に纏められており、特に事件のあと内田定槌京城領事が送った一〇月八日および一一月五日付の報告（『原敬関係文書』第一巻、『日本外交文書』二八巻一冊）が重要である。事件関係者の回想では、杉村濬『明治廿七八年在韓苦心録』（一九〇四年、『日韓外交史料10』に収録、復刻版『韓国併合史研究資料　朝鮮の群像・明治廿七八年在韓苦心録』龍溪書舎、二〇〇三年）、小早川秀雄「閔后殂落事件」（国会図書館憲政資料室所蔵、『近代未刊行史料叢書5　近代外交回顧録』ゆまに書房、二〇〇〇年に収録）が直接に体験したものならではの記述があって有用である。ほかに堀口九萬一「十月八日事件の発端」（『外交と文芸』第一書房、一九三四年）、菊池謙譲『朝鮮近代史』（鶏鳴社、一九三七年）、安達謙蔵『安達謙蔵自叙伝』（新樹社、一九六〇年）などがある。

二　「一度はキツネ狩りを」

日本勢力の後退　朝鮮の支配をめぐって戦われた日清戦争の勝利にもかかわらず、ロシアを先頭とした三国干渉に屈したことは、日本の威信を大きく失墜させることになりました。戦争のあいだ公使の井上馨は親日政権を操縦してわがもの顔にふるまってきましたが、いまや急速に反日の気運が顕在化します。その先頭にたったのが閔妃でした。国王高宗《コジョン》の妃であり、閔氏一族の中心として、国政を二〇年にわたって左右してきた閔妃は、当時四〇代半ばでしたが、年よりはるかに若くみられる美貌と、才能の持ち主だったといわれます。閔妃は、ロシア公使ウェーベルとも結んで巻き返しに出たのでした。

反日的な空気に直面した井上は、六月中旬に一時帰国します。そして、政府とのあいだで朝鮮政策を協議したのち七月下旬に帰任すると、従来の方針を一変して閔妃の歓心をかう施策をとりはじめました。閔妃対策に最大の関心が払われていたことが窺われますが、一方で在留日本人のあいだには、日本の勢力後退に憤慨して強硬論を主張するものも多く、閔妃排斥の計画がまことしやかに語られることすらあったといわれます。そのような雰囲気は、日本国内でも対朝鮮政策が弱腰だと批判する意見と結びつき、政府もこれに苦慮していました。

公使三浦梧楼　伊藤内閣は八月中旬になり、井上にかわる新任公使として、予備役の陸軍中将で子爵の三浦梧楼を任命します。三浦は長州出身で尊皇攘夷運動に参加し、明治維新に活躍したのちには広島鎮台司令官や第一師団長、宮中顧問官兼学習院院長、貴族院議員などを歴任、条約改正問題の際には政府の弱腰外交を批判していました。長州閥の実力者の一人とはいえ、実際の外交にはほとんど素人だった三浦の起用は、前任の井上とはちがった剛直な性格による局面打開への期待と同時に、強硬論をとなえる国権派などへの配慮もあったと思われます。

公使就任をひきうける条件として三浦は、朝鮮を日本一国の勢力下に置くか、列国との共同保護国とするか、ロシアなどの強国と分割占領するかという三案を示して、対朝鮮政策の明確化を要求します。方針を決めかねた政府は、追って正式決定した指示を与えると約束し、就任を承諾させました。この間、三浦は国権派の面々とも協議を重ねており、「政府無方針の侭に渡韓する以上は、臨機応変自分で自由に遣るの外は無いと決心」して赴任したとのちに回想しているとおり、相当な決意を胸に秘めて朝鮮海峡を渡ったようです。

殺害の計画　九月一日にソウルに着いた三浦は、国王夫妻に謁見した際、自分は外交に不慣れだから当地の風月でも楽しむつもりだと述べ、言葉どおり公使館にひきこもって読経と写経に明け暮れているかにみえました。しかし実際には、公使館一等書記官の杉村濬や朝鮮政府宮中顧問の岡本柳之助らから在留日本人のあいだの雰囲気を知らされて、三浦の決意はいっそう深まっていったと思われます［補③］。同月二一日に公使館を訪れた「漢城新報」社長の安達謙蔵に向かって、「どうせ一度はキツネ狩りをせねばならぬ」ともらしています。

三浦の計画は、あくまでも朝鮮人同士の内紛というかたちをとりながら、その間に日本人の手で閔妃殺害をやりとげることでした。そのためには、国王の実父であり閔妃の宿命のライバルであった大院君のかつぎ出しが不可欠です。そして、日本人教官が指導し閔妃に睨まれていた洋式軍隊の訓練隊を動かし、大院君とともに王宮へ侵入させるという作戦がたてられました［補④］。九月下旬には、堀口九万一領事館補を派遣して、大院君の意向をさぐらせています。

一〇月になると、三浦は、二日に帰国の挨拶に来た朝鮮政府軍部顧問の楠瀬幸彦中佐に計画をうちあけ、ソウルに駐留する日本守備隊の協力を要請します。翌三日には、三浦・杉村・岡本の三者が公使館で打ち合わせを行い、それに基づいて五日、岡本は孔徳里にある大院君の別邸を訪ねました［補⑤］。前年の日清開戦直前のクーデターの際に大院君担ぎ出しにあたったのも岡本でした。岡本の供述によると、はじめ「私も最早老年にして迚も根気続かず、故に此侭死するも時であると諦め居」るとしていた大院君も、他日その機会ある場合には一切の政務に口出ししないとの約束をしたといいます。三浦はさらに六日、守備隊隊長の馬屋原努本少佐を呼んで軍の行動計画を授け、謀略が察知されるのを防ぐため、帰国と称して岡本と楠瀬を相次いで仁川へ下らせました。一〇日すぎの決行が予定されたのでした。

補3　『始末大要』は三浦が閔妃殺害を計画した原因について、閔妃が「日本国に離反して露西亜国と結託し、日本守備兵を斥けてロシア守備兵に頼り、自ら朝鮮国独立の基礎を危くせんとする」のに憤慨し、このままでは「日本国が多年朝鮮国の為めに尽したる功労は水泡に属し、日本国が大軍を出し清国を征服して占得したる権力は烏有に帰すること必然」と考え、「速に禍根を絶ち……日本が朝鮮に対する政策を維持せざるべからず」として王妃殺害を企てたのだとする。三浦のもとで、朝鮮国軍部兼宮内府顧問の岡本柳之助、一等書記官の杉村濬らが中心となり、柴四郎も「三浦公使の股肱となり総ての計画に参与」（内田報告）したという。

補4　内田によれば、第二訓練隊長の禹範善が、九月二八日に「訓練隊教官石森大尉を訪ひ何事かを相談」し、一〇月三日には「馬屋原少佐、石森大尉と相伴ひて三浦公使を訪問」したとしている。

補5　内田報告によると、閔妃を「除くには大院君の勢力を利用するより外に途なきものと思ひ、竊かに岡本柳之助を遣はし」ており、「其後岡本は三浦公使と大院君との間に立ち数回の往復を為した」という。そののち、堀口領事館補が三浦と岡本の計画を知らず、「友人鮎貝房之進なるものと共に、偶然同君を訪問」して交流ができ、三浦に報告していたとする。『始末大要』は、九月の末に李周会が杉村を、洪顕哲が堀口を訪ねてきて大院君の方からはたらきかけがあったように描く。そのうえで、一〇月三日に三浦・杉村・岡本が協議して大院君が訓練隊を率いて入闕するかたちをとると決定し、成功したあとも政治には介入しないことなど大院君に承諾させる四カ条の要項を杉村・岡本が起草した。この要項を持って一〇月五日、岡本が鈴木順見を通訳として大院君を訪問したとする。堀口の回想では、九月に三浦・杉村の要請で大院君邸を訪ねて筆談と詩文の交換をし、その翌々日に三浦の名刺を持って訪問、さらに三度目には岡本と一緒に行って拝謁したことになっている。小早川の回想は、九月下旬に堀口が鮎貝および与謝野鉄幹とともに大院君邸を訪問したとしている。

三　「適宜処分すべし」

決行の前夜　ところが、七日になって、閔妃により訓練隊の解散が実施される旨の報告がはいり、事態は切迫します。三浦は、急きょ八日未明の決行にふみきり、仁川の岡本・楠瀬を呼び戻す電報を打つとともに、守備隊長馬屋原、領事館補堀口、領事館警部荻原秀次郎、「漢城新報」社長安達、同主筆国友重章らを公使館に招いて実行を命じました［補⑥］。すなわち、馬屋原には「守備隊を以て王宮諸門を守りて出入を厳禁し、又大院君を孔徳里に迎へて入闕せしむべき」こと、堀口および荻原には「巡査を率いて龍山を経て孔徳里に到り、大院君と共に王宮に入り、壮士輩と力を戮せて王后を殺害する」こと、安達・国友には「壮士輩を募りて龍山に岡本に相会し、大院君入闕に随従して王宮に進み、王后閔氏を殺害する」ことが、それぞれ命じられたのです。三浦公使が中心になって計画を練り、駐留日本軍・公使館および領事館員・警官・一般在留日本人をまき込んで実行された事件だったことがわかるでしょう。

三浦はまた、第二訓練隊隊長の禹範善に対して「余も貴国の為に深く憂ふる所」があると述べ、「詳細は馬屋原に談示せるを以て聞取」るよう指示を出します。これをうけた馬屋原は、禹に向かって「一切の準備は公使館已に之を定む、貴君等明朝兵を出して大院君に訴へ大院君を入闕せしむるは如何」といい、「日本守備隊戦闘演習をなすを朝鮮兵に見せしむるの名義を以て兵を出すの準備をなせ」と命じました［補⑦］。第二訓練隊の行動が、三浦の設定した計画の一環にすぎなかったことは明らかです。禹と日本人教官に率いられた朝鮮兵士たちは、真相をまったく知らされないまま事件に参加させられることになります。

補6　安達の回想によると、七日午後三時ごろ、三浦から急使が来て安達と国友が公使館に行き、そこで決行を告げられたという。小早川によれば、この日の午後、三浦は柴・安達・国友・堀口・萩原を集めて各々の役割を指示した。安達・国友は漢城新報社に戻って志士を集めて決行を伝える。そして、薄暮に公使館で三浦・杉村・萩原が相談しているところに、安達が参加する志士の姓名録を持参したという。その際、安達・萩原が光化門に侵入するとき長梯子が必要だと言うと、三浦は自ら書をしたため馬屋原に用意するよう命じた。安達の回想では、同座の馬屋原に命じたという。

補7　七日朝、禹は通訳の蓮元泰丸とともに馬屋原を訪ねたが、談話中に馬屋原は公使館の三浦に呼ばれた。しばらくたって禹らも三浦に呼ばれ、計画の決行を告げられる。馬屋原の指示は、日本守備隊が戦闘演習をするから朝鮮兵に見せるという名目で出兵準備をせよ、石森大尉と協議せよというものである。

大院君の担ぎ出し　漢江のほとり龍山で落ちあって行動を開始することになり、三浦から授かった方略書を持った堀口がソウルのまちなかを抜け出したのは、すでに日没のころでした。これに前後し、荻原が私服に刀剣を帯びた部下の巡査五名を引き連れて出発、龍山に着いて当地派出所の巡査一名もこれに合流します［補⑧］。一方、安達らは壮士たちに呼びかけて二十数名を糾合し、思い思いのいでたちで武器をもち龍山に向かいました［補⑨］。朝鮮国補佐官の浅山顕蔵は、李周会にあって計画を告げ、数名の朝鮮人を大院君邸に向かわせたあと、自らも龍山にやってきます。一二時近くなってようやく岡本が仁川から到着し、主要メンバーの作戦会議が開かれました［補⑩］。

岡本を総指揮者とした日本人三十数名の一団は、こうして陣容を整え、孔徳里の大院君邸へ急ぎました。そのようすは、「或は洋服、或は和服、又は洋服の上に和服を被り、或は朝鮮帽を冠り、尋常日本刀を提ぐる者あり、仕込杖を携ふる者あり、洋刀を帯ぶる者あり、其状宛も百鬼夜行の画に似たり」というものだったといいます。孔徳里に到着し、先行していた李周会らとともに、警固の巡検をしばりあげて邸内に押し入りました［補⑪］。

すっかり寝込んでいた大院君は、「卒然夢を破られ頭の重きを覚ゆと煙草を喫」しながら応対しますが、交渉はなかなかまとまらなかったもようで、事件後の内田領事の報告では、ぐずぐずしていると夜が明けてしまうので、「多勢の日本人の壮士等も一緒になって無理矢理に大院君を引っ張り出し」たと述べられています［補⑫］。ともかく、支度を整えて大院君邸を出発できたのは午前三時ごろ、当初の予定より大幅に遅れてしまっていました。しばらく進んだところで岡本が一行を止め、「狐は適宜処分すべし」と閔妃殺害を絶叫すると、壮士たちは手をうって歓声をあげたといわれます。

補8　外務省警部の萩原秀次郎に率いられ、巡査の渡辺鷹次郎・境益太郎・成相喜四郎・小田俊光・木脇祐則らが竜山に着いたのは午後九時。ここで、竜山派出所の横尾勇太郎巡査が加わる。萩原は、杉村が起草した大院君蹶起の榜文（趣意書）を持参。

補9　民間人で動員されたのは、熊本国権党のメンバーによって設立されていた「漢城新報」の関係者を中心にした壮士たちで、姜昌一『近代日本の朝鮮侵略と大アジア主義』は、当時の朝鮮で活動していた彼らを「朝鮮浪人」として考察している。菊池の回想では、「当時漢城社の社中は熊本神風連の子弟多く……何れも刀剣を用意し、戎衣に改め、軽装戦場に赴くの光景であった。之に加ふるに玄洋社の社中有力の士七、八名と関東自由党中の勇士五、六あり、……部隊長安達謙蔵之を統制した」という。三浦の命を受けた安達・国友は漢城新報社に戻って浪士たちを集めて計画を伝え、国友は王宮突入の際に合流することにして、指揮を安達に任せた。小早川によると、安達に率いられて竜山に向かったのは、菊池謙譲・小早川秀雄・家入嘉吉・宮住勇喜・佐藤敬太・平山岩彦・佐々正之・牛島英雄・沢村雅夫・片野猛雄・隈部米吉・佐々木正・松村辰喜・吉田友吉〈吉田以外は熊本出身、平山は自由党系〉で、午後一〇時に「三々五々相携えて南大門を出」た。中村楯雄・田中賢道・広田止善・藤勝顕・寺崎泰吉（高橋源次）・難波春吉〈中村・田中・広田は熊本出身、中村・田中・藤・寺崎・難波は自由党系〉は、「別に相携え」て竜山にむかった。堀口や萩原らと竜山の荘司回漕店・木谷回漕店・竜山派出所で合流し休憩した。

補10　鈴木順見・鈴木重元は、杉村の命をうけ、竜山に落ち合ったあと、麻浦へ岡本を迎えに行った。岡本が到着したあと、堀口から三浦公使の方略書が岡本に渡され、荘司回漕店の二階で、岡本を中心に堀口・萩原・安達、さらに佐々・田中・佐藤を加えて計画が練られた。竜山から大院君邸に向かった日本人は、岡本以下、総勢三四人。これに、李周会・鄭蘭教・柳赫魯が合流した。

補11　『始末大要』によれば、大院君邸に到って門を叩いたが、「巡検は門側の窓より之を窺ひ肯て門を開かず」という状況だったため、渡辺・横尾の両巡査が窓から入って総巡一人、巡検一〇人を威嚇し、「悉く其の帯剣を奪て之を一室に拘禁」した。内田の一一月五日報告は、大院君邸は「門扉堅く閉ぢて入ることを得ず」、渡辺が「横尾巡査の肩に乗り墻壁を越へて門内に入り内部より之れを開」いたという。警備の巡検ら十余名を一室に閉じ込め、彼らが着用していた「制服制帽を剥取り之を我巡査に着用せしめ」たとする。小早川の回想でも、「志士剣を提げて孔徳里の邸を囲」み、「警官の室に赴き、其佩刀を奪ひ、若し逸走せば直に之を斬らんと一喝」し、総巡（警部）・巡検（巡査）一一人の名簿を提出させ「邸内の倉庫を開きて之を監禁」したと述べられている。

補12　外務省調査部編「内田定槌氏述　在勤各地ニ於ケル主要事件ノ回顧」（『近代外交回顧録1』ゆまに書房、二〇〇〇年に収録）。小早川は、「大院君大に悦び輙ち之を諾す」といいながら、「此夜は何の通知も予じめしては無い。夜半突然、門を開けて踏み込んで来て、出しぬけに「さあ、これから御入闕なさい」と云ったやうな調子」であり、「大院君との交渉は大分時間が費えた」としている。大院君の担ぎ出しが可能になると、安達は牛島を公使館へ報告に行かせた。公使館が閉まっていたため杉村宅に行って知らせたあと、牛島は孔徳里に戻って一行に加わった。

日本守備隊　そのころ、軍も活動を開始していました。当時、朝鮮に駐留していた日本守備隊は、第五師団後備歩兵独立第一八大隊の三個中隊約四五〇人でした。隊長馬屋原の命令で夜半すぎに行動を起こし、第一中隊の一四〇名が壮士らの一団とともに大院君をかついで王宮にはいる予定、のこりの第二・第三中隊は王宮の諸門の制圧にあたる手はずです［補⑬］。また、禹範善率いる第二訓練隊には教官の石森・高松両大尉を付し、第一中隊と行動をともにさせることにして、夜間演習の名目で兵営を出発させました［補⑭］。

第二訓練隊は王宮の西方にある西大門の付近で大院君を伴う壮士らの一団に合流。禹隊長がここで、「今、大院君入闕せられんとす、我が隊之を守護すべし」と号令し、兵士たちに初めて目的をつげます。手ちがいでおおきく遅れてしまった守備隊第一中隊も、これに合流しました［補⑮］。大院君を担ぎ出した一行［補⑯］が、めざす光化門外に到着したのは、夜も明けようとする五時半ごろのことでした。ここでまた、新たに国友ら数名の壮士が加わります［補⑰］。

補13　六日に三浦から指示を受けた馬屋原は、七日朝八時に大隊本部に第一中隊長藤戸与三、第二中隊長村井右宗、第三中隊長馬来政輔および第二訓練隊の教官石森吉猶を呼び集め、それぞれの役割分担を決めている。さらに、午後になって、中隊長らに八日未明の決行を命じた。第二中隊長の村井は、小隊長に指揮を任せ、第一訓練隊に工作し監視することになった。第三中隊は、第一小隊が光化門に控え、第二小隊が三浦公使の護衛とされた。朝鮮政府の軍部教官でもあった鯉登行文大尉は馬来とともに第三中隊を指揮。八日午前二時半に馬屋原は副官を従えて壮衛営に行き、全体の指揮にあたった。

補14　第二訓練隊の教官石森（第一小隊）と高松（第二小隊）は、八日午前二時に第二訓練隊営に行き、二時半に出動して孔徳里方面に向かい、西大門付近で大院君を担ぎ出した壮士らと合流。これには、通訳として蓮本泰丸・大浦茂彦が加わっている。

補15　大院君を担ぎ出した壮士らは、京仁街道を急いで南大門付近で守備隊・訓練隊と落ち合う手筈だったが、姿が見えず、民家で休んだ。この間に馬に乗った堀口・萩原・浅山らが探したところ、第二訓練隊が西大門にいることがわかった。そこで南大門外から城壁に沿って西大門付近の漢城府庁の前で訓練隊に合流。守備隊は大院君一行を迎えるため孔徳里道にむかったため行き違いになっており、「之を待たず前往せんと唱ふるものありしも、守備隊なければ事を成し難しと敢て動かず」、守備隊が来るのを待った。

補16　日本人壮士らに守られた大院君の前方を日本守備隊第一中隊第一小隊と第二訓練隊第一中隊が、後方を守備隊第一中隊第二小隊と第二訓練隊第二中隊が固める形で光化門に向かった。

補17　国友とともに、朝鮮国内部顧問の渋谷加藤次や月成光（玄洋社）・佐瀬熊鉄（玄洋社）・山田烈盛らの壮士が加わる。菊池の回想では、志士は大院君邸に向かうグループと直接に王宮へ駆けつけるグループに分かれ、後者は国友・山田がそれぞれ隊長・副隊長格で、「諸方面との交渉連絡の任」に当たり、柴四朗の宿所巴城館に集合したとしている。『始末大要』は、渋谷について「顧問官として処理する所の内部書類の紛乱するを防ぐが為め直に内部の門前に到り、大院君の一行を待ち、其光化門に入るに従ひて宮殿に入る」という。

王宮へ乱入　光化門には、すでに守備隊の一部が配備されていました。用意されたはしごで巡査たちが城壁を越え、内側から城門を開けます［補⑱］。第一中隊が先頭になって突入を図り、洪啓薫に指揮されて警備にあたっていた第一訓練隊と銃撃戦になりました。第一訓練隊には村井大尉が派遣されて、日本軍に協力するよう工作にあたりましたが、不調におわっていたのです。銃撃を受けて洪が死亡し、第一訓練隊は敗走しました。守備隊と壮士の一団は、幾重もの門や壁を破りながら、最奥の宮殿をめざして進みます。米人教官ゼネラルダイ［補⑲］率いる侍衛隊の抵抗を退けて宮殿に達すると、守備隊がこれを取り囲むなか、抜剣した巡査・壮士たちは目を血走らせて乱入しました。

王妃を求めて走り回る日本人の殺気で、宮殿内は恐怖につつまれます。壮士たちは各部屋を片端から捜索し、潜んでいた閔妃を見つけ出して斬り殺しました。すなわち、「境（益太郎――巡査）は一宮女を詰問して王后の所在を知り、声を揚げて其所在を指示し、寺崎（泰吉）・平山（岩彦）・中村（楯雄）・木脇（祐則）・家入（嘉吉）等は其声に応じて王后の常殿に侵入し、一室に婦女七八名の潜匿せるを発見」しましたが、そのなかに「容貌美にして風丰高き一婦人」がいました。「平山は其手を挐り、中村は其髪を攫みて之を捕らふ。寺崎乃ち刀を揮て其後頭部を斬り、平山も亦一刀を同部に加へ終に之を殺害」したのでした［補⑳］。閔妃殺害の目的を果たした壮士たちは、その遺体を辱めたうえ、荻原の指示で松林のなかに運び、薪を積み石油をかけて焼きすてたといいます。

補18　兵卒が梯子二個を門の右方一四、五間離れた城壁に掛け、小田がまず登り、境・成相・渡辺・横尾・木脇が続いた。さらに兵卒が投げ上げた綱を垂らして城内に降り、門を結ぶ縄を断って門を開けると、「守備兵吶喊して入り門内に整列す。壮士も亦入り宮殿に向ふて進む」という。なお、光化門に突入したとき、村井の工作を振り切って駆け付けた訓練隊長洪啓薫が第一訓練隊を率いて侵入した日本人の集団に攻撃を加えてきたが、「守備隊士官某は洪と一二言を交ふるや早く双方剣を抜き白刃閃く処、守備隊兵と洪の兵と互に発銃し、洪は銃丸に斃れ」たという。軍法会議判決文によれば、士官某とは光化門前に配置されていた鯉登大尉で、「幾ど刃を接せんとするに際し銃声彼我の間に発し、彼退却し弾に中て仆」れたとし、「殺傷するに至らず」と強調している。

補19　自らが指揮する侍衛隊が退けられたあと、ダイはその場に残ったが、内田報告によれば、「本邦人の暴行を目撃し居りたるより、或者は直ちに彼を殺害すべしと叫ぶあり、又某守備隊士官は堀口に向ひ彼洋人を此処より立退せしむるは君の任務なり」と指示。堀口がフランス語で、山田烈盛は英語で、立退きを要求したが、「自分は米国人なり。日本人の命に従ふ能はず」と拒否し、いったん現場を立ち去ったものの、再び出てきて傍観した。露国人サバチンもまた目撃していた。

補20　王宮内は幾重もの門と垣で区切られているが、守備隊が抵抗を封じている隙に、壮士・巡査の面々が閔妃の居る最奥の乾清宮に突き進んだ。これを防ぐため宮内大臣李耕植が立ちはだかったが、「拳銃を放て之を撃つ者」があり、「平山刀を揮て其肩を斬る。李は椽より地に墜て死す」という。王妃殺害の場面について寺崎の後日談では、「此時の日東浪人は、安達謙造、平山岩彦をはじめ、国権党の者が、大多数で、自由党の者は、僅かに四人であった。そこで、国権党の連中に、負けぬだけの手柄を成すには、奇功を収むるの策に、出なければならぬ、といふので、その方法を選んだ」といい、先を越されぬようまっしぐらに王妃の部屋をめざして進んだのだと言われている（「寺崎氏昔日談」『伊藤痴遊全集　続　第12巻』平凡社、一九三一年、復刻版『伊藤痴遊明治期史談選8』本の友社、一九九九年）。

四　むすび

事件のあとただちに、閔妃派を排除した親日政権がつくられ、三浦は、「是で朝鮮も愈々日本のものになった。もう安心だ」とうそぶきました。しかし、日本人が王宮に乱入したことは多くの人に目撃され、とりわけゼネラルダイとロシア人技師サバチンが王宮内で一部始終をみていたことは、国際的に日本政府を苦境に立たせることになります。三浦は日本人の関与を全面否定できなくなると、大院君の依頼で参加したと強弁しましたが、政府は公使の解任・召還を決定、関係者全員に朝鮮からの退去を命じました。直接事件に関与したもののうち軍人八名は、帰国ののち広島第五師団の軍法会議に、その他の四八名は広島地方裁判所の予審に付されました。被告たちに対する日本での歓迎は、あたかも凱旋軍を迎えるかのごとくであったといいます。

翌一八九六年一月一四日に軍法会議は、日本軍が事件に加わったことをみとめながら、大院君の依頼をうけた三浦公使の命令に従ったまでで、軍人として不都合の行為ではなかったと全員無罪の判決を下します［補㉑］。同二〇日に出された地方裁判所の予審終結決定書は、三浦の主導による殺害目的の事件であるとしながら、殺害そのものの状況が明確でなく証拠不十分であるとして全員を免訴としました［補㉒］。この間に朝鮮では親日政権のもとで裁判が行われ、三人の男が真犯人として処刑されていました。李周会以外の二人は全く無関係なでっちあげでしたが、広島裁判所の決定はこれと補いあうものとされたのです。本稿で引用してきたとおり、予審取調べ終了の時点でまとめられた資料では、殺害の場面が犯人を特定しながら明快に描かれていたわけですから、故意に真相を隠した政治的な決定といわねばなりません［補㉓］。

こののち、日本人の蛮行に対する民衆の反感はますます強まり、「国母復讐」をスローガンとした反日義兵闘争が各地でおこります。その鎮圧に忙殺され警備が手薄になった首都ソウルでは、二月一一日、親日内閣を倒すクーデターが発生しました。王妃虐殺を眼のあたりにして自らの生命にも危険を感じた国王が、ひそかに王宮を抜け出しロシア公使館にのがれるという事態がうまれたのです。日清戦争後一年にして日本の後退は明かとなり、朝鮮をめぐる日露両国の角逐が激しさを増していくことになります。

補21　軍法会議の判決は、守備隊が事件に関与したことや、それぞれの役割について認定しながら、馬屋原は三浦の命令に服し、他の大尉たちは馬屋原の命令に服したもので、「守備隊長の公使の命令に服従すべきは高等軍衙の之に訓令する所固より当に然るべき所」であり、「中隊長の大隊長の命令に従ふべきは是亦職務上然らざるを得ざるもの」だから罪に問えないとした。「軍人は服従を以て素養と為し、陸軍刑法命令を下すべき権ある上官の命令に従はざるを罪とし、擬するに死刑より禁錮の刑を以てす」というわけである。

補22　「十二月二十五日以前の予審取調により記述」したという『始末大要』では、閔妃殺害の実行者を断定し、証拠（諸証言の積み上げ）を示していた。しかし、一か月も経たない予審集結決定書では、三浦の計画にもとづいて王宮への侵入がなされたことを認定しながら、「被告人中其犯罪を実行したるものありと認むべき証憑十分ならず」として免訴となる。後年の回想でも、小早川は、王宮侵入まで詳細に述べながら、肝心のところは「誰がどうして手を下したのであらうか。洋服を着けたる朝鮮人が志士の中に混じ来って、凶刃を揮うたのだとの風説を、其儘に信じて居るより外はあるまい」という。菊池は、壮士たちは「閔妃が今暁已に事変突発の報に接して急遽避難の用意中坤殿の戸外より侵入した二壮漢のために弑害せられ之を阻止せんとした宮内大臣は戸外に於て殺害された事を聞き悠々引上げ去った」とし、安達も、「此の騒擾にまぎれて、かつては朝鮮国政をその繊手に左右し、奇略陰険縦横に群豪を駕御した一世の妖花、閔妃の姿は、再び宮廷に見ることが出来ないようになった」というばかりである。この点で、『始末大要』の断定的な記述には意味があるといえる。ただ、内田の一一月五日付報告書には「王妃は我陸軍士官の手にて斬り殺されたりと云う者あり」との記述もあった。内田は、本国政府に真相を正確に知らせるため、発生直後にできる限りの調査をして報告をした。だが、そのうえで、「三浦公使を始め其他の本邦官吏が之れに関係せる事実浩然と相成候ては我帝国政府の不面目此上なく」「若し公然之れを摘発するときは外交上如何なる不都合を来すべきやの懸念も有之候」とする。領事裁判のための取調べが行われるが、取り調べる側の領事館補以下巡査らも当事者で、「杉村書記官は其意を国友重章に伝へ、関係者中甘んじて我警察の取調を受くべき者の姓名を選出せしめ」て、「同一の申立を致すべき様彼等の間に申合せしめた」という。国外退去処分にしたあとの広島での取り調べも、その延長であることを考慮しなければならない。大院君が主導し朝鮮人同士の対立だという構図が維持できなくなっても、大院君との関係を強調し、日本政府の方針とは無関係な三浦の単独の計画としつつ、軍人や領事館員・巡査の関与を曖昧にし、壮士たちの行動に焦点を絞っていくということである。こうした中では、「陸軍士官」の追究が消えてしまうのは当然で、壮士らの証言も割り引いて考えねばならない。とはいえ、壮士の動員は「当初朝鮮人のみを使用する筈」だったが確実に目的が達成されない恐れから「已を得ず日本人を用ゆることに相成」ったのであり、閔妃殺害の実行者として動員されたのである。この事件は、そもそも日本守備隊が出動し、王宮警護の軍隊と対抗してこれを突破しなければ不可能な計画であり、「(閔妃が脱出しないよう)婦人は一人も出すべからず」との命令を受けた(軍法会議判決)日本軍守備隊が王宮各門を固めているなかで、壮士らが侵入して王妃を斬り殺すという計画の事件であり、そのとおりに実行されたといえるのではないか。

補23　最大の虚構は、政府の方針とは無関係に三浦が単独で計画したものだとしたことである。「直情径行」の三浦が、外交や政治情勢を考えずに引き起こした蛮行というイメージが、定着してしまった。そうした捉え方への疑問からは、「単細胞」の三浦を背後から操った黒幕がいたはずだという諸見解が出されることになる。伊藤博文、井上馨、山県有朋、陸奥宗光、谷干城……等々。これらが出てくること自体、どの立場に立っても対朝鮮政策が行き詰まっていたことの反映であり、三浦の計画がその打開策として機能したことをものがたっている。露館播遷後に日本勢力が後退したことからみれば、たしかに三浦の行動は失敗に終わったようにみえるが、ともかく閔妃を殺害して親日政府を成立させることができたのであり、その時点では日清戦争の成果を失なうことが避けられた。外交的に取り繕う必要はあるものの、誰もが胸をなでおろしていたはずである。三浦はまぎれもなく長州閥の有力者であり、軍の創設にかかわった陸軍中将である。黒幕に指嗾されて後先を考えずに行動したというより、それぞれの「同志」たちの路線のゆきづまりを打開するという課題を一身に引き受けて、それを実行に移した。三浦は、いいわけをせず、その「栄誉」も「非難」もひとりで受けとめて沈黙を守った。その意味で「直情径行」の三浦こそが、相応しかったということだろう。「伊藤であらうが、井上であらうが、山県にした所が、吾輩が好んで往ったのではない。無理に遣ったことは、能く知って居る。事が済んで見れば、何処までもソレは気の毒だと云ふことであった。山県の如きも、「アレは膽を焼かして、仕様のない奴ぢゃが、自分一個の事に就て彼是言ったことは、曾てない」と始終人に言って居った。此れは知己の言と謂ふべきである。朝鮮事件は大体這んなものであった」という『観樹将軍回顧録』での三浦自身の言葉が、真実に近いのではなかろうか。

第八章　朝鮮で詠む「志士」の歌

——与謝野鉄幹の朝鮮体験

一　はじめに

若き日の与謝野鉄幹が朝鮮と深いかかわりをもち、その体験が初期の作歌に重大な影響を及ぼしたことは、よく知られているとおりである。[*1] 日清戦争が終結した直後の一八九五年四月から一〇月にかけての第一回渡航時には閔妃虐殺事件に関連して本国送還され、ひきつづいてなされた同年一二月から翌九六年四月までの第二回滞在時にはロシア公使館からの国王奪還計画にかかわったという。第一詩歌集『東西南北』（九六年七月）および第二詩歌集『天地玄黄』（九七年一月）では、そうした朝鮮での志士的な活動体験をもとに詠んだ「丈夫ぶり」の歌が数多く収録された。

そのあと鉄幹は、一八九七年八月から翌九八年四月にかけて三回目の朝鮮滞在を経験する。そして、帰国ののち一九〇〇年四月の『明星』創刊をへた第三詩歌集『鉄幹子』（〇一年三月）・第四詩歌集『紫』（同年四月）では、壮士風の歌は影をひそめ、浪漫的な「手弱女ぶり」の作風への転換が明らかである。「虎剣調」から「星菫調」へ、あるいは『東西南北』から『紫』へという図式のなかで、『明星』創刊を前後する時期には鉄幹の朝鮮への関心に変化があったものとされ、さらには晶子の「君死にたまふことなかれ」と引き付けてか、戦争に対する批判的な姿勢をみいだそうとする傾向さえある。しかも、三回目の渡航時にすでに手弱女調への転換の兆しがみられることが指摘され、鉄幹自身が前二回とちがって三度目の朝鮮行きは政治目的ではなかったのだと記述してもいる。[*2]

いずれにせよ、第三回渡航以降、おそくとも『明星』創刊以降には、鉄幹の朝鮮へのかかわり方に大きな変化があったことは確かであるかにみえる。国士的な朝鮮体験は若い時の一過性のものであったかのようにみえるのだが、はたして、そのように考えていいのだろうか。第三回滞在時の鉄幹は朝鮮において何をしていたのか。さらに、『明星』創刊をへて『鉄幹子』『紫』以後の鉄幹にとって、朝鮮はどのようなものだったのか。若干の検討を加えてみたい。

二　『東西南北』『天地玄黄』

⑴天佑俠

一八九二年の夏、二十歳の鉄幹は上京して落合直文に師事するが、その推薦で翌九三年一〇月、創刊を控えた二六新報社に入社した。秋山定輔を社長とし国家主義的な論陣を張った同紙において、鉄幹は文芸欄を担当して詩や短歌を撰し、自らも作品を掲載する。九四年五月に八回にわたって連載した評論「亡国の音」では、文章に雄大華麗な「盛世の文」、豪宕悲壮の「乱世の文」、萎靡繊弱な「衰世の文」があるとしたうえ、平安朝以来の伝統に縛られた「女々しい」歌壇の現状を、「国を亡す」「衰世」の文学になぞらえて痛烈に批判し、「盛世」にふさわしい雄壮な「大丈夫の歌」を作る必要を説いた。[*3]

『二六新報』は発刊以来、国家的発展の目標として朝鮮問題に注目していた。一八九四年五月に東学農民軍が蜂起し、これを口実に六月に入って日清両国が出兵すると、連日にわたって農民軍の動静を伝え日本勢力の伸張を説く。現地の朝鮮では釜山居留地にたむろしていた日本人浪人たちにより、反乱の拡大を助長すべく天佑俠が組織されたが、『二六新報』は自ら「天佑俠の代弁紙」をもって任じ、そのスポンサー的な役割をもはたしていた。[*4] 同年春に一時帰国して紙上に「朝鮮雑記」を連載していた安達九郎は、六月二日に特派員として東京を出発、九日に釜山へ着いて天佑侠グループに活動資金一〇〇万円を提供する。釜山からは大崎正吉が支援要請のため日本内地へ派遣された。六月一五日に東京へ着いた大崎は、二六新報社などから資金を得たうえ、主筆の鈴木天眼らをメンバーに加えて、六月二五日に釜山にもどる。

鉄幹は六月九日の紙上に、「二六社員安達九郎氏朝鮮に赴く前日手帖一冊を余に示して云く、男らしき歌を書いて呉れよ旅情を慰めむ料なりと」として、「山けはし駒の足おそし行手には竹の葉さやぎ虎吼えむとす」の歌を載せ、のちに『東西南北』に収める際に「天佑侠の一士、安達九郎の、朝鮮に赴くを、送れる歌」と詞書している。[*5] 七月三日付紙上の和歌「千里ゆく心ばかりははやれどもほだしはなれぬ駒の身にして」について、『東西南北』では「廿七年六月、日韓の事、益々逼りぬ。余、同人四五輩と謀り、将に京城に赴かむとし、旅装ほぼ調ふ」云々と詞書しているが、これも社内の空気を物語るものである。[*6]

七月二三日の日本軍による朝鮮王宮占領をへて、清国軍への奇襲攻撃により日清戦争が始まると、鉄幹は従軍願望を強めた。九月一日付紙上では、「恩師落合直文君、昨日を以て召集に応じ、第〇〇〇〇〇〇隊に入営せられたり。余や予備の軍籍に在り、而して未だ召集の命に接せず、師がこの入営を見て羨望に堪へざる也」として、「書の上の師とこそたのめ軍さへさきがけますと思はざりしを」と詠う。[*7] 九月一八日には、「おもしろし、千載一遇このいくさ、大男児、死ぬべき時こそ来りけれ」云々という詩「従軍行」を載せた。[*8] 後年の回想記「沙上の言葉」では、「日清戦争が起つたので従軍したくてならなかつた。徴兵関係が要塞砲兵の予備徴員として満一年間足止めされてゐたので行く事が出来ず、麗水君や子規君が窃に羨しかつた。それで戦争を題目にした詩や歌を自分の新聞に載せて慰めてゐた」と述懐している。[*9]

日清戦争が終わった直後の九五年四月、ようやく鉄幹は二六新報社を辞し、朝鮮へ向かう。落合直文の実弟で、親友の槐園鮎貝房之進の誘いをうけ、ソウルに開設された日本語学校乙未義塾の教師としての渡航であった。「初めて、朝鮮京城に赴くとて、人々に別れける折」に、「益荒夫の、おもひ立ちたる、旅なれば、泣きてとどむる、人なかりけり」との歌を作ったのだという。[*10] 大阪を通過する際には、中の島の豊臣秀吉の祠を拝して、「きこしめせ。御国の文を、かの国に、今はさづくる、世にこそありけれ」と詠み、意気込んで海峡を渡った。[*11]「盛世」の「大丈夫の歌」をめざす鉄幹には、日本帝国発展の最前線というべき朝鮮こそが、作歌実践の舞台としてふさわしいものだったということだろう。

(2) 閔妃事件——一回目の渡航

乙未義塾[*12]について鉄幹は、「本校の外、分校を城内の五箇所に設け、生徒の総数、七百に上る」と記す。[*13]「高麗民族に日本文典を授け、兼ねて、日本唱歌を歌はしめたるが如きは、特に、槐園と余とを以て嚆矢とする」といい、『東西南北』には「から山に、桜を植ゑて、から人に、やまと男子の、歌うたはせむ」との歌を載せている。[*14]

夏には腸チフスにかかって漢城病院に入院したが、その入院中に、「韓にして、いかでか死なむ。われ死なば、をのこの歌ぞ、また廃れなむ」などのうたを詠んだ。三国干渉ののち閔妃を中心にロシアの勢力を利用して日本に対抗しようとする動きが強まっており、秋風がたつころには、「王妃閔氏の専横、日に加はり、日本党の勢力、頓に地に墜つ」状況となった。そのころに鉄幹は、「韓山に、秋かぜ立つや、太刀なでて、われ思ふこと、無きにしもあらず」「から山に、吼ゆてふ虎の、声はきかず。さびしき秋の、風たちにけり」などの歌を詠んだのだという。[*15]

こうして、一〇月八日未明の閔妃殺害事件に至った。公使三浦梧楼の指揮のもと、日本公使館・領事館員や浪人、日本軍守備隊が動員され、王宮に乗り込んで閔妃を虐殺した事件である。当初の計画より早期の実行となり、鉄幹は鮎貝とともに木浦に旅行中で、王宮への侵入には参加できなかった。しかし、事件関係者は全員日本へ召還され、民間人は広島地方裁判所で取り調べられることになる。「自分はわざと嫌疑を避くるために自ら求めて堀口君と同じ船で広島へ護送されて来たが、予審判事の調べで当夜王宮へ入らなかった事が明白になったので直ぐに釈放された」[*16]「諸友多く、官にある者は、帰朝を命ぜられ、民間にある者は、退韓を命ぜらる。余もまた、誤って累せられむとし、幸いに僅かにまぬかる。こゝに於て、一時帰朝の意あり、諸友中、広島に護送せらるゝ者と、船を同じうして、仁川を発し、宇品に向ふ」[*17]と述べている。

ところで、閔妃事件との関わりについて、鉄幹自身は、

その最初は堀口君と槐園君とが漢城病院の自分の枕頭で一所に計画した事であつた。それから両君は韓装して閑居中の大院君を訪ひ、一回の会見で或る密約が出来、それから堀口君が三浦公使を説いた

と述べ、「後の史家が日韓併合史を書く際に、かの事件が二三の気を負ふ白面書生の幻想に本づくと云ふ裏面の観察を等閑にしてはならない」としている。[*18]腸チフスで入院中に堀口九万一・鮎貝と三人で計画したのが発端だといい、堀口・鮎貝の二人が事前に大院君を訪問して決起を促したというのである。

事件直後にソウルで関係者から事情聴取を行なった内田定槌領事は、

堀口領事官補は……其友人鮎貝房之進なるものと共に偶然同君を訪問せしに、日本領事館より来れるものなりと聞き、同君は窃かに裏門より之を通し、面会の上雑談中詩文の応答を為したり

と報告している。訪問のさい大院君は閔妃打倒のために決起する意志を示したのだといい、「当日の筆記書類及詩文の認めある書類」はその場でことごとく焼き捨てたが、後日に使者を堀口のもとへ遣わして三浦公使への取次ぎを依頼するようになったとする。[*19]取調べの中で堀口が語ったものと思われる。堀口自身が一九三〇年代になって回想した文章によれば、九月下旬に杉村の指示により、「五ツ紋の黒絽の羽織、仙台平の袴」といういでたちで「朝鮮観光の一旅客」になりすまし、馬夫に変装した「朝鮮語に熟達する我領事館付巡査」とともに大院君邸を訪問して決起の意

志を確認した。大院君が筆記の書類に火を付けようとするのをおしとどめ、「殿下が三浦と交際したいと仰有る次第を、よく三浦に諒解させる為めにも、この筆談を持つて行つて三浦に示すのが最上の方法ですから」と言って持ち帰ったと語っている。[*20] 同行者を「領事館付巡査某君（その名を秘す。今尚ほ健在）」として特定を避けたのは、鮎貝への配慮だろう。

これに対して、王宮に乗り込んだメンバーの一人である小早川秀雄の『閔后殂落事件』は、「閔后暗殺」は、「時偶々九月下旬、領事館補堀口九万一、乙未義塾長鮎貝房之進、与謝野寛の三人、相伴うて郊外に散策し、大院君を孔徳里の別墅に訪へり」として、堀口・鮎貝に加え鉄幹をも大院君邸訪問のメンバーに入れている。[*21] 閔妃事件と鉄幹の関係について史料間の不整合の印象を強める原因となっているのだが、この小早川の文章をも含め、いずれの史料も堀口および鮎貝の訪問については一致しており、直接それに関与しなかった小早川のみが鉄幹も同行していたと記しているわけである。小早川が回想を書いた時点ではすでに鉄幹の「沙上の言葉」は発表されていた。漢城病院での三人の協議と、大院君訪問とを混同した可能性が高い。

事件から六年後に鉄幹が書いた「孔徳里」は、

嗚呼忘れ難し、その年の九月二十九日、名を散策に仮りて一人は馬、一人は輿、朝に領事館を出で、、南大門を西南に去りしは誰々。この日閔党の巡検に由りて、警固きびしき孔徳里の別墅に大院君の長子李載冕の介書を持して、石坡先生が半日の詩話を聴かむことを申し入れたる二個のうら若き日本紳士あり。……洋装の紳士は漢文に妙、紋付羽織の紳士は稍韓話に熟せり

と記す。[*22] 堀口または鮎貝から聞いた話をもとに創作したものだろうが、はじめに紹介した「沙上の言葉」の記述とあわせて考えれば、洋装の紳士が堀口、「韓話に熟」した紳士が鮎貝ということになろう。堀口と鮎貝は閔妃事件に深くかかわっていて、この二人との交友を通じて、鉄幹も事件の末端につながりが生じていたといったところではない

だろうか。

(3)国王奪還計画――二回目の渡航

あたかも凱旋将軍を迎えるかの如き雰囲気のなか戻ってきた広島においては、予審判事の事情聴取を受けて放免されたあと、取調べ中の仲間たちへの差し入れを行なうなど奔走した。「其頃の自分と云ふ小さなドン、キホオテは柄に無く一かどの志士気取で居た。京城に於ける官民間の同志が悉く広島の獄に羅致された以上、槐園君と自分を措いては其等の人人の志を紹ぐ者は無いとまで自負」したと回顧するように[*23]、すっかり志士気分になった鉄幹は、その年一一月に早くも二度目の渡航をする。

明治二八年一一月八日付の京都府知事発給の渡航許可証[*24]には、「学校教官トシテ朝鮮国へ渡航スルコトヲ許可ス」と記載されており、鉄幹自身も「まだ彼国の学部省に籍を置いてゐるのを好いことにして、親日派の内閣の下で働かうと思つた」と回想するが、公使館・領事館では閔妃事件に批判的な空気が強まっていて居心地が悪く、江原・咸鏡道方面への旅行をしたのだという[*25]。

翌一八九六年二月一一日、鉄幹は帰国するため仁川へ向かおうとしていたところ、夜半に国王が王宮を脱出してロシア公使館にのがれ、親日内閣が瓦解したことを知らされた。露館播遷のクーデターである。後述するように、仁川に至った鉄幹は、日本への亡命のために逃れて来ていた親日派のメンバーをかくまってソウルに戻った。そして、自らも日本勢力を挽回するため、「少数の同志を集め」て国王をロシア公使館から奪還する計画に参画したのだと述べている。すなわち、

皇帝が近く露国公使館の付近にある明禮宮へ移ると云ふ噂があつたから、宮の付近に火を放ち、再び皇帝が露国公使館へ避難されようとする所を奪つて日本公使館へ送り届けようと云ふ計画

であり、「日本の官人側は卑屈だからと云ふので一人も加えず、専ら民間の少数有志だけで決行する手筈」で同志二〇人ばかりを集め、

明禮宮の付近の朝鮮家屋を借りて石油を幾十箱か潜ませて置くと共に、一方に其場合の人夫は鈴木君（「今の政友会の代議士鈴木錠蔵君」）が自分の商店に関係ある日本労働者を急に募集して指揮する事になつていたという。しかしながら、四月になり五月になっても国王は明禮宮にはもどる気配が無く、「自分はこの計画を放棄して五月の末に日本へ帰つた」のであった。[*26]

以上のように、鉄幹の二度にわたる朝鮮体験は、志士的な活動に彩られている。そして、帰国した鉄幹は、七月に第一詩歌集『東西南北』を出版、つづいて翌一八九七年一月には第二詩歌集『天地玄黄』を刊行した。『東西南北』の冒頭の部分には自らの閔妃事件への関与を示す詞書があり、いかにも朝鮮を舞台にして国事に奔走する志士が、「大丈夫の歌」を詠うといった設定である。虎や太刀が盛んに登場し、「虎の鉄幹」の異名が冠せられることとなった。

三 「人を恋ふる歌」

(1)亡命政客——三回目の渡航

新進の歌人として一躍脚光をあびることになった鉄幹だが、『天地玄黄』刊行から半年にすぎない一八九七年の七月末には、はやくも三度目の朝鮮渡航をおこなう。しかしながら、このたびの渡航は「専ら友人と或事業を共にして洋行費を作るのが目的」であり、「全く政治的関係で無」かったのだという。[*27] 師の落合直文が引き止めるのを振り切ってまで鉄幹を駆り立てる「友人と堅く約した」「朝鮮に於ける事業」が何であったか不明だが、三度目の朝鮮滞在中の『読売新聞』への寄稿には朝鮮での人参売買についての詳しい記述があり、[*28] 後年に回顧して書かれた文章「木が

らし」では、同年秋に黄海道金川に至り命を賭して人参密売にあたったことが記されている。[*29] たしかに、前二回の場合とことなり、今回の滞在では勇ましい虎や太刀の歌は影をひそめる。妓生との交情を題材とした歌が目立ち、「鉄幹先生、この頃、十八番の竜、虎、太刀などをやめて、手弱女、我妹子、少女などをのみ歌はるゝは、軟化せられしにや。……のべつ手ばなしに、官妓ののろけを歌はるゝ所、ちと色情狂の気味にあらずやなど、疑ふものあり」などと皮肉られてもいるのである。[*30]

先述のように、一八九八年五月に帰国したあと、一九〇〇年に『明星』創刊、〇一年に『鉄幹子』『紫』刊行という流れのなかで、いわゆる明星的な歌風が完成していく。『東西南北』から『紫』へ、虎剣調から星菫調へという図式に重ね合わせれば、一・二回目の朝鮮行きと三回目の渡航とのあいだに大きな転換点があったかのようにみえる。だが、鉄幹の三度目の朝鮮行きは、ほんとうに政治的性格をもたない、留学資金稼ぎを目的としただけのものだったのだろうか。

このたびの滞在中、一八九七年九月三〇日付けの『読売新聞』には、「在京城鉄幹」とし、

李彰烈、人と為り慷慨沈痛、智謀に富み、古烈士の風あり。曾て趙義淵《ママ》君を輔けて、そが幕賓たり。この春、国王還宮事件の疑獄起るや、李、実にその主謀を以て目せられ、逃れて某国に赴けり。われ茲に丁酉秋日、三たび漢城に入りて、居を李の宅に借りぬ。李の妻孥みな忠実、日夕わが為に薪水庖厨の労を取る、甚だ慇懃なり

と詞書して、「家刀自よ、いたくなわびそ。やまとにて、相見し人は、つゝがなかりき」「くやしくも、謀りしことは、破れけん。おなじ恨みを、われも幾たび」「えにしありて、刀自の歎きを、聞きにけり。我身もあすは、如何になるらん」などの歌を詠んでいる。[*31] 日本に亡命中の朝鮮人政客の留守宅を訪ねて安否を問い、家人らに日本での様子を伝える活動をしていることがわかる。

ここに名前が出てくる趙義淵は、開化派系の官僚で、日清戦争期にすすめられた甲午改革において軍部大臣署理を

つとめて日本の軍事作戦に呼応し、一八九五年二月には満洲へ派遣されて戦争中の日本軍を慰問した。そののち職を解かれたが、閔妃事件のあと軍部大臣に就任、露館播遷で親日政権が倒れたとき日本へ亡命していた。『東西南北』には、

われ再び朝鮮より帰りて、東京に入る。亡命の韓客趙義淵《ママ》君、共に手を把て、無事を祝し、未だ一言の半島談に及ぶなくして、「愛馬は無事なりや」と云ふ。馬とは、趙君の愛馬にして、二月十一日の変後、余等同友の保管するところありたり

云々として、「千里ゆく、君がこゝろに、いかなれば、足とき駒の、そはずやありけむ」の歌が収録されており、[*32]前回渡航時以来の知己だったことがわかる。同じく内部大臣で露館播遷後に亡命した兪吉濬とともに、鉄幹は『東西南北』に題字を書いてもらっている。その趙義淵の「幕賓」「幕僚」だという李彰烈は、警視庁から外務省にあてた報告によると、

二十九年十一月二十日、独立門定礎式挙行の日を以て露館を襲ひ、国王を奉じて景福宮に還御せしむると同時に、露国派を一掃せんとの陰謀を企てたるも、同盟者中の反間に依り密計漏洩、翌二十一日、同志概ね羅織せられたるも、同人は捕拿を免れ、去五月二十日、守備隊の交代帰朝と共に亡命渡来したり

という人物である。[*33]後述する独立門完成の式典が予定されていた一八九六年一一月に、国王をロシア公使館から奪還し、親露派を一掃しようとするクーデター計画が発覚、九七年五月に日本へ亡命した。鉄幹の三度目の渡航が同年七月だから、日本での交際は二ヶ月にもならないが、やはり前回の朝鮮滞在中から交友関係にあったのであろう。そうした李彰烈の留守宅を訪問したというわけである。

そして、鉄幹といえば、まず最初に念頭に浮かぶ「人を恋ふる歌」。『鉄幹子』への採録にあたって「三十年八月京城に於て作る」とあるように、一八九七年の第三回の朝鮮滞在時の作品である。[*34]初出の際には「友を恋ふる歌」とな

っていた。自分を諫めてくれる友人からの有難い手紙を懐に物思いに耽っているのだが、その感傷の内容はどのようなものなのか。全一六連のうち第六連から第九連は次のとおり。

見よ西北にバルガンの／それにも似たる国のさま／あやふからずや雲裂けて／天火ひとたび降らん時
妻子をわすれ家をすて／義のため恥をしのぶとや／遠くのがれて腕を摩す／ガリバルヂイや今いかん
玉をかざれる大官は／みな北道の訃音あり／慷慨よく飲む三南の／健児は散じて影もなし
四たび玄海の浪をこえ／韓のみやこに来てみれば／秋の日かなし王城や／むかしにかはる雲の色

北漢山の山頂、馬上から遠く日本の方角を見やり、ガリバルディーに擬した亡命朝鮮人の同志に想いを馳せながら、親露派が跋扈して親日派が圧迫される朝鮮の現状を憂えるという設定である。そうした志士の感傷であることを押さえて読まなければ、作者のねらいとはちがって、スケールの小さな歌になってしまうことになろう。

亡命政客への友情は、朝鮮の政情への憂慮と不可分のものだったわけだが、先の一八九七年九月三〇日付け『読売新聞』には、李彰烈の留守宅を訪ねてつくった歌とならべて、「露兵傭聘問題など、とかく心にかゝる事の絶えねば」と詞書し、「三たびわれ、からの都を、おとづれて、国のなげきの、数つくしつる」という歌を載せている。[*35] 前年秋からロシアは軍事教官を派して韓国軍にロシア式の訓練を施しはじめたが、九七年の四月以来、さらに多数の将兵を傭聘するよう要求して重大な政治問題となっていた。九八年三月二七日の書簡では、「小生も短歌は好物にてありながら、当国の政変に彼是俗了せられ候事多く、真面目なるものもえ唸出ず候」と述べる。[*36] 同年五月七日付『読売新聞』掲載の「在京城鉄幹」の和歌の詞書には、「独立協会員と共にさる運動に従事せし頃」とある。[*37] さらに、「日本を去る歌」には、

われ之を慨して閔泳駿を擁し／微力聊か本国を警めんとす／何事ぞ偵吏われを迫害して／治安妨害の名の下／三十一年の春、南大門の雪の夕／ああ遺恨なりや、われ女装して／ひとり京城を去らざるを得ざりき

という一節がある。[*38] 偵吏に追われ女装してソウルを脱出したなどというのが真実かどうかはともかく、なおも鉄幹が自らを壮士に擬して描こうとしていたことは間違いない。滞在中に数多く作られた妓生の歌も、国事に奔走し、暫しの心の安らぎを求める志士を気取った歌と見ることもできるだろう。

⑵独立協会運動

右のように、三度目の朝鮮渡航時における鉄幹の行動から確認しうることは、亡命政客らとの深い繋がりと、依然とした政治的関心の持続である。本人の言を信ずれば、なんらかの運動にかかわったうえ、偵吏に追われ女装して南大門からソウルを脱出したことになる。独立協会員とともに従事したという「さる運動」とはいかなるものだったのだろうか。

『新派和歌大要』に収録された文章「高麗旧都歌」には、「丁酉の秋、われ独立協会の安寧洙君と共に行きて、府豪洪某の家に駐すること三拾余日」の一節があり、その折に詠った和歌の説明に、「安寧洙君と満月台の跡を吊ひて携へたる焼酎を打そゝぎ」云々と述べられている。[*39] 丁酉は一八九七年、まさに三回目の朝鮮滞在中のことである。また、『鉄幹子』には「三十年の秋平安黄海の両道に遊ばんとて京城を立ちける日」に詠んだ歌が収録され、さらに「おなじ旅にくやをの里に宿りて」作った歌「くやをの村われと幾生のゐにしありてこの夕風の身にはしむらん」の詞書に「一酔の後、安寧洙君と打ちつれて後ろの丘にのぼる」という記述があって、[*40] 安寧洙との親密な交友がうかがわれる。この歌の初出は『読売新聞』に連載された「馬上閑硯」だが、[*41] それによって、旅行は一〇月五日にソウルを出発、開城滞在もその中でのことだったことがわかる。南大門を出て龍山に至ったとき、

船より与謝野サンと喚ぶ声あり。顧れば韓人安寧洙君、「君が旅行の道楽気亦起れる由きゝて、漢城の政界に倦みたる生も、徐に秋の田舎恋しく、前夜独立協会の編輯主任を辞して、今日……に君を要したるなり」と云ふ

として、安寧洙と同道することになったのだという設定である。[42] 開城では、「安君の知れる人」で「此地に屈指の大地主」「日清戦争の当時、持家の一つを、日本兵の宿所に徴発されたる縁故より、今もいみじき日本贔屓」の朴某の家に滞在したが、

ある夜朴が主人となりて、われと安君とを上賓とし、この地駐留の朝鮮官吏ども招きて、皇帝即位式の祝宴を開きぬ。安君は「朝鮮の独立」に付て一席の談話をなし、われは「朝鮮の民芸」を説きて、韓国前途の幸福ならん事を祈れり

と書いている。[43]

この安寧洙という人物は、すでに第二回の朝鮮滞在時からの知り合いであった。「沙上の言葉」は、一八九六年二月一一日の露館播遷の際の様子を詳しく記している。それによれば、鉄幹はたまたま日本へ帰ろうと馬で仁川に向かう途中でクーデターの発生を知ったが、南大門では日本人に変装して脱出しようとする親日派に対する検問が厳しかった。そして、

薄暮仁川に著いて領事館に山崎書記生を訪ふと、既に自分の知ってゐる内部省参事官安寧洙などの若い官人が日本服を着て避難して来て居た。猶続続と避難者が京城から仁川の日本商店へ到着すると云ふ報告があった。其処へ京城領事館の大木君から「カヘルコトミアハセ、スグノボレ」と云ふ電報が自分宛に来た。そこで自分は今一度この親日派の頽勢を挽回するために努力しようと決心し、堀口君の同志として気概のある山崎君と終夜協議した上で、安寧洙に日本への避難を断念させ、翌朝長井君と共に安君を保護して京城へ引返し、中居櫻洲の長男龍太郎君が支配人をして居た某商店の一室へ安君を潜ませたが、恰も其処には安君の親友で内部の某局長であった愈《ママ》星濬も避難して居た

という。[44] このあと鉄幹は、前述のように国王奪還計画などに関与したうえ、五月には日本へ帰国した。一方、朝鮮に

留まった安寧洙は独立協会運動に参加していくことになる。

独立の確保と近代的な改革の促進を主張した政治団体の独立協会は、国王がロシア公使館に留まっていた一八九六年七月に安駉寿を会長として創建され、独立門を建設する運動を提唱して一一月には定礎式をおこなった。九七年五月には独立館を設け、それを会場にして八月から討論会を開催する。王宮へ戻っていた国王高宗は一〇月に自ら皇帝に即位して国号を大韓と改めたが、独立協会は大韓帝国を下から支えるべく、国家や国民についての啓蒙活動に力を注いだ。さらに、九八年に入ると、協会は政治運動を活発化させる。ロシアの影響力強化に反対し、三月からはソウルの中心部にあたる鐘路に市民を集め万民共同会を開催、大衆運動を背景にロシア人軍事教官・財政顧問を帰国させ、露韓銀行を撤収に追い込んだ。

開化派系の高級官僚を中心に出発した独立協会は、運動の展開過程で主導メンバーに変遷がみられるが、このなかにあって安寧洙は一八九六年一〇月の拡充の際に新たな幹事員として登場し、以後もほぼ一貫して委員に名を連ねている。[*45] 九八年三月の改組では、三名の司法委員のうちのひとりに選任された。独立協会の政治改革運動において安寧洙は、初代会長だった安駉寿らを中心とした急進派の潮流に位置づけられる会員とみられるが、このグループは日本亡命中の朴泳孝と密接な繋がりをもっていたという。[*46] 朴泳孝は一八八四年の甲申政変に失敗して日本へ亡命し、日清戦争中の九四年に帰国して政権中枢を担ったものの、九五年には失脚して再亡命していた。閔妃事件や露館播遷をへて亡命者が増加し、必ずしも一枚岩ではない亡命者の世界にあっても、その中心的な存在にかわりはなかった。独立協会運動が高揚すると、朴泳孝は自らが帰国する機会をうかがうべく、下関に移って本国との連絡を強化するとともに、密かに同志を朝鮮へ派して工作にあたらせた。[*47]

鉄幹が帰国してまもなくの一八九八年七月、安駉寿は高宗皇帝の譲位をせまるクーデターを企て、事前発覚して日本居留地に身を隠す。そして、一〇月六日、側近の尹孝定らをともなって下関に到着し、[*48] ただちに朴泳孝と会って、

資金難にある独立協会への支援策を協議した。尹孝定の回想によると、

安・朴が相議した結果、安は二万円の銀行為替を尹某に付託し、急遽還国して小安洞の恒屋盛服の家（前朴泳孝住宅）に隠伏し、朴の信友である安寧洙と随時同意して協会の後援を依頼するよう委任した

という。尹孝定は一〇日に下関を出港し、一四日に仁川に着いたあと密かに小汽船で龍山に到着した。日本公使館巡査三人が出迎え、恒屋の家は危険だとして「泥峴の某日本人の家」に身を潜めることになったが、国際問題化を憂慮する公使館からはすぐに日本へ戻るようせまられる。そこで、尹孝定が「恒屋盛服に朴泳孝の手書を伝え」ると、恒屋が面会に訪れ、さらに、「公使館に伝言し、安寧洙の一面を得ればすぐに日本へ渡航すると言うと、この夜に安寧洙が来訪」した。その場で安寧洙に、日本から持参した「二万円の為替を伝え、独立協会の活動について話をした」のだという。尹孝定は二一日にソウルをあとにし、仁川から再び日本へ引返している。[*49]

独立協会はこのあと保守派の反撃をうけ、一一月四日に一七名の指導者が拘束されて解散を命じられた。安寧洙も対象者となっていたが、拘束を免れている。運動は再びまきかえして拘束者を解放させ、一二月になり連日にわたって官民共同会を開いて改革をせまったものの、武力弾圧をうけて終息を余儀なくされた。一一月四日の拘束を免れたあとの動静は不明だが、右のような独立協会運動の急進的な活動家のひとりであり、日本における亡命者社会との接点に位置していたのが、安寧洙という人物であった。

そのような「独立協会の安寧洙君」と共に「さる運動に従事した」と、鉄幹は語っているのである。

(3) 要視察人物

日本政府は独立協会運動を一面で利用しつつ、同時に外交的配慮や国内治安対策のうえから、亡命政客の動静を監視しつづけた。朴泳孝の動向や朝鮮との間を往来する日本人の行動をチェックしたが、実は鉄幹自身も「要視察」の

対象として登場してきている。一八九八年五月二日付けの外務大臣あて山口県知事報告[*50]は、「嘗て本国官吏にして彼王妃事件の際吾国の為め犬馬の労を採りたる」秦凞箴が与謝野寛・峰尾音三郎とともに四月二九日に下関に入港したとするが、同じく五月九日付け兵庫県知事の報告[*51]は、秦の本名が奎煥で、「韓客趙義淵なるものヽ恩人」だといい、鉄幹および峰尾を「奸猾浮薄素行不良」のもので、「今彼等が帰朝する或は其画策しつヽある奸策を内地に試みんとするには非るか」と述べ、「人参買入れに要する資本、或は韓人私立の漢城義塾基本金募集、或は韓人安駉寿等の計画に成る咸鏡道文川石炭採掘資本募集を日本人に譲与する等」をもくろんでいるのだと指摘する。「彼等帰朝に要する旅費は彼の漢城義塾教員たる兵庫県士族石川三之助の手に出たるもの」で、石川も「性質狡猾なれば、義塾の名義を利用して奇利を得んとの意気投合」したものだろうと警戒をうながすのである。また、七月四日付けの外務次官あて警視総監報告[*52]は、上京後の三者の行動を伝えるとともに、峰尾が「在韓中趙義淵の旧住所なる京城邸宅に仮寓」していたといい、さらに鉄幹について、

昨年十二月中在韓国学生数十名の発意にて設立せられたる漢城義塾の教育資金募集趣意書付漢城義塾の主意書及規則書約一千部を同塾員石川三之助（未だ上京の模様なし）並に峰尾音三郎三名の主管にて印刷に付し府下並に其他府県に配布

しようとしているのだと述べる。漢城義塾の評議員には安駉寿・李采淵・李允用・李完用・趙秉稷らが名を連ねていた。この私立学校の詳細は不明だが、かつて鉄幹自身が教師をつとめた乙未義塾との系譜が予想される[*53]。安駉寿ら評議員の大部分は独立協会員でもあり、そうした人脈でかかわりをもったものだろう。いずれにしても、鉄幹が「要視察」の対象とされたことは事実なのである。

先述したように、「日本を去る歌」では「三十一年の春」に「偵吏」に負われ女装してソウルを脱出したなどという一節があった。また、自選の年賦には出てこないが、一八九九年一月三一日付け『読売新聞』には、「三十一年十

二月浦塩港にありて」と詞書して二首、「元山港にて某生のために」として一首が詠まれ、さらに、「朝鮮海にて鯨網ひくを見る」として「あら汐をおのが家なる鯨さへ危し世には網といふもの」の歌が載せられた。『鉄幹子』への採録にあたっては、この詞書が、「朝鮮海にて漁業を見て作る。時に本国密偵の予を物色する頗る急なり」とされている。[*54]真偽のほどは定かでないとはいえ、この時点に至ってもまだ、自らを密偵に追われる身として描いているわけである。実際に鉄幹が「要視察」の対象になっていたことを思えば、「本国密偵」に追われているという言葉は、自意識過剰や演出効果をねらってのものとばかりもいえないのかもしれない。

それはともかく、独立協会運動が鎮圧されたあとも、朴泳孝らは当然に本国の政治状況への働きかけを継続し、日本政府も亡命政客の一部を本国へ帰還させようとした。そのなかで、鉄幹と親交の深かった李彰烈は一八九九年五月に日本名を使って出港し、元山の日本軍守備隊長牛尾中尉の朝鮮語教師の名目で居留地に潜伏した。[*55]朴泳孝は一九〇〇年になって、腹心の李圭完らを送り込み画策したものの、クーデター計画が発覚したとして欠席裁判で死刑判決を受ける。また、安駉寿と権瀅鎮らは一月と五月にあいついで帰国し、自ら出頭していたが、七月に死刑判決をうけ、即日刑が執行された。鉄幹はすぐさまこれをとりあげ、同月の『明星』に「相知れりける安駉寿権鑅鎮二人の惨刑の事ありける時」と詞書し、「いまははた日本男児もたのまれず見殺しにする我党二人」と詠んでいる。[*56]

四 『明星』以降

(1)「小刺客」

三回目の滞在を終えて一八九八年四月に帰国したあとの鉄幹は、かつての徳山女学校の教え子浅田信子および林瀧野と同棲・離別をくりかえした。この間、一九〇〇年四月には『明星』を創刊、鳳晶子と出会い、いわゆる明星風の歌風を生み出していく。〇一年二月刊行の第三歌集『鉄幹子』、同四月の第四歌集『紫』には、第三回渡航以後に作った朝鮮の歌も収められているが、たしかに『東西南北』や『天地玄黄』のような虎剣調は影をひそめ、とりわけ『紫』以後には朝鮮が詠われること自体が稀になった。三度目の渡航時は措くとしても、『明星』創刊以降の鉄幹は嘗てのような志士的な性格が希薄になったかに見える。晶子の「君死にたまふことなかれ」に引き付けたためか、平和主義的な色彩が強まったという捉えかたまでされる傾向もある。だが、はたしてそのように言えるのか。〇二年に『明星』にあいついで発表された短編小説「開戦」[*57]および「小刺客」[*58]を検討してみよう。

まず、後者の「小刺客」から。

内地の中学を目指して受験勉強中の「僕」は、英語を教えてもらっている公使館の二等書記官の依頼で鳥売りの朝鮮人少年に扮し、爆弾を隠し持って韓国外部大臣の邸宅に入り込む。親露派の大臣を暗殺しようというのだが、外出中の大臣が帰宅するのを待つうち、門外で爆発音が轟いた。「僕」が混乱のなかを逃げ出すと、二等書記官の家で見かけた大酒飲みで「詩や文が上手な」日本人青年が朝鮮服に身をつつみ、「御苦労、御苦労」と言いながら駆け抜けて行った。「僕」は残念ながら手を下さないまま済んでしまったが、外部大臣は自邸近くの路上で爆弾を投げられ、死亡したのだった。

この短編小説は、一八九五年の閔妃殺害事件をモデルにした作品とみなされることが多い。血気盛んだった頃に関係した過去の事件を追想し、それを幻想的なタッチで物語化したものだと言われたりもする。

しかしながら、作中には「畏れ多いが、故の王妃殿下様は、御夜食の膳に鶴を召し上がつて、彼様な非道な最後を成された」云々とあって、舞台は明確に閔妃が殺害された後の時期に設定されている。物語の中で実際に外部大臣を爆殺したとみられる日本人青年は、「朝鮮街の契洞の、趙義淵《ママ》の邸跡に逗留して」いるという。前述したとおり、趙義淵は閔妃事件後に軍部大臣となり、翌一八九六年二月の露館播遷のあとに日本へ亡命した。また、主人公は、「京城、仁川、釜山、元山、木浦、鎮南浦、朝鮮だけの日本の小学校でも、千人からの男の生徒が有る」のに「僕」ひとりが重大任務を任されたと感激する。すでに木浦や鎮南浦が開港して居留地が存在しているのだから、はやくとも居留地設定が決まった九七年一〇月以降ということになる。そして、「其から五日目の其年の天長節は、居留地が初まつて、日清戦争が和睦に成つた年以来、二度目の賑ひ」だったというから、日清終戦かつ閔妃事件の九五年より何回目かの秋である。「僕は今でも、最う三年に成る」けれども細かなことまで覚えているといい、末尾に「明治三五年三月十五日稿了」とあるから、ごく単純に計算すれば、舞台としては九八年から九九年あたりが想定されていることになろうか。

主人公は父親から「露西亜と朝鮮とに内処の約束が出来るのだ」と聞かされている。二等書記官からは、「此朝鮮が今、……露西亜と云ふ様な外国の軍隊に攻められて、危険な事に成つて、御互日本人も此国から追払はれる様な事に成つたと為て、……君は其時は如何する、日本のため、朝鮮のために、ヂャンダルクの様に働かうと思ふかね」として、重大任務を仰せつかる。ロシアの勢力が強まって日本が後退する状況を挽回するための親露派外相の暗殺計画である。そして、それが成功し、「是で先づ朝鮮に露西亜の砲台も出来ず、露西亜の兵隊も来ず、松田湾にも露西亜の旗が樹たずに済んだ」というわけである。先に触れたとおりロシア兵の傭聘問題は鉄幹が滞在した一八九七年当時の主要問題のひとつであった。松田湾とは元山港をふくむ永興湾内の小湾だが、一八九八年あたりから釜山絶影島や馬山浦・巨済島はじめ各地で貯炭所や入港地の確保をめざすロシアの動きが活発になっていた。描かれているのは、日露の対立がいっそう深まりつつある現実の朝鮮であった。けっして、過去の事件を追憶的に描いた作品ではなく、時事的かつ政治的な小説というべきものなのである。

（2）「開戦」

もうひとつの短編「開戦」。

事態はさらに急を告げて、「露西亜は満州に志得たる余勇を更に朝鮮に奮はむとし、東洋艦隊を馬山浦に集めて、全羅忠清の両道の沿岸に二個所の貯炭所を得むと逼」っている。「露西亜公使が朱塗の輿を外部の門に見ざる朝なく、露仏両兵は聯合して列をなし、高歌して城中を示威的に練りあるくこと日毎に成」るような様相であった。日露の対立がふかまるなか、「貯炭所に係る露韓条約は明日調印せらる」という当日、ロシア公使館で開かれた夜会から帰途中の外部大臣が親日的な「大韓自主党」の党員らに要撃され、これに敵対する親露派が自主党本部を包囲した。

そのとき、朱鞘の日本刀を振りかざす若い日本紳士に指揮された自主党員の一団が、爆裂弾を投擲しながら血路をきりひらく。日本紳士「峰尾秀二」は、「廿世紀の初に為度方題の事できる国をと求めて、先づ足を隣国の朝鮮に留め」ようとして渡来、自主党の黒幕になっていたという設定の壮士である。翌日、自主党員らは「皇帝陛下を擁して日本公使館に入」り、日本公使は「龍山の日本兵を率ゐて陛下を慶雲宮に迎」えた。かくして、「閔泳駿の新内閣が成立し、「最早日露の開戦は事実」となったというのである。

義和団事件以後、ロシア軍の満州からの撤兵問題をめぐって、日露の対立はいっそう深刻になりつつあった。「さしずめ安駉寿を副総理て云ふ所なれど、その人高等法院の庭に斬られて早や五年の今は甲斐なし」というから、舞台となっているのは、前述した一九〇〇年の安駉寿処刑から五年後、作品発表の一九〇二年からして、まさに近未来小説というべき作品である。

実際の歴史において事態はさらに急進して一九〇四年二月、日本軍が仁川に上陸しソウルを制圧、実際に日露戦争は始まった。鉄幹はいちはやく、二月二四日の第一次旅順閉塞作戦を詠った「旅順口封鎖隊[*59]」、三月二七日の第二次作戦に関する「嗚呼広瀬中佐[*60]」を発表する。「旅順港封鎖隊」の一節、

国には親も妻もあり／子もありと云へ戦ひに／死ぬる命を惜まぬは／日本の武士が慣ひなり
況して野蛮の露を懲らし／世界の敵を除くべき／正義の軍に死なむこと／如何に我等が誉れぞや

は、旅順包囲戦の陣中にいるはずの弟を想い、「君死にたまふことなかれ／旅順の城はほろぶとも／ほろびずとても何ごとぞ」と詠んだ晶子の歌とは、見事なまでに対称的である。『明星』創刊以降の時期においてもなお、鉄幹の朝鮮に対する強い関心は続いており、志士的な気分が失われたわけではなかったというべきであろう。

五　むすび

一回目・二回目の渡航時にひきつづき、一八九七年から翌年にかけての三回目の滞在時においても、鉄幹の朝鮮への壮士的なかかわり方に大きな変化はなく、そのような姿勢はさらに一九〇〇年の『明星』創刊以後の時期にも保持されていた。「丈夫調」から「手弱女調」への歌風の転換と、志士的な朝鮮への関心の有無とは直接的に重なり合うわけではない。本稿で検討した時期に関して、鉄幹の志士的気分には一貫したものがあったとみるべきであり、明星派の理解に際してもこの点は看過することはできないものと思われる。

さて、日露戦争の時期、鉄幹は先述のように「旅順口封鎖隊」などの詩を作るとともに、雑誌『太陽』に短編小説「観戦詩人」を書いている。[*61]——従軍して詩を詠むべく朝鮮に渡った主人公の入江は、日韓議定書に調印した韓国外部大臣李祉鎔が主催する夜会で、文学にも通じ外交官としても有能な仁川副領事の香坂と意気投合したが、この席でともに大臣の娘を見初める。韓国の大臣の娘をめぐって日本人の青年二人が競合するかたちとなったわけだが、平壌に進んだ日本軍がロシア軍の奇襲を受けた際に香坂は傷を負った。香坂を見舞ったさい彼の恋心を知った入江は、大臣の娘をライバルに譲り渡すべく、自らは鴨緑江をめざす騎兵連隊とともに平壌を後にする。

この戦争によって日本帝国の支配下に組み込まれる運命にある韓国の外部大臣は、入江にむかって、「弊国の山河は如此くに荒涼なるも、君が詩は瓦を化して黄金となすの術あらむ。願わくは今や弊国の民の貴国に信頼するの至誠をも併せ歌ひて、帰りて貴国の大皇帝陛下に献じ奉れ」と言い、日本の華族女学校に学んで流暢な日本語、しかも「東京語なる中に、分きて永田町の校の女生に限りたる、その優しき詞」で通訳する大臣の娘は、「君が名篇の十が一なる高き心をだに、ほのかながらわが国の語に移し得るものならば、いささか御国のみなさけにも酬いまつるべく、年頃御国の語を学びつる甲斐も侍らまし」と語る。小説の上においてではあるが、朝鮮人に日本語をしゃべらせ、日本の歌をうたわせようという鉄幹の所期の目標は実現に近づいたかたちとなるのである。

ロシアとの戦争と朝鮮への勢力拡大は、鉄幹らが一貫して主張しつづけてきたものであった。ただ、「自分は少年の時分から藩閥政治家を憎んでゐた」にもかかわらず、それを推し進めたのは、まぎれもなく国家戦略を主導した藩閥勢力であった。鉄幹らの志士的な活動は、所詮その露払いの役割をはたしたにすぎない。作品の中で、かつては高名な学者の見解を「政府の御用外交論と罵」って意気を示した旧友の木村が、官途について仁川領事館の書記生となった現在、「今の内閣ばかり心利きたるは稀なり」「京城に入らば、刺を今の公使に通ぜよ」などと発言する。これに対して「観戦詩人」入江は、「君もまた官衙の人となりすましたるかな」「友の心の、いとみじく変化しけるを驚くしたより、何故とも言ひ知らぬ寂しき懐は、つと身を戦かせて胸にぞ沁みくる」と批判的に語るのだが、これはやがて入江自身、さらには鉄幹自身にも撥ね返ってくるはずのことがらである。そもそも、「密偵」に追われながら民間有志で行なった鉄幹のこれまでの活動とちがい、今回の主人公は、軍隊に従って「観戦」するばかりである。当然のことながら、日本に屈服し迎合する外部大臣は出てきても、「改革」をめざす朝鮮人の「同志」など登場するはずもない。従来の鉄幹の作品とはちがって、「この国の賤しき者ども……詞も分き難く、いと見ぐるし」「顔つき何れも分別足らず……今の世紀の人種とも覚えざり」等々、ことさらに朝鮮の劣等性をあげつらう表現が目立つのも、そうしたことと関連していよう。

この時期、鉄幹は伊藤博文のもとに「しげしげと接近」し、伊藤は「朝鮮の国情に就て特に問はれる所が尠くなかつた」のだという。[*62] 有力な政治家連中が「滄浪閣の玄関で面会を断られてゐるのに、自分はいつも公の寝室まで通され」るので、「与謝野は公の朝鮮に於ける秘書官の運動に来るのであらうと云ふ意外な噂」まで立ったのだと語っている。「間も無く公は朝鮮の統監になられ、自分も公について行けばいかれた」のだが、さすがに志士たる鉄幹が、そうした権力の腰ぎんちゃくに甘んじられるはずもなかった。「もう既にそんな気が無かつたので、公の赴任前には大磯の滄浪閣から遠ざかつてしまつた」のであり、朝鮮についても語ることが稀になってしまったのである。

註

＊1　朴春日『近代日本文学における朝鮮像』（未来社、一九六九年）、桧野秀子「与謝野鉄幹と朝鮮」（『季刊三千里』二八、一九八一年一一月）、五百渕典嗣「与謝野鉄幹と〈日本〉のフロンティア」（金子明雄ほか編『ディスクールの帝国』新曜社、二〇〇〇年）。鉄幹の評伝として、逸見久美『評伝與謝野鉄幹晶子』（八木書店、一九七五年）、同『新版評伝与謝野寛晶子明治編』（八木書店、二〇〇七年、第一編第四章「渡韓」が朝鮮渡航時の鉄幹について詳しい）、中皓『与謝野鉄幹』（桜楓社、一九八一年）、永岡健右『与謝野鉄幹伝』（桜楓社、一九八四年）、同『与謝野鉄幹研究――明治の覇気のゆくえ』（おうふう、二〇〇六年）、青井史『与謝野鉄幹――鬼に喰われた男』（深夜叢書社、二〇〇五年）、参照。吉野誠「与謝野鉄幹――朝鮮を舞台に詠んだ〈志士〉の歌」（舘野哲編『36人の日本人――韓国・朝鮮へのまなざし』明石書店、二〇〇五年）は、本稿の要約である。

＊2　『鉄幹晶子全集』全四三巻（勉誠出版、①第一巻：二〇〇一年、②第二巻：二〇〇二年、③第三巻：二〇〇二年）は、各詩歌ごとに初出以来の字句の異同を示している。引用は原則として同全集に拠った（全集①というように略記する）。

＊3　『二六新報』一八九四年五月一〇―一八日。一方の「漢詩」「漢文」に対抗しつつ、惰弱で女々しいものとなってしまった「和歌」「和文」を改良し、いかに勇壮な男らしい「国歌」「国文学」を創出するか。五百渕論文は、そうした課題の立て方が孕んだナショナリズムおよびジェンダーにかかわる問題性を抉出している。

＊4　天佑侠については、姜昌一「天佑侠と「朝鮮問題」」（『史学雑誌』九七―八、一九八八年八月）、参照。
＊5　『二六新報』一八九四年六月九日（『東西南北』一八九六年七月、全集①一一七頁）。
＊6　『二六新報』九四年七月三日（『東西南北』、全集①一一六頁）。
＊7　『二六新報』九四年九月一日（『東西南北』、全集①一一六頁）。
＊8　『二六新報』九四年九月一八日（『東西南北』、全集①一三二頁）。『東西南北』では「廿七年八月廿一日作」となっているが、作中には「けふきけば、平壌のいくさも、勝てりとか」として九月一五日の平壌戦闘のことが出てくる。
＊9　「沙上の言葉（四）」（第二次『明星』第五巻第五号、一九二四年一〇月）一三三頁。
＊10　『東西南北』（全集①五六頁）。
＊11　同右。なお、一八九四年八月二一日付『二六新報』は、「朝鮮に我文学を移植す可し」という社説を掲載している。
＊12　乙未義塾に関しては、稲葉継雄「鮎貝房之進・与謝野鉄幹と乙未義塾」（『韓』一〇九、一九八八年二月、『旧韓末「日語学校」の研究』九州大学出版会、一九九七年に再録）を参照。外部大臣金允植の命をうけ官立日語学校を補完すべく外衙門主事玄采が中心となって一八九五年三月ごろ設立されたもので、名義上では私立学校だが、運営は政府の補助金に拠ったという。鉄幹は自身の立場を「かの国学部衙門の教官として、日本語の教授を担当するもの」（『東西南北』、全集①五六頁）と認識している。分校の数には諸説あるが、本校およびいくつかの分校が同年九月に官立小学校に移行したものの、一〇月八日の事件までは残りの分校で授業は続けられていた。
＊13　『東西南北』（全集①）五八頁。
＊14　同右。初出は『帝国文学』一八九五年九月「から山にさくらを植えて歌よみしやまと男の子は又かえりきぬ」。
＊15　『東西南北』（全集①）三五頁。
＊16　「沙上の言葉（四）」一三四頁。
＊17　『東西南北』（全集①）一七頁。
＊18　「沙上の言葉（四）」一三四頁。
＊19　一八九五年一一月五日付西園寺臨時外相あて内田領事報告（『日本外交文書』二八巻二冊、五五五頁）。
＊20　堀口九万一「十月八日事件の発端」（『外交と文芸』第一書房、一九三四年）一一七頁。
＊21　小早川秀雄『閔后殂落事件』（国会図書館憲政資料室所蔵、近代未刊史料叢書5『近代外交回顧録』第五巻、ゆまに書房、二〇

〇〇年）一三六頁。
＊22 『うもれ木』（一九〇二年一二月、全集②）三六〇―三六三頁。初出は、『小天地』一九〇一年一〇月二〇日。
＊23 「沙上の言葉（四）」一三四頁。
＊24 日本近代文学館所蔵（鎌倉文学館『恋ひ恋ふ君と　与謝野寛・晶子』二〇〇六年、七頁に写真掲載）。
＊25 「沙上の言葉（四）」一三五頁。周知のとおり『東西南北』に「咸鏡道を旅行して、雪中に、虎の吼ゆるをきくこと、三回」として詠まれた「いでおのれ、向はば向へ。逆剥ぎて、わが佩く太刀の、尻鞘にせむ」（全集①四〇頁）は、初出が最初の渡航以前の『婦女雑誌』一八九二年一一月一五日である。また、鮎貝は「咸鏡、江原両道は虎に縁の多い土地だったので使ったまでゞ与謝野は行ってはゐない」と語っている（「浅香社時代の鉄幹」『立命館文学』二―六、一九三五年一二月）。
＊26 「沙上の言葉（四）」一三五頁。
＊27 「沙上の言葉（五）」（第二次『明星』第六巻第一号、一九二五年一月）一四〇頁。
＊28 『読売新聞』一八九七年一一月二四日・二五日「馬上閑硯―黄花南国記（一二）・（一三）」。後述する安寧洙と同道した旅を綴った連載の中で、開城が人参の産地だとして書かれた文章である。
＊29 『うもれ木』（全集②三四五―三四九頁）。初出は、『東京朝日新聞』一九〇一年一〇月二三日。「三十年の此頃を顧るに、二三の友を拉して韓の京畿道、高麗朝の旧都開城府に在り」という旅は、註28の旅と同じものだが、そこには人参密売を行なったような形跡はまったくうかがえない。後の創作のように思われる。
＊30 『読売新聞』一八九八年一二月一九日「あんにやもんにや」。
＊31 『読売新聞』一八九七年九月三〇日「馬上閑硯――銷魂録（七）」。なお、『鉄幹子』（一九〇一年三月、全集①三五七―三五八頁）では、「卌九年九月作」となっているが、廿九年の間違い。また、「われ四たび漢城に入り」と改作されている。
＊32 『東西南北』（全集①一一三―一一四頁）。
＊33 一八九七年八月二一日付小村外務次官あて山田警視総監報告（『韓国近代史資料集成1要視察韓国人挙動1』国史編纂委員会、二〇〇一年、一六八頁：日本外務省外交史料館所蔵資料「要視察外国人挙動関係雑纂――韓国人ノ部」を活字化した資料集である）。
＊34 『鉄幹子』（全集①二五五―二五九頁）。初出は、『伽羅文庫』一八九九年一二月「友を恋ふる歌」。関良一「人を恋ふる歌（与謝野鉄幹『鉄幹子』）（一）（二）」（『国文学――解釈と教材の研究』九―三・四、一九六四年三月・四月）、参照。

＊35　註31に同じ。『鉄幹子』（全集①三五二頁）では「四たびわれ……」となっている。
＊36　『こゝろの華』（第一巻）第四号、一八九八年五月、六七頁（複刻版『心の花』教育出版センター、一九八〇年）。中晧『与謝野鉄幹』七六頁、参照。
＊37　『読売新聞』一八九八年五月七日「空樽集」。
＊38　『明星』第一〇号、一九〇一年一月。『紫』（一九〇一年四月、全集②五一—五三頁）に再録。
＊39　『新派和歌大要』（一九〇二年六月、全集②二三三—二三四頁）。初出は、『反省雑誌』一八九八年一二月一日。
＊40　『鉄幹子』（全集①二七六—二七七頁）。
＊41　『読売新聞』一八九七年一一月一日「馬上閑硯——黄花南国記（一〇）」。
＊42　『読売新聞』一八九七年一〇月二五日「馬上閑硯——黄花南国記（九）」。
＊43　『読売新聞』一八九七年一一月二六日「馬上閑硯——黄花南国記（一二）」。
＊44　「沙上の言葉（四）」一三五頁。なお、「馬上閑硯——黄花南国記（九）」では、安寧洙について、「安君嘗て弱冠の頃、日本に遊学して、金玉均朴泳孝徐光範等の先輩と謀る所あり、国に帰つて果さず、却て奸小の譏に遭ひて、全羅の島に、孤謫の月を観ること九年。日清戦争の際、赦されて再び日本に学び、昨年の一月、漢城に入つて金宏集の内閣に無官の策士となり、将に挙げられて某衙門の協弁たらんとし、辞して受けず。三たび日本に学び、更に転じて米国に航せんの志ありしも、適ま二月十一日の変ありて果さず」と記している。
＊45　慎鏞廈『独立協会研究』（一潮閣、一九七六年）、朱鎮五『一九世紀後半開化改革論の構造と展開——独立協会を中心に』（延世大学校史学科博士論文、一九九五年）、韓哲昊『親美開化派研究』国学資料院、一九九八年）、参照。
＊46　朱鎮五『一九世紀後半開化改革論の構造と展開』一四四—一四五頁、月脚達彦「独立協会の「国民」創出運動」（『朝鮮学報』一七二、一九九九年七月）二五—三四頁、参照。
＊47　原田環「乙未事件と禹範善」（『論集朝鮮近現代史——姜在彦先生古稀記念論文集』明石書店、一九九六年）、参照。例えば、禹範善は、一八九八年九月末に仁川に到ったが、外相・公使の意を受けた仁川領事の説得で一〇月四日に下関に戻った（『要視察韓国人挙動1』二四八・二四九・二五三・二五五頁）。朴永吉は、一一月八日に下関を出港して仁川からソウルの日本居留地に到り、「昼間ハ同地ニ潜ミ夜ニ入リテ外出シ当時政府反対ノ地位ニ立チシ万民共同会（元独立協会）ニ加リ状況内偵シ」て、一二月一日に下関に帰った（同三一一・三二四頁）。李圭完・黄鉄は、一一月一一日に門司を出発してソウルの日本居留地に潜伏、万民

共同会に参加し「友ノ勧メニ依リ演説会ニ臨ミ憂国ノ意ヲ表シ且ツ秕政革新ノ急務タルコトヲ演説」するなどしたうえ、翌年二月一一日に仁川を出て日本に戻っている（同二八八・三六〇・三六六・三六九頁）。

＊48 一八九八年一〇月六日付大隈外相あて秋山山口県知事報告（『要視察韓国人挙動1』二五四頁）は、「韓人安駉寿ハ随員三名ト長崎ヨリ玄海丸ニテ今朝馬関ヘ入港直ク朴泳孝ヲ春帆楼ニ訪ヘリ」という。

＊49 尹孝定『韓末秘史――最近六十年の秘録』（教文社、ソウル、一九九五年）一九五―一九六頁。一九三一年に「韓末秘史、最後六十年遺事」の題名で『東亜日報』に連載された。

＊50 一八九八年五月二日付西外相あて秋山山口県知事報告（『要視察韓国人挙動1』二一七―二一八頁）。

＊51 一八九八年五月九日付西外相あて秋山知事報告（『要視察韓国人挙動1』二一九頁）。

＊52 一八九八年七月九日付小村外務次官あて園田警視総監報告（『要視察韓国人挙動1』二二八―二二九頁）。

＊53 『皇城新聞』光武三（一八九九）年三月二九日に漢城義塾の入試広告があり、同四月一七日に楽英義塾と改名する旨の記事が載っている（姜在彦「朝鮮における近代学校の成立過程」『朝鮮歴史論集』下巻、龍渓書舎、一九七九年）。これにもとづいて姜在彦が、楽英義塾を乙未義塾の後身であるとする通説（孫仁銖『韓国近代教育史』延世大学出版部、一九七一年など）に疑問を呈したのに対し、稲葉「鮎貝房之進・与謝野鉄幹と乙未義塾」は、乙未義塾が漢城義塾をへて楽英義塾となった可能性を指摘する。漢城義塾設立に鉄幹が関与しているとすれば、この推測の蓋然性が高くなろう。

＊54 『読売新聞』一八九九年一月三一日「芋魁集（一）」（『鉄幹子』、全集①三一五―三一四頁）。

＊55 一八九九年三月九日の青木外相の指示によれば、「一時ノ嫌疑ヲ避ケ若クハ国事犯ノ親縁タル廉等ニ依リ」亡命している者まで「際限ナク扶持致候コト」は「徒ニ国庫ノ負担ヲ増スノミ」であるから帰韓させたいが、反対派が権力にあるうちは公然とはできないので、「各々変名ノ上遠ク京城ヲ離レタル開港場」に潜伏させ、しばらくは補助をあたえながら自活の道をさぐらせる方針だといい、さしあたって李彰烈ら五人を帰国させるとしている（『要視察韓国人挙動1』三六三頁）。六月一日の小川元山領事の報告は、五月二六日に李彰烈が元山に入港、守備隊長の韓語教師として手当てを出す方針だという（同四二九頁）。菊池大阪府知事の報告は、「表面頗ル厳重ノ取締ヲ為スガ如ク装ヘルモ其実外務省自ラ種々ノ手段ヲ施シテ韓廷ヲ改造セント力ムルガ如シ」という亡命者らの言葉を伝えている（同四四九頁）。一〇月二五日の武藤元山領事の報告は、小学校夜学韓語教師として居留地に潜伏していた李彰烈が一〇月二三日に警務署に捕縛されたと伝えている（同二六三頁）。

＊56 『明星』四号、一九〇〇年七月（『鉄幹子』、全集①三八三頁）。

＊57　「開戦」（『第二明星』第一号、一九〇二年一月）。
＊58　「小刺客」（『第二明星』第四号、一九〇二年四月）。『うもれ木』（全集②二五七―二七七頁）に再録。
＊59　「旅順口封鎖隊」（『毒草』一九〇四年五月、全集③二一三―二一六頁）。
＊60　「嗚呼広瀬中佐」（『毒草』、全集③二一七―二二〇頁）。なお、九月刊行の『毒草』第二版では、「旅順口封鎖隊」とともに削除された。『全集』第三巻「解題」は、晶子の「君死にたまふことなかれ」との関連を指摘している（全集③三六二頁）。「自分が今日とちがひ戦争の賛美者であつた事は顧みて愧かしい」（「沙上の言葉（四）」一三三頁）という後年の回想、晩年の「爆弾三勇士の歌」（『東京日日新聞』一九三二年三月一五日）などともあわせ、この後の鉄幹を考える際には検討すべきことがらである。
＊61　『太陽』一〇巻七号、一九〇四年五月。この小説がもつ植民地主義的な問題性については、中根隆行「従軍文士の渡韓見聞録」（『〈朝鮮〉表象の文化誌』新曜社、二〇〇四年）、参照。
＊62　「沙上の言葉（六）」（第二次『明星』第六巻第一号、一九二五年一月）一四一頁。

第九章　日露戦争と朝鮮の植民地化
――日本における「韓国併合」史の研究

一　はじめに

日露戦争のあと一九〇五年一一月に第二次日韓協約で大韓帝国を保護国とした日本は、さらに一九〇七年七月の第三次日韓協約をへて、一九一〇年八月には「韓国併合」を強行した。こののち一九四五年まで、朝鮮は日本の植民地支配下におかれることになる。韓国併合史の研究動向を整理する場合、対象とする時期をどのように設定すべきか。明治維新期における征韓論の高揚や江華島事件から、壬午・甲申事変をへて日清戦争にいたる過程から、日清戦争により伝統的な国際秩序が解体して東アジアに帝国主義の体制が形成される時期から等々、それぞれに意味をもつだろうが、ここでは、併合の直接的な歴史過程というべき日露戦争以降の時期に関する研究にしぼって検討することにしたい。

韓国併合にいたる過程において、日本は当初から併合をめざして歩をすすめていったのか、それとも、内外の状況への対応のなかで結果として併合に辿り着いたと考えるべきなのか。韓国統監としての伊藤博文の支配政策は、一九一〇年の併合を主導した山県有朋や寺内正毅のそれと本質的に違いがないのか、それとも、両者の差異を重視すべきなのか。朝鮮の植民地支配に対する批判的な認識が欠落していた戦後日本の研究状況のなかで、先駆的に併合史の実証研究を進めた山辺健太郎の『日韓併合小史』（一九六六年）は、日露開戦直後の日韓議定書によりすでに朝鮮は実質的な保護国になったとみなすとともに、保護国化から併合までを連続的な過程として捉えている。さらには、日清戦争はもとより、江華島事件以来の日本政府の朝鮮政策について、その一貫した侵略的性格に注意を喚起した。

近代日本による朝鮮政策の一貫した侵略性を明らかにした山辺の研究は今日なお重要な意味をもっていると考えるが、併合にいたる歴史過程の追究において平板な理解にすぎる印象は否定しえない。その後の研究は、この過程の段階的な変化とさまざまな構想・路線の対抗を解明することをつうじて、併合の歴史的な位置を究明する方向で展開してきたということができる。一九七〇年代の田中慎一の保護国研究は、併合との関連で保護国とは何かを明確化するとともに、第二次日韓協約にいたる保護国化のプロセスの追跡を可能にした。一九八〇年代の森山茂徳『近代日韓関係史研究』（一九八七年）は、保護と併合への伊藤の対応を分析し、伊藤の支配政策をその前期から後期への段階的な展開として把握することによって、こののちの研究の進展に道をひらいた。一九九〇年代以降には、保護条約から併合条約にいたる諸条約が当時の国際法に照らして合法とみるか不法とみるかをめぐる論争が展開するが、この論争をも契機として実証研究が進展をみせた。海野福寿の『韓国併合史の研究』（二〇〇〇年）および『外交史料　韓国併合』（二〇〇四年）が研究の到達点を示しているとみていい。これをふまえて、さまざまな併合構想のなかで伊藤のそれを位置づけ、さらに併合にいたる過程が詳細にあとづけられてきているのが現況である。

これらの研究を中心に、日本における研究動向の一端を整理・紹介する。末尾に付した年次別の文献リストを参照しながら検討をすすめたい。

二　日露戦争と朝鮮

(1)満洲か朝鮮か

韓国併合史の直接的な起点が日露戦争にあったことはいうまでもない。この日露戦争の性格をめぐっては、いわゆる「日本資本主義論争」以来の議論がある。日本資本主義が高度な独占段階に達しているとはいいがたい状況のなかで、帝国主義戦争とみなしうるのか否か。そこでは、帝国主義がすぐれて世界史的な範疇であることを強調しつつ、戦争の帝国主義的な性格を指摘する見解が有力であった。帝国主義による中国分割競争の一環としての、満洲争奪をめぐる戦争だったという理解である。

だが、日露開戦にいたる過程において、日本のねらいが満洲よりも朝鮮の確保にあったことは明白である。戦争の目的は満洲にあったのか、朝鮮にあったのか。第二次大戦後の研究ではこの点が議論となり、日本のねらいが朝鮮にあったという事実を重視する論者のなかには、帝国主義戦争でなく絶対主義の戦争、さらには国民防衛戦争だったなどとする主張もみられた。本格的な共同研究の成果である信夫清三郎・中山治一編『日露戦争の研究』（一九五九年）は、論文執筆者により性格規定に若干の差異が見られるものの、全体としては帝国主義戦争であったという把握である。そうした理解の前提になっているのは、義和団事件を契機にしてロシアが満洲を占領したうえ、さらに一九〇一年一月に朝鮮の中立化を提議してきたことによって、朝鮮問題と満洲問題が「接合」されたという議論であった。[*1] 日本にとって朝鮮への進出問題は、満洲問題と切り離せない、一体不可分の問題になったとする。あくまでも満洲問題と結びつけることによって、帝国主義戦争であったことを説明しようというわけである。

朝鮮への進出自体を帝国主義的な侵略とみなす見解が不徹底だったのは、朝鮮の植民地支配に対する認識の欠如と無関係ではなかったと思われる。戦後日本の民主的な変革をめざす立場に立つ歴史学研究にあっては、中国への侵略戦争に対する批判・反省は出発点からひろく共有されていた。これに対して、朝鮮の植民地支配については、日本による支配が「善意」に基くものであり、実際にも近代化に寄与したのだという鈴木武雄『朝鮮統治の性格と実績』(一九四六年)のような主張を根底から批判することができず、「日本の朝鮮統治は朝鮮人に恩恵を与えた」「植民地にしたというが、日本はいいことをやった」等々の妄言が、このあとも繰り返されたことは周知のとおりである。

こうした中で、日本帝国主義の理解にとって朝鮮への侵略・支配の解明が不可欠であるとの観点から、いちはやく実証研究に取り組んだのが山辺健太郎である。[*2] 在日朝鮮人研究者による業績を除けば、一九五〇年代は山辺の孤軍奮闘という状況だったといっていい。一九五九年には朝鮮史研究会が創設され、戦前期以来の朝鮮観の克服をめざす新しい研究が進展するようになるが、山辺の研究が『日韓併合小史』として刊行されるのは、一九六六年のことであった。一九六八年の時点で井上清が、「日本帝国主義にとって朝鮮は、中国大陸侵略の前進基地でもあったということに、あまりにも注意を奪われて、朝鮮を支配し搾取すること自体が、朝鮮統治のまず第一の目的であり内容であったということを軽視する傾向があったのではなかろうか」と述べているのは示唆的である。[*3]

(2)「満韓交換」

さて、日露開戦にいたる過程を詳細にあとづけ、実証水準を高めたといわれる角田順『満洲問題と国防方針』(一九六七年)は、それまでの通説どおり、日英同盟路線と日露協商路線の対抗という枠組みを前提に、前者が朝鮮を確保するためには満州からロシアを撤退させることが必要だとする「満韓不可分論」、後者が満州をロシアに与えるかわりに日本が朝鮮を支配下に収めようとする「満韓交換論」の立場をとったとする。そして、伊藤博文や山県有朋をはじめとする元老らが満韓交換という宥和的・妥協的な姿勢をとったのに対し、桂太郎首相や小村寿太郎外相ら少壮派が満韓不可分論を主張して対抗したとみる。ロシアの強硬で頑な対応が伊藤らの方針が実現する余地を狭め、少壮派が主導権を獲得して開戦にいたったのだと説明した。

そのような理解に対して近年の千葉功「日露戦前期（一九〇〇—〇四年）外交史研究の現状」（一九九七年）は、ロシアの満洲占領と朝鮮中立化提議をうけ、積極的に満洲問題とリンクさせて朝鮮問題の解決をはかろうとしたのが満韓交換論であったとする。朝鮮における勢力均衡や勢力範囲策定を図ろうとしていた従来の主張に比べ、満洲との交換により朝鮮の独占的な確保をめざした強硬な議論として理解するのである。日英同盟と日露協商はけっして二者択一の関係にあったのでなく、帝国主義の多角的な同盟・協商の一環とみるべきものであり、要求はいずれにせよ交渉をつうじて勝ち取られるはずのものであった。交渉のテクニックとしても、日露双方が自らに有利な提案をしつつ、最終的にそれぞれが朝鮮・満洲の独占的な支配を認め合うことを目指したのであり、実際にもそうした方向で進みつつあったのだという。

日露交渉が満韓交換で妥協の成立する余地があったことについては、伊藤之雄『立憲国家と日露戦争』（二〇〇〇年）でも強調されている。伊藤博文の路線にも実現の可能性があったという主張であるが、伊藤の本来の構想は相互に満洲・朝鮮を排他的に独占しようという意味の満韓交換なのではなく、門戸開放の原則をふまえてそれぞれに優越権を認め合おうとしただけなのだという。しかしながら、満洲での優越権にとどまることをロシアが認めることはありえないから、交渉は結局のところ相互に独占的な満韓の支配を認め合うかたちでの決着を目指すことになったはずである。一方的なロシアの圧力という見方に対し、交渉による妥結の余地があったことに関しては、ロシア史料を駆使した和田春樹『日露戦争』（二〇〇九・二〇一〇年）が明らかにするとおりである。だが、そこで目指される妥結とは、満韓交換という帝国主義的な取引の成立なのであり、日本による朝鮮の排他的支配の実現を意味するものにほかならない。[*4]

いずれにしても、開戦にいたる過程での日本のねらいが朝鮮を独占的な勢力圏に組み入れるところにあったことはまちがいない。日露戦争は、第一義的には朝鮮侵略のための帝国主義戦争である。[*5]

三　保護国とは何か

(1)外交権の侵奪

日露戦争は朝鮮の占領にはじまり、結果として保護国化が完成する。そののち韓国併合にいたる植民地化政策の解明が充分とはいいがたかったのは、保護国についての分析がなされなかったところに原因のひとつがある。保護国とは何か。その解明によって併合の意味も明らかにしうる。保護国問題に焦点をあて、研究の水準を大幅に引き上げたのが、一九七六―七八年に発表された田中慎一による一連の研究「保護国問題」（一九七六年）「朝鮮における土地調査事業の世界史的位置（1・2）」（一九七七―七八年）であった。開戦直後の日韓議定書から、第一次日韓協約をへて、第二次日韓協約により保護国化が完成する過程で、外務省は列強の保護国支配政策の研究をすすめたが、田中は外務省外交史料館に保存されている報告書類の検討をつうじて、この保護国調査の経緯をあとづけた。いわば、保護国化政策の舞台裏をさぐることによって、保護国とは何か、どのような問題がはらまれているかを明るみに出したということができる。[*6]

一九〇四年二月の日韓議定書は、日本政府の承認なくして「本協約の趣意に違反すべき協約」を第三国と結ぶことはできないと規定し、外交権に制限を加えるという意味において保護国化の第一歩をなすものであった。このあと三月に、国際法学者の立作太郎らを集めて組織され、保護国化政策の調査・立案に大きな役割を果たしたのが、臨時取調委員会である。五月の閣議決定「帝国ノ対韓政策」「対韓施設綱領」は、日韓議定書によって「或る程度に於て保護権を得た」としつつ、さらに「保護の実権を確立」する必要があると強調する。つまり、議定書に反する条約締結ができなくなったとはいえ、「其以外の事項に関しては随意に他の諸国と条約を締結」することは可能であり、このままでは「如何なる危険なる事態の成立を見るやも料るべからず」という状態にある。したがって、「韓国政府をして外国との条約締結其他重要なる外交案件の処理に関しては予め帝国政府の同意を要する旨を約せしむる」必要があると指摘する。これは、八月の第一次日韓協約において実現し、日本政府の推薦する外国人の外交顧問を傭聘すること、「重要なる外交案件」は「予め日本政府と協議」することが義務付けられた。こうした外交権侵奪政策の進展は、臨時取調委員会での保護国調査と軌を一にしていたのである。

一九〇五年になり奉天会戦で戦局の見通しがついたあと、四月の閣議決定「韓国保護権確立ノ件」は、「此際一歩を進めて韓国に対する保護権を確立し該国の対外関係を挙げて我の掌裡に収めざるべからず」とし、そうした趣旨の「保護条約」の締結が必要だと強調する。そして、このあとに作成された立の報告書が、委員会の調査の総括的な位置を占めるものである。立報告書は、英仏などの事例から保護国を分類し、「保護を為す国家が総ての対外関係につきて該保護国を代表するもの」と、「対外関係を維持し保護を為す国家が単に其の外交権に制限を加ふるもの」の二種類に区分する。そのうえで、後者の類型から前者の類型に移行した安南や、本国から派遣される総駐箚官が重要な役割を果たしているチェニスなどフランスの保護国支配に強い関心を示す。既に後者の類型の保護国になっている韓国の課題、つまり外交権を完全に日本が掌握する前者の類型への変革という課題が明らかにされることになる。

立報告書はまた、列国の容認が不可欠なことを強調しているが、七月の桂・タフト協定、八月の日英同盟改訂、そして九月にロシアとの講和条約締結を経て、一〇月の閣議決定「韓国保護権確立実行ニ関スル閣議決定ノ件」では、「今日を以て最好の時機なり」として完全な保護国化の実施が決定された。かくして、一一月に伊藤博文が乗り込んで、外交権の剥奪、統監の設置を規定した第二次日韓協約が強制され、韓国の保護国化過程が完成するのである。

⑵保護国論争

ところで、保護国化が実現したあとの一九〇六年、有賀長雄『保護国論』が出版される。ヨーロッパにおける国際法学の研究成果を吸収し、日韓間の保護関係の現状と将来の考察に資することを謳ったものだが、その内容に立作太郎が厳しい批判を加え、両者の論争が展開された。田中慎一いうところの「保護国論争」である。

有賀は著書において、保護関係が生じた原因に基いて保護国を四種に分類する。そこには、主権の制限を受ける「真正保護国」ばかりでなく、独立維持のため強大国の保護を受けながらも完全な自主権を保持して内政外政を行なっているケースから、国際法上の国家としての法人格を認められていない「印度土人国」や列強の「保護地」までが含まれていた。これに対して立は、国家を構成しながら主権の制限を受ける「真正保護国」こそが保護国論の中心的な考察対象であるべきだと強調し、これをさらに「能保護国より制限を受くるも、被保護国が直接に対外関係を維持」している甲種真正保護国と、「能保護国が対外関係につき被保護国を代表し、被保護国の外交機関が直接に第三国の外交機関と交渉すること」のできない乙種真正保護国に区分すべきだという。すでに、外務省の保護国調査のなかで明確にされていた主張である。

有賀の定義に従えば、真正保護国とは、「欧米多数の国民と其の文明の系統を異にするが故に、或は国土を開放することを拒み、或は之と通商交通する上に於て国際上の責任を完ふする力に欠くる」国を「世界列国の伴侶に入らしめ、而して其の交際上に於ける責任を全ふせしむる為、姑く之に代りて主権の一部を行ふに至」ったものであり、したがって、もしも文明の域に達すれば保護関係の解消もありうることになってしまう。これを批判した立は、韓国の保護国化に関して、「韓半島に特殊の利害を有する我国が自己の利益防衛の為め」に行なったものであり、「利益上必要止むを得ざる場合に於ては韓国をして現今よりも一層列国との関係より遠からしむるの政策」をとることも可能なのだと強調する。保護国支配の延長上に完全植民地化を展望する議論である。

論争の展開における立の優位性は、彼が実際の韓国保護国化政策に直接関与していたことによっている。ただ、有賀とて机上で理論の展開をしていたわけではなく、すぐれて実践的な問題意識に基づいて保護国論の解明に挑んだのだった。つまり、日韓議定書で韓国の独立を保証していることと、第二次日韓協約で実施した主権制限の矛盾をどう説明し、正当化するのかという問題である。有賀は、被保護国は外交権の不完全な部分を能保護国によって補完される関係にあるから、能保護国に対しては不独立国だが第三国に対しては独立国なのだと説明した。これに対する立は、国際法学的には外交権の不完全な保護国が独立国ではありえないと明快に断定し、日韓議定書などの独立保証の条項は第二次日韓協約によって効力を失ったのだとして、有賀の問題設定そのものを退ける。

立の議論は、田中が指摘するとおり、現実に展開された保護国化政策を理論的に支える目的で構築されたものであり、「不動の確信に立脚した積極的にして断固たる主張」になっている。ただ、こののち併合にいたる過程において、独立保証の文言と保護国化および併合実施との辻褄をどうあわせるかは、日本にとり切実な問題でありつづけた。[*7]

四　伊藤博文の支配政策

(1)「自治育成政策」

第二次日韓協約から一九一〇年の併合にいたる過程、とりわけ韓国統監としての伊藤博文の支配政策をどのように把握すべきか。当初から併合を見据えて施策を展開したのか、併合には否定的だったのか。併合を主導した山県有朋・寺内正毅らの路線との違いを重視する見解がある一方、朝鮮侵略という点で双方に本質的な差異はないとする見解もある。前者にあっては、日本国内政治における文治派と武断派の対抗を対朝鮮政策に投影した理解もあり、伊藤の死によって併合への動きが急進したとする見方もある。これに対して後者においては、保護国化から併合までは支配の度合いが次第に強まっていく過程として、やや平板に捉えられる傾向をまぬがれなかった。

そうした状況の中で、保護国期の支配政策史研究の水準を大きく飛躍させたのは、一九八七年の森山茂徳『近代日韓関係史研究』である。一九〇七年四月に伊藤は、日露協約交渉に臨む方針に関して、ロシアから「アネキゼーション（併合）」の承認を得るよう発言し、「韓国の形勢今の如くにして推移せば年を経るに従ふて「アネキゼーション」は益困難なるに至るべし」として即時併合をも主張した。ハーグ密使事件を利用して高宗皇帝を退位させた七月末の講演では、「韓国と合併すべしとの論あるも合併の必要はなし。合併は却て厄介を増すばかり何の効なし。宜しく韓国をして自治の能力を養成せしむ可きなり」とのべて、併合の必要を否定している。伊藤はこの時期に本気で併合を考えたものの、ロシアの同意が得られないという事態のもと、第三次日韓協約による「実質的な併合の達成」をふまえて「併合という形式的目標」を放棄、拡大された権限にもとづいて「自治育成」政策を推進することになったのだということ。

伊藤の政策を前期と後期に区分し、後期の政策が具体的に「自治育成」として示されたことによって、保護国期の政治過程を動態的に追究することが可能になった。「保護」と「併合」の関係、「自治」の意味など、こののちの研究は森山の議論をどうとらえるかをめぐって展開する。「自治育成」の中心的な政策とされた司法制度改革については、法律顧問となった梅謙次郎による法典編纂事業、領事裁判権の撤廃とも関連する司法事務の日本委託問題など実証研究が進展した。*8

「自治」について森山は、「日本の指導監督なくんば、健全なる自治を遂げ難し」という性格のものだと念をおしており、伊藤にとっての「保護」と「併合」は状況に応じた政策として捉えられているようにみえる。これに対して、あくまでも伊藤は併合に反対の立場をとっていたのだと主張し、朝鮮の「文明化」「近代化」の意図を過度に強調する議論もあり、さらには「日韓共同の自治」構想だったなどとする主張までもみられるのが近年の状況である。[*9]

朝鮮を強固な支配下に繋ぎとめるため伊藤が意を用いたのは、第一に、列強の了解を得ながらそれを進めることであった。日露戦後の日本が置かれた国際環境の厳しさを深刻にうけとめた伊藤は、国際的な協調を保ちながら朝鮮への排他的な影響力を強めていくことが重要と考えた。高宗が進める反日的な外交活動には神経を尖らせ、廃位に追い込むまでのあいだ一貫して皇帝権力削減の方策を追求した。日露協商の交渉では、批判をおしのけて、外蒙古の問題での譲歩を厭わず韓国問題でのロシアの了解とりつけにこだわった。「自治育成」政策の最重点であった司法制度改革は、列強の介入を防ぐために急いだ治外法権撤廃の前提となるものでもあった。

伊藤の支配政策を特徴付ける第二の点は、反抗運動を武力弾圧する一方で、人心の掌握を図ろうとしたことである。維新ののち国民国家創設の中核を担った伊藤にとって、権力支配の前提として合意の調達が不可欠であること、まして異民族統治においてそれが必要なことは自明のことがらであった。啓蒙団体への接近や一進会の利用もその一環である。近代的な司法制度改革も、伊藤の認識では民衆の支持獲得につながるものであり、朝鮮独自の法体系をめざした旧慣調査はそれをきめ細かく実行しようとするものだった。高宗廃位のあと、純宗を「玉」として掌中におさめたうえで人心掌握の切り札として活用しようとしたのが「皇室利用策」にほかならない。[*10]

(2)伊藤と山県・寺内

人々の合意を獲得すべく実施された伊藤の政策だが、義兵の闘争はいっそう苛烈となり、純宗の大がかりな巡幸も却ってナショナリズムを喚起するような結果をまねいて「自治育成」はゆきづまる。かくして、一九〇九年四月に桂首相・小村外相が帰国中の伊藤を訪ねると、伊藤は「意外」にもあっさり併合に賛成したのだという。これはしかし、伊藤の「転向」といったものではなかろう。これまでみてきたとおり、伊藤の保護国支配、「自治育成」政策における「穏健論」「漸進論」「妥協論」は、より慎重、周到、確実に朝鮮支配を進展させようとするものでこそあれ、けっして植民地化と対立するものではない。条件が揃えば、あるいは政策がゆきづまれば、「保護」から「併合」への転換はとりたてて不思議なことだったわけではないだろう。

伊藤の「同意」を得たうえ七月になされた閣議決定は、「適当の時期」に併合を実施するとしながら、その時機が到来するまでは「充分に保護の実権を収め、努めて実力の扶植を図る」べきだと述べる。後述する併合を間近にした時期に書かれた秋山報告書は、「此数年間」の「統監政治」すなわち伊藤の政治の力点が、人心掌握により「官民の大なる反抗を避」けることと、「諸外国をして其併合に対し有力なる異議を挟むの余地なからしめ」ることにあったと強調するとともに、「韓国の併合を目的とする」点では即時併合論と同一なのだと述べている。保護国下の「自治育成」政策は、けっして併合と矛盾するものではないのである。まさしく伊藤が進めてきた政策のうえに、併合が位置づけられていると言ってよい。

伊藤の政策と山県・寺内らの「武断的」な政策との違いを明らかにすること自体は、併合の性格を多方面から浮き彫りにするうえで重要である。[*11]伊藤がすすめた政策の側から照射しても、実際に断行された一九一〇年の韓国併合は強圧的なものであった。ただし、そのことをもって、伊藤を「よりましな帝国主義者」だったなどと評価することはできない。伊藤の路線も、山県・寺内の路線と同様に朝鮮の植民地化を推進したのであり、韓国併合にとって両者は相互に補完的な関係にあったというべきである。伊藤が腐心した国際関係や人心の動向への配慮を欠いて軍事力優先のやり方だけを押し通したならば、列強との軋轢は避けられず、安定した支配の基礎は築きえなかったはずである。現に、寺内の「武断政治」はたちまち矛盾を露呈して三一運動の勃発となった。伊藤の政治上の後継者であり、併合時には山県・寺内のやり方に異を唱えていた原敬が、「文化政治」への転換を図って植民地支配を延命させた。山県・寺内と伊藤、「武断派」と「文治派」の双方があいまって、韓国併合・植民地統治がなされたのであり、どちらが欠けても朝鮮支配は完結しなかったのである。

一部にみられる伊藤再評価の動きは、あまりに単純に「文明化」「近代化」の意図を強調する議論のように思われる。朝鮮人が理解しなかったために伊藤の政策は挫折し、山県・寺内的な併合という結果がもたらされたといわんばかりの主張である。「近代化」「文明化」の主張が孕む植民地主義的な性格を抉り出すことは、この間の研究が深化させてきた問題である。それを顧みることなく、伊藤の文明主義・近代主義的な善意を強調するのは、終戦直後における鈴木武雄の「善意の悪政」論、朝鮮人のために近代化を進めてやろうとしたのだが方法が稚拙だったため反感をよんでしまったとする議論の焼き直しにすぎないといわなければならない。

五　併合の断行

(1)併合構想の相克

伊藤博文が植民地化に否定的であったというような見解がうまれるのは、一九一〇年八月に実施された併合の形態のみを基準にして評価がなされることに大きな原因がある。海野福寿は『外交史料　韓国併合』（二〇〇四年）の解説や『伊藤博文と韓国併合』（同）で、併合に至る過程で展開された諸種の併合論を紹介しながら、伊藤の併合構想を検討した。小川原宏幸『伊藤博文の韓国併合構想と朝鮮社会』（二〇一〇年）はそれをふまえ、より詳細な検討をおこなっている。

伊藤は前述した一九〇七年七月の演説のなかで、即時併合を否定して自治育成を説くとともに、「普魯西のウルテンベルグに於けるが如く、独逸のババリアの如く、韓国を指導して勢力を養成し、……遂には連邦政治を布く」というように将来の展望を披瀝した。ドイツ帝国におけるヴュルテンベルグやバイエルンは植民地ではなく、海野が指摘するように「情報作戦」ないし政治的発言というべきだが、連邦という形をとった従属化の構想をよみとることは可能だろう。同年末から翌年春の間に書かれたと推測されるメモなどから、日本人の「副王」のもとに政府および植民地議会を配した植民地の構想をうかがうことができる。

さて、併合にむけての動きが明確になるのは、一九〇九年にはいってからである。先にふれたとおり併合を了承した伊藤が六月一四日に統監を辞任したあと、七月六日には閣議において「韓国併合ニ関スル件」「対韓施設大綱」が決定された。日本政府の方針として、はじめて併合の実施が掲げられたことになる。ただし、ここでは「適当の時機に於て韓国の併合を断行すること」が決まっただけで、当面は「保護の実権を収め……我実力の確立を期すること」とされており、何時、どのような形態で併合するのかなど具体的な計画・構想が確定したわけではない。そののち作成された小村外相意見書は、韓国皇帝を廃位して東京に移住させること、総督府を設置することなどが謳われているが、正式の決定がなされたのではなかった。

どのようなかたちの併合をめざすのか。形成される植民地の形態はいかなるものであるべきか。併合をめぐる議論が活発になる契機となったのは、一二月四日の一進会による合邦請願書の提出であった。[*12] 一進会に関しては、日本の意をうけた御用団体であり、実体のない幽霊団体だとした山辺健太郎の見解に対し、「民会」としての実態の解明がすすめられてきたが、その合邦構想の内実について研究を前進させたのは、金東明の日本語論文「一進会と日本」(一九九三年)である。李容九の「政合邦」構想は、主観的には、日本による植民地化が避けられない情勢のなかでの起死回生の手段として国家統合を請願し、天皇の下に韓国皇帝を国王として存続させ、政府を残置するとともに、日本人との同等の権利を確保しようとするものであった。これを金東明がオーストリア・ハンガリー帝国に、海野がドイツ帝国の連邦制になぞらえた構想とみるのに対して、小川原は伝統的な東アジアの冊封体制の論理を前提に、天皇の「徳義」「叡慮」に期待した構想だったと説明する。一進会の合邦請願は、日本の政府や諸勢力にとってかならずしも歓迎すべきものではなかった。一進会の活動に対して桂首相が与えた内訓は、「親日的誠意」を評価したものの、そのようなことがらは天皇なり日本政府なりが決めるべきものだとし、「寸毫も韓国民の容喙を許さず」と釘をさす。とりわけ、朝鮮人が天皇の「叡慮」を云々することに不快感をあらわにしたのである。

ただ、一進会の請願が呼び水となって、さまざまな併合構想が議論されるようになった。たとえば、政友会系の有志によって作成されたとみられる「日韓合併策」という文書を、海野は伊藤博文の構想をうけついだものと推測するが、そこでは、韓国を日本に合併して「日本帝国」と総称、朝鮮人を日本の統治権に服させるとともに、韓国皇帝を朝鮮国王として残したうえ、天皇から一定の行政権の委任をうけるというプランが示される。内外の条件を整えたうえ、明治天皇即位五〇年に「奉祝の最大献上品」として併合を実行するのだとされている。また、帝国議会で統監政治を激しく非難した憲政本党の併合論について海野は、既になされている通信・外交・司法だけでなくすべての「政務機関」を日本に委託すべきだとする主張とみる。「韓国の皇帝を其の侭に存して、之に形式的主権を与へ、其の政務の実権のみを我国に収むる」という委任統治の構想である。これに対し、対外強硬派の小川平吉が桂・寺内に提出した意見書は、皇帝を廃位して東京に移住させたあと、朝鮮総督府が一切の政治を司るという植民地の構想を提示している。

⑵韓国の「廃滅」

韓国併合が最終的な実施過程に入るのは、一九一〇年の春以降になる。三月に山県・桂・寺内が会談して併合計画の実施を確認し、四月初めに寺内の統監就任が内定したといわれる。併合計画の立案は、この三者を軸に推進されるが、五月三〇日に寺内が陸軍大臣兼任のまま正式に第三代統監に就任し、六月三日には「併合後の韓国に対する施政方針」が閣議決定された。当分のあいだは憲法を施行せず天皇大権によって統治すること、天皇に直隷する総督が一切の政務を統轄することなどが示され、具体的準備を行なうため併合準備委員会が設けられる。

寺内らの構想は、前年に作成された小村外相意見書が示していたとおり、韓国皇帝を廃位したうえ東京に移住させ、皇室を政権に関与させないようにして「韓人異図の根本を絶つ」というものである。国際法学者秋山雅之介が寺内のためにまとめた報告書は、併合政策がめざすところを、「韓国皇帝を廃止し、政府を閉鎖して、帝国に合併を決行」するとともに、「朝鮮総督府を京城に置き、総督は親任とし、行政上の手腕ある武官を之に補し、天皇に直隷して陸海軍を統率する」のだと明示している。形式だけでも皇帝や政府を残して利用しようという併合の形態を退け、韓国を日本帝国の領土に編入し、「韓国人民をして独立復活の観念を根絶せしむること」をめざしたのである。

ただし、併合実施の時期を何時に設定するかは、この段階でもまだ明確にできなかった。秋山報告書では、数年間は現状を継続して時機を待つ漸進的な「第一方策」と、併合の即時断行を図る急進的な「第二方策」とを併記して比較検討している。秋山自身は、「近き将来に生ずべき東洋に於ける帝国と列強との勢力均衡に鑑み、……為し得る限り迅速に韓国の合併を決行する必要」があるのだとして、即時併合を主張する。だが、前述のように秋山は、伊藤以来の統監政治の眼目が、人心の掌握と国際的な了解の獲得にあったとみなしており、いましばらくそれを継続して併合の条件を固めるべきか否かは難しい問題だった。即時併合のとき民衆の抵抗や列強との軋轢をどの程度に予測するかの問題である。もしも第一方案をとるとすれば、当面は「韓国皇帝及同国政府の名称を存続しながら統治の実権を帝国政府に於て掌握して、事実上、同国を帝国の属国と為す」ことが追求されるのだとも述べている。

小川原論文は、この段階での併合構想を漸進的併合論と急進的併合論に大別できるとする。前述した伊藤の併合構想や「日韓併合策」などもふくめた漸進論のもっとも体系化されたものが秋山報告書の第一方案であり、民心収攬を重視した「内地延長主義」的な併合構想であったという。そして、併合構想としては漸進論がむしろ主流であり、民心の収攬を二義的なこととした第二方案のような急進論が具体的な政策論として浮上してくるのは、時期的に遅れるのだとしている。いずれにしても、秋山が二つの策を詳述するとおり、双方に一定のリアリティーがあったということだろう。併合の実施直前に発表された有賀長雄「合邦の形式如何」も、日韓の合併様式の選択肢として、①宗属関係下の「外藩」、②「直轄植民地」、③「自治植民地」、④「内地化」すなわち日本の一地方としての合併を挙げているが、この時点においてもなお、多くの併合構想が競合していたのである。こうした複数の併合構想の存在をふまえたうえで、実際の併合形態が選択されるまでの経緯が追究されなければならない。

ともかく、七月八日に併合処理法案が閣議決定され、一二日には元老会議が了承するとともに、憲法は新領土にも施行されるという原則を確認したうえで、当分のあいだはそれを施行せず、天皇大権によって統治する方針が決められた。併合断行の時期は、列国とくにロシア・イギリスの動向にかかわったが、すでに七月四日には第二回日露協商が成立していた。七月二三日には寺内がソウルへ到着。八月一四日に関税の一〇年間据え置きでイギリスと合意ができたことが伝えられると、ただちに寺内にたいして準備完了の通知がなされる。寺内は八月一六日に李完用首相に条約案を提示、二二日の調印、二九日には公布、即日施行となった。韓国皇帝が一切の統治権を完全かつ永久に天皇に譲与し、天皇がそれを受諾して併合を承諾するという、双方の合意を装った条約によって、大韓帝国が「廃滅」し日本帝国へ強制的に併呑されたのである。

六　むすび

日露戦争から韓国併合にいたる過程についての研究は、時期的な変化を段階的にあとづけるとともに、併合に関するさまざまな構想・路線の相克を明らかにすることをつうじて、一九一〇年に断行された併合の特質を浮き彫りにする方向で進展しつつあるといってよい。国内外の情勢への対応のなかで、具体的な政策展開のプロセスを追究するとともに、諸勢力の対抗関係を重層的に解明することが必要である。ただ、その際には、朝鮮を排他的に日本の支配下におこうとする志向の一貫性を明確におさえておくことが不可欠であり、日清戦争への過程、さらには明治初年の征韓論の高揚以来の過程とのつながりで把握する視点の重要性をあらためて強調しておきたい。

なお、政治・外交過程の研究に先立って、植民地化へむけた経済制度再編の過程については、研究の蓄積がある。[*13]また、近年の研究では、日本による植民地化政策の追究において朝鮮社会のあり方、民衆の動向との関連に留意する必要が主張され、研究の成果も生み出されているが、これらについては別の機会に検討することにしたい。さらに、近年の研究進展を促す要因ともなっている合法・不法論争についても改めて整理したいと考える。[*14]

註

＊1　中山治一「北清事変後における朝鮮問題と満州問題の接合」（『日露戦争史の研究』第一章Ⅲ）。

＊2　旗田巍『朝鮮史』（岩波書店、一九五一年）に対する書評（『歴史学研究』一五六、一九五二年）において山辺は、植民地支配への批判が不徹底であることとともに、史料が充分に使われていないことを批判しながら、種々の史料を示している。この時点で既に、研究を進展させていたことを窺うことができる。

＊3　井上清「日本の朝鮮侵略と帝国主義」（『朝鮮史研究会論文集』四、一九六八年）。井上はこの年、『日本帝国主義の形成』（岩波書店、一九六八年）を発表している。一九六〇年代版の『岩波講座日本歴史』所収の藤井松一「日露戦争」（『岩波講座日本歴史』現代1、一九六三年）が満洲市場への進出意欲を強調しながら帝国主義戦争としての性格を論じているのに対し、一九七〇年代版の宇野俊一「日露戦争」（『岩波講座日本歴史』近代4、一九七六年）は朝鮮への進出に力点をおいている。

＊4　日露戦争を扱った研究には次のようなものがある。信夫清三郎・中山治一編『日露戦争の研究』（河出書房新社、一九五九年）、藤井松一「日露戦争」（『岩波講座日本歴史』現代1、一九六三年）、古屋哲夫『日露戦争』（中公新書、一九六六年）、井口和起「日英同盟と日本の朝鮮侵略」（『日本史研究』八四、一九六六年、後掲『日本帝国主義の形成と東アジア』に再録）、角田順『満洲問題と国防方針』（原書房、一九六七年）、井上

清『日本帝国主義の形成』（岩波書店、一九六八年）、井口和起「日本帝国主義の成立と国際的契機」（『歴史評論』二八八、一九七四年、『日本帝国主義の形成と東アジア』に再録）、同「日本の帝国主義」（歴史学研究会編『現代歴史学の成果と課題』3、一九七四年、同上）、同「日本帝国主義の形成と国際関係」（『シンポジウム日本歴史19』学生社、一九七五年）、藤井松一「日本帝国主義史研究の成果と問題点」（同）、宇野俊一「日露戦争」（『岩波講座日本歴史』近代4、一九七六年）、大江志乃夫『日露戦争の軍事史的研究』（岩波書店、一九七六年）、同『日露戦争と日本軍隊』（立風書房、一九八〇年）、吉田裕「近年における日露戦争史研究の動向」（『史潮』七、一九八〇年）、梶村秀樹「朝鮮からみた日露戦争」（同七・八、一九八〇年）、井口和起「日清・日露戦争論」（『講座日本歴史8』東京大学出版会、一九八五年、『日本帝国主義の形成と東アジア』に再録）、小林道彦『日本の大陸政策』（南窓社、一九九六年）、千葉功「満韓不可分論＝満韓交換論の形成と多角的同盟・協商網の模索」（『史学雑誌』一〇七―七、一九九六年、後掲『旧外交の形成』に再録）、同「日英同盟締結後における日露の外交方針」（『日本歴史』五八一、一九九六年、同上）、同「日露交渉――日露開戦原因の再検討」（『年報近代日本研究』一八、一九九六年、同上）、「日露戦前期（一九〇〇―〇四年）外交史研究の現状」（『史学雑誌』一〇六―八、一九九七年、同上）、井口和起『日露戦争の時代』（吉川弘文館、一九九八年）、同『日本帝国主義の形成と東アジア』（名著刊行会、二〇〇〇年）、伊藤之雄『立憲国家と日露戦争』（木鐸社、二〇〇〇年）、大江志乃夫『世界史としての日露戦争』（立風書房、二〇〇一年）、稲葉千晴『暴かれた開戦の真実：日露戦争』（東洋書店、二〇〇二年）、日露戦争研究会編『日露戦争研究の新視点』（成文社、二〇〇五年）、安田浩・趙景達編『戦争の時代と社会』（青木書店、二〇〇五年）、東アジア近代史学会編『日露戦争と東アジア世界』（ゆまに書房、二〇〇八年）、千葉功『旧外交の形成――日本外交一九〇〇～一九一九』（勁草書房、二〇〇八年）、和田春樹『日露戦争　起源と開戦』上・下（岩波書店、二〇〇九―一〇年）。

*5　日露戦争は朝鮮の支配を目的とした戦争だったということが、一般的な認識になっているとはいいがたい状況がある。角田『満州問題と国防方針』は、ロシアの侵略的な姿勢を強調しながら、日本にとっては祖国防衛戦争的な捉え方をし、朝鮮への侵略の側面は充分に論じられていなかった。一九六八年から七二年にかけて産経新聞に連載された司馬遼太郎の小説『坂の上の雲』は、その後の一般的な日露戦争観に大きな影響を与えた。角田の研究をもふまえながら、近代国家創生の物語の一環として日露戦争が描かれるが、そこでは朝鮮についての記述が極端なほど少ない。朝鮮問題を踏まえずにどのような日露戦争像が描けるのか、あらためて強調しておく必要があろう。たしかに「国民」創出の歴史の一面がよく描き出されているという評価は当たっていないわけでもないが、司馬の評価とはまったく逆に、それが「健全」な時代の物語であったなどとは思えない。とりたてて文学的にすぐれているようにはみえない作品がもてはやされるのは、やはり日露戦争の歴史がこの本によって分かり易く読めるからなのではない

か。歴史研究者の書いたものが面白くないことの反映ともいえるだろうが、「明治百年」の評価をめぐって激しい論戦が展開されていた一九六八年に、戦後歴史学への敵意をあからさまにしながら、司馬は延々と歴史談義を書き連ねている。並みの研究者よりも豊富な文献を読み込んで、日露戦争史を書いているのであり、歴史家ではないからとして正面からの批判を差し控えるむきがあるのは却って失礼というものだろう。『坂の上の雲』に対する批判としては、中塚明『司馬遼太郎の歴史観』（高文研、二〇〇九年）、中村政則『『坂の上の雲』と司馬史観』（岩波書店、二〇〇九年）を挙げておく。

＊6　田中慎一「保護国問題」（『社会科学研究』二八―二、一九七六年）、「朝鮮における土地調査事業の世界史的位置(1)(2)」（同二九―三、三〇―二、一九七七―七八年）。なお、保護国論に関しては、その後、山本有造「日本における植民地統治思想の展開」（『アジア経済』三二―一、一九九一年）、海野福寿「保護国の法的規定と保護国構想」（『韓国併合史の研究』第二章補説、二〇〇〇年）、小林啓治「帝国膨張の論理と国際法」（『国際秩序の形成と近代日本』吉川弘文館、二〇〇二年）がとりあげている。

＊7　海野「保護国の法的規定と保護国構想」は、田中論文に依拠して保護国論争を解説しつつ、有賀の議論を詳しく紹介する。有賀の著書が「伊藤統監の為に献策せられたる資料を発表せられたるもの」といわれることを指摘し、伊藤博文の支配政策に与えた影響を示唆している。

＊8　司法制度改革に関する研究については、内藤正中「韓国における梅謙次郎の立法事業」（『島大法学』三五―三、一九九一年）、森山茂徳「保護政治下韓国における司法制度改革の理念と現実」（浅野豊美・松田利彦編『植民地帝国日本の法的構造』信山社、二〇〇四年）、李英美『韓国司法制度と梅謙次郎』（法政大学出版会、二〇〇五年）、浅野豊美「日本の最終的条約改正と韓国版条約改正」（伊藤之雄・李盛煥編『伊藤博文と韓国統治』ミネルヴァ書房、二〇〇九年）などを参照。

＊9　伊藤之雄「伊藤博文の韓国統治と韓国併合――ハーグ密使事件以降」（『法学論叢』一六四〈1―6〉、二〇〇九年）、同「伊藤博文の韓国統治」（伊藤・李編『伊藤博文と韓国統治』）および浅野豊美「日本の最終的条約改正と韓国版条約改正」（同）、参照。「彼の姿勢は併合を目的としたものというより、韓国人の自発的な協力を取り付け、保護国として、日本にとって安い費用で韓国の近代化を行い、日本、次いで韓国の利益を図ろうとしたものであった」（伊藤「伊藤博文の韓国統治」一九頁）、「伊藤が自治育成政策を掲げて育成せんとした韓国の自治は、日韓両国民による民族協同の自治として予定されていた」（浅野「日本の最終的条約改正と韓国版条約改正」一四三頁）などといわれている。

＊10　伊藤の皇室利用策については、月脚達彦「「保護国期」における朝鮮ナショナリズムの展開」（『朝鮮文化研究』七、二〇〇〇年、『朝鮮開化思想とナショナリズム』東大出版会、二〇〇九年に再録）、小川原宏幸「伊藤博文の韓国統治と朝鮮社会」（『思想』

一〇二九、二〇一〇年）などがある。

＊11　先駆的な業績として、伊藤らの「漸進的併合論」と山県・寺内ら「急進的併合論」の対抗を、具体的な警察機構改編の問題に即して明らかにした松田利彦「朝鮮植民地化の過程における警察機構」（『朝鮮史研究会論文集』三一、一九九二年、『日本の朝鮮植民地支配と警察』校倉書房、二〇〇九年に再録）を挙げることができる。

＊12　一進会に関する研究には次のようなものがある。
姜在彦「朝鮮問題における内田良平の思想と行動」（『歴史学研究』三〇七、一九六五年）、山辺健太郎『日韓併合小史』（岩波新書、一九六五年）、同『日本の韓国併合』（太平出版、一九六五年）、西尾陽太郎『李容九小伝』（葦書房、一九七七年）、初瀬龍平『伝統的右翼内田良平の研究』（九州大学出版会、一九八〇年）、滝沢誠『武田範之とその時代』（三嶺書房、一九八六年）、桜井良樹「日韓合邦建議と日本政府の対応」（『麗澤大学紀要』五五、一九九二年）、金東明「一進会と日本」（『朝鮮史研究会論文集』三一、一九九二年）、波多野勝「日韓合邦運動」（『近代東アジアの政治変動と日本の外交』慶応通信、一九九五年）、永島広紀「一進会の活動とその展開」（『年報朝鮮学』五、一九九五年）、同「一進会立「光武学校」考」（『朝鮮学報』一七八、二〇〇一年）、同「朝鮮社会における日露戦役の記憶と一進会」（『日露戦争と東アジア世界』ゆまに書房、二〇〇八年）、林雄介「一進会の前半期に関する基礎的研究」（『朝鮮社会の史的展開と東アジア』山川出版社、一九九七年）、同「一進会の後半期に関する基礎的研究」（『東洋文化研究』一、一九九九年）、同「運動団体としての一進会」（『朝鮮学報』一七二、一九九九年）、同「一九世紀末～二〇世紀初頭、朝鮮の民衆運動」（『東アジア近代史』4、二〇〇一年）、同「中朝国境と日本帝国主義」（『日本の時代史24　大正社会と改造の潮流』吉川弘文館、二〇〇四年）、同「日露戦争と朝鮮社会」（『日露戦争と東アジア世界』）、小川原宏幸「一進会の日韓合邦運動と韓国併合」（『朝鮮史研究会論文集』四三、二〇〇五年）。

＊13　貨幣整理・金融制度改編に関して、高嶋雅明『朝鮮における植民地金融史の研究』（大原新生社、一九七八年）、波形昭一『日本植民地金融政策史の研究』（早稲田大学出版部、一九八五年）、羽鳥敬彦『朝鮮における植民地幣制の形成』（未来社、一九八六年）、朝鮮銀行史研究会『朝鮮銀行史』（東洋経済新報社、一九八七年）、財政制度再編について、堀和生「日本帝国主義の朝鮮植民地化過程における財政変革」（『日本史研究』二一七、一九八〇年）、羽鳥敬彦「一九〇四―〇七年目賀田改革」（『近代朝鮮の社会と思想』未来社、一九八一年）、徴税改革・土地調査事業に関して、田中慎一「韓国財政整理における徴税大帳整備について」（『土地制度史学』六三、一九七四年）、同「土地調査事業史の一断面」（『朝鮮歴史論集下巻』龍渓書舎、一九七九年）、宮嶋博史『朝鮮土地調査事業史の研究』（東京大学東洋文化研究所、一九九一年）以来の研究がある。

＊14　合法・不法論争に関しては次のような研究がある。
海野福寿編『日韓協約と韓国併合』（明石書店、一九九五年）、李泰鎮「韓国併合は成立していない（上・下）」（『世界』一九九八年七―八月号）、坂元茂樹「日韓は旧条約問題の落とし穴に陥ってはならない」（同一九九八年九月号）、李泰鎮「韓国侵略に関連する諸条約だけが破格であった」（同一九九九年三月号）、笹川紀勝「日韓における法的な対話をめざして」（同一九九九年四月号）、海野福寿「李泰鎮「韓国併合不成立論」を再検討する」（同一九九九年一〇月号）、海野福寿「明治期における条約の形式と締結手続き」（『駿台史学』一〇八、一九九九年）、李泰鎮「略式条約で国権を移譲できるのか（上・下）」（『世界』二〇〇〇年五―六月号）、荒井信一「歴史における合法論、不法論を考える」（同二〇〇〇年一一月号）、海野福寿『韓国併合史の研究』（岩波書店、二〇〇〇年）、海野福寿「韓国併合条約等旧条約無効＝日本の不法な植民地支配論をめぐって」（『駿台史学』一一二、二〇〇一年）、原田環「第二次日韓協約調印と大韓帝国皇帝高宗」（『青丘学術論集』二四、二〇〇四年）、海野福寿「第二次日韓協約と五大臣上疏」（同二五、二〇〇五年）、康成銀『一九〇五年韓国保護条約と植民地支配責任』（創史社、二〇〇五年）、坂元茂樹「日韓間の諸条約の問題」（『日韓歴史共同研究報告書』第3分科編上、二〇〇五年）、鄭昌烈「乙巳条約・韓国併合条約への有・無効論と歴史認識」（同）、李相燦「一九〇〇年代初、韓日間諸条約の不成立再論」（同）、笹川紀勝・李泰鎮編『韓国併合と現代』（明石書店、二〇〇八年）。

＊本稿は、二〇一〇年七月三〇日にソウルで開かれたシンポジウム「強制併合一〇〇年　韓日過去事克服の課題と展望」（民族問題研究所主催）での報告文をもとにしたものである。報告の主旨は、日本における近年の研究動向を整理・紹介することであったが、掲載にあたって若干の補筆を行なった。

韓国併合史研究文献

［**1951年**］旗田巍『朝鮮史』（岩波書店）［**53年**］山辺健太郎「日本帝国主義の朝鮮侵略と朝鮮人民の反抗闘争」（『歴研別冊特集』）［**55年**］藤原彰子「義兵運動」（『歴史学研究』187）［**63年**］原田勝正「朝鮮併合と初期の植民地経営」（『岩波講座日本歴史』18）［**65年**］梶村秀樹「乙巳保護協約」（『朝鮮研究』36）井上清「乙巳保護条約と日韓会談」（同40）［**66年**］山辺健太郎『日韓併合小史』（岩波新書）山辺健太郎『日本の韓国併合』（太平出版）［**67年**］角田順『満洲問題と国防方針』（原書房）［**68年**］井上清『日本帝国主義の形成』（岩波書店）渡部学編『朝鮮近代史』（勁草書房）［**69年**］宮田節子

「朝鮮の植民地化と反帝国主義運動」（『岩波講座世界歴史』22）［７４年］朝鮮史研究会編『朝鮮の歴史』（三省堂）［７６年］田中慎一「保護国問題」（『社会科学研究』28－2）［７７年］田中慎一「朝鮮における土地調査事業の世界史的位置1」（『社会科学研究』29－3）［７８年］田中慎一「朝鮮における土地調査事業の世界史的位置2」（『社会科学研究』30－2）［８７年］森山茂徳『近代日韓関係史研究』（東京大学出版会）［９１年］森山茂徳『日韓併合』（吉川弘文館）［９２年］金東明「一進会と日本」（『朝鮮史研究会論文集』31）松田利彦「朝鮮植民地化の過程における警察機構」（同上）［９５年］海野福寿『韓国併合』（岩波新書）海野福寿編『日韓協約と韓国併合』（明石書店）［９６年］小林道彦『日本の大陸政策』（南窓社）［９９年］寺本康俊『日露戦争以後の日本外交』（信山社）［２０００年］海野福寿『韓国併合史の研究』（岩波書店）伊藤之雄『立憲国家と日露戦争』（木鐸社）松田利彦「韓国併合前後のエジプト警察制度調査」（『史林』83－1）［０４年］海野福寿『伊藤博文と韓国併合』（青木書店）海野福寿『外交史料　韓国併合』（不二出版）［０５年］康成銀『一九〇五年韓国保護条約と植民地支配責任』（創史社）李英美『韓国司法制度と梅謙次郎』（法政大学出版会）［０８年］愼蒼宇『植民地朝鮮の警察と民衆世界』（有志舎）李升熙『韓国併合と日本軍憲兵隊』（新泉社）笹川・李泰鎮編『韓国併合と現代』（明石書店）千葉功『旧外交の形成』（勁草書房）［０９年］伊藤之雄・李盛煥編『伊藤博文と韓国統治』（ミネルヴァ書房）松田利彦『日本の朝鮮植民地支配と警察』（校倉書房）［１０年］小川原宏幸『伊藤博文の韓国併合構想と朝鮮社会』（岩波書店）

第一〇章　「日本人の朝鮮観」をめぐって

――戦後日本の朝鮮史研究

一　はじめに

本書では明治期における日本人の朝鮮認識にかかわる問題の一端を検討してきた。この「日本人の朝鮮観」というテーマは、植民地支配が崩壊したあと沈滞を余儀なくされていた朝鮮史研究が一九五〇年代末から六〇年代にかけて新たな模索をはじめた際の中心的なテーマであった。日韓条約反対闘争の高揚を背景にした植民地支配責任論の展開、侵略・支配のなかで形成された停滞的な朝鮮史像を変革する試み、明治百年をめぐる議論とも関連する日本近代のとらえ直し、等々。明治期以降の侵略と植民地支配のなかで形成された朝鮮観を対象化し解体することが、新たな研究を生み出す前提とされなければならなかったのである。いまいちど、一九六〇年代の朝鮮史研究の問題意識を簡潔になぞっておくことにしたい。

二　戦後の歴史研究と朝鮮

侵略戦争への反省のうえに立った戦後歴史学は、皇国史観を否定するとともに、日本の民主的変革の必然性を普遍的な発展法則によって基礎づけようとしたが、西欧近代を基準とした発展段階論は、竹内好が早くから指摘したように、アジア停滞論の克服という課題にとっては困難な問題を孕んでいた。GHQの「逆コース」とのせめぎ合いのなかで開かれた一九四九年の歴史学研究会の大会「各社会構成における基本的矛盾について」でうたわれた「世界史の基本法則」は、当然にあらゆる民族・社会の発展を説くものであったが、日本の変革はともかく、現実に中国革命の進展のなかであったにもかかわらず、この時点でアジアの発展が大きな関心になっていたようには見えにくい。

アジアへの関心が切実なものとなるのは、一九五〇年代に入って日本の「民族独立」が課題として自覚されるなかでのことである。五一年「歴史における民族の問題」、五二年「民族文化の問題」をへて、五三年には「世界史におけるアジア」がテーマとして掲げられた。普遍的な発展段階論は、しかしながら、具体的な実証分析との整合に苦心が必要であり、中国史研究の分野などにおいては時代区分をめぐる議論がたたかわされることになる。さらには、新たに設けられた教科「世界史」をどのように構成するか、アジア・アフリカブームを背景に、戦時期の世界史の哲学やトインビーの文明圏論の紹介などをもふまえ、それぞれに個性をもった複数世界の併存と近代にいたっての西欧を中心とした一体化という、上原専禄らによる世界史像の構築が試みられた。こうした動向が、一九六〇年代の「世界史の基本法則の再検討または世界史像の再構成」という課題のもと、前近代の冊封体制論や近代の東アジア地域史論の提起につながっていくことになる。

これに対して朝鮮史の研究は、植民地支配が否定されるとともに不振を余儀なくされた。京城帝大などからひきあげてきた研究者らを中心に一九五〇年には朝鮮学会がつくられ、『朝鮮学報』が発刊されて、実証的な歴史研究の論文も発表されるようになるが、日本による侵略・支配を反省する新たな視角からの研究とは言い難いものであった。植民地支配を批判したり、発展段階を云々するような問題意識自体が生じなかったといっていい。そうしたなかで、かつての日本人学者の研究を「人間のない歴史学」だったとし、先駆的に朝鮮民族を主体とする通史をめざそうとした旗田巍『朝鮮史』[*1]が刊行されたのは一九五一年、民族・アジアへの関心の高まりを背景にしていた。五三年七月には『歴史学研究』が別冊特集「朝鮮史の諸問題」を発行する。[*2]その編集後記「海峡の彼岸に」は、「戦後の混乱がまだまだあらわにつづいていた頃、従来からの朝鮮に関する諸研究を反省・批判し、……新しいものを見出し、育てようとして、朝鮮出身の若い進歩的学徒を中心に、「朝鮮史研究会」とでも仮に名づけてよいような――サークルが東京においてつくられた。従来からいわゆる大家と目されているような二、三の人達も参加して、窓ガラスも壊れはて、寒々とした部屋で熱心な討論・研究がなされた」と述べている。それは「緊張していてなみなみならぬものが漲り、息苦しささえ感ずる程のもの」であったが、その危機感を明確な形で共有できなかった。しかし、朝鮮戦争の勃発によって、危機が「世界史的意義をもって全世界の人々の前に立現れ」ることになり、「民族」及び「民族の文化」として問題を深める中で、この特集に至ったのだという。

『歴史学研究』は一九五〇年代後半には、朝鮮史の研究動向の紹介に力をいれているが、論文の掲載は姜在彦の甲午農民戦争、山辺健太郎の三一運動、旗田の新羅村落文書の研究などにとどまった。[*3]『史学雑誌』の「回顧と展望」も、朝鮮史の業績は「内陸アジア」さらに「満州・朝鮮」の項目で取り上げられ、「朝鮮」として独立するのは一九六一年以降のこととなる。[*4]一般に植民地支配への責任は自覚されず、「反省」も鈴木武雄の「善意の悪政」論[*5]がせいぜいのところであり、植民地支配を批判的に扱う議論はごく少数にとどまった。植民地支配の時期から朝鮮史の変動をもっともよく捉えようとしてきた四方博が、なお「朝鮮社会の歴史的性格」として「停滞性」を論じていた。[*6]のちに旗田が「戦後のアジアに対する日本人の意識のなかには、その解放についての共感があり、そこにアジア観の変化がみられるが、朝鮮については、昔ながらの意識が強く残った。そういう意識のなかでは、従来の朝鮮史研究に対する批判・反省、新しい朝鮮史研究の進展は容易ではなかった」[*7]と回想しているとおりである。

朝鮮史の新しい研究が進展する画期は、一九五九年一月に朝鮮史研究会が創設されたことである。それまでにいくつかの小さな勉強会が活動をはじめており、[*8]在日朝鮮人のほか、日本人のなかにも研究を志す若手があらわれつつあった。末松保和・田中直吉・旗田巍が呼びかけ人となり、青山公亮を会長として五〇人ほどが参集、創立集会が開かれた。同年八月現在の会員名簿には五三人が名を連ねている。[*9]日本人・朝鮮人が半々、運営を若手が担い、毎月開かれる例会では、研究発表のほか書評・紹介が行われた。金錫亨『朝鮮封建時代農民の階級構成』や金容燮「量案の研究」などをはじめ南北朝鮮での新しい研究成果が紹介されるなど、当時としてはきわめて「国際色豊かな」学会だったといっていい。また、六一年一一月には、日本朝鮮研究所が設立され、日韓条約反対運動を担いつつ、近現代の日朝関係を中心に研究がすすめられた。

三 「侵略」と「連帯」

(1)日韓闘争と植民地支配の責任

新たな研究がおこる背景にあったのは、戦後も放置されていた植民地支配の精算にかかわる諸問題が噴出してきたことである。在日朝鮮人がおかれた苛酷な環境と差別の状況は深刻さを増し、一九五八年におきた「小松川事件」は、五九年二月に一審の死刑判決、六〇年九月に旗田巍らによる助命を求める声明が出されたが、六一年八月に最高裁で上告が棄却され、六二年一一月には李珍宇に対する刑が執行された。マスコミの報道をはじめとする世論の動向は、偏見の根深さを浮き彫りにするものであった。そうした差別や社会的困難のなか、五九年からは北朝鮮への帰国事業が始まっていた。韓国とのあいだでは、五一年にスタートする日韓会談が日本の支配は「悪い面ばかりでなく良い面もあった」とする久保田発言で中断されていたが、五八年から再開されたものの、植民地支配の評価をめぐる対立は容易に解消しないままだった。六〇年四月の学生革命で李承晩政権が倒れたあと、六一年五月の軍事クーデターで朴正熙政権が成立すると会談の進展が急がれた。六二年一〇月および一一月の大平・金鐘泌会談で「請求権問題」の結着が図られると、日韓双方で反対運動が高揚する。[*10] とりわけ韓国では六四年に入っていっそう激しさを増し、六月には戒厳令が敷かれる事態となった。

日本での反対運動においては、南とだけの条約締結が南北分断の固定化につながるとする批判はあったものの、日本国民の税金から賠償金を支払うことに対する反発から「朴にやるなら僕にくれ」というスローガンが現れたり、日本政府が「弱腰」だとする批判、韓国のデモで日の丸が焼かれたことへの反感などに見られるように、植民地支配への反省という点では、極めて深刻な問題をかかえていることが露呈された。こうした状況に対して、旗田は一九六二年一一月の評論で、「朝鮮統治が朝鮮に損害を与えていたとは考えていない。むしろ朝鮮にとってプラスになったとさえ考えている」と日本政府の姿勢を批判するとともに、「知識層も反省が不足している」と問題を提起する。[*11] 六三年一二月には、政府はもとより日韓会談に反対する人々のなかにも植民地支配への反省が欠落していることを告発した。[*12] 植民地期の同化政策が古代からの優越感を再編強化し、民族としての自立性を認めず、近代化し恩恵を与えてやったというような意識からは、反省も罪悪感も生まれないのだとした。旗田をふくめ日本朝鮮研究所は、反対運動を展開するなかで、植民地支配に対する責任論を強く訴えていくことになる。[*13]

⑵アジア主義

侵略・支配の責任を問い、そのなかで形成された朝鮮観・歴史像の再検討をめざした朝鮮史研究者たちにとって、批判すべき対象として立ち現われたのが竹内好のアジア主義論だった［付論を参照］。近代主義の風潮が強まり、戦争責任の意識が風化する状況のなかで竹内は、アジアによる西洋への巻返しの一端を日本人が担う主体形成のためには、アジアへの共感をもつナショナリズムの伝統の中から自らの思想を作り出す必要があるとし、アジア主義の検討に踏み込む。侵略主義に彩られたアジア主義を議論の俎上にのせるためには、ひとまず侵略を括弧に括っておかねばならない。そのうえで、国民国家形成と膨張主義、民権と国権が混沌とした初期ナショナリズムのなかに「連帯」の思想をみつけだそうとする。一九六三年八月の論説「アジア主義の展望」[*14]では、日清戦争前の時期の朝鮮問題にかかわって、大井憲太郎、樽井藤吉、天佑侠、さらにアジア主義とは対極に位置する福沢諭吉に、連帯の思想が見られるとした。この主張は、竹内の意図をはなれて林房雄「大東亜戦争肯定論」(『中央公論』一九六三年九月号～六五年六月号)などにもとりいれられ、半沢弘「東亜共栄圏の思想」(『思想の科学』一九六三年一二月号)など単純にアジア連帯論を強調する議論に影響をあたえた。

新しい朝鮮史研究の創造のため、植民地支配のなかで形成された朝鮮観・朝鮮史像の検討をはじめた研究者たちにとって、「侵略」に目をつむったまま「連帯」をとりあげようとする竹内のアジア主義論は見過ごすことのできない問題であった。朝鮮史研究会は一九六四年の一月例会で「福沢諭吉の朝鮮観」についての報告(鹿野政直)と判沢弘「大東亜共栄圏の思想」の書評(吉岡吉典)を行ない、そこでの討論をふまえて若手の五人(楠原利治・北村秀人・梶村秀樹・宮田節子・姜徳相)が連名で六月に「『アジア主義』と朝鮮」[*15]を発表、福沢諭吉はもとより、樽井藤吉らの「連帯」の主張が侵略主義にほかならないことを指摘した。

梶村はさらに、この「連帯」に関して、日本資本の「対韓再進出が強行されようとしている状況」のなかで、「資本は明らかに朝鮮に対する無関心・敵視から「親善」への転換を要求し、現にその線にそったイデオロギー操作を開始している」のであり、そうした「現時点での資本の要求にまさにおあつらえむき」に、単純に「連帯」を主張することの意味を問う[*16]。さらに、竹内が「主体の論理は、ナショナルなものを中核にしなくては成立しない。そして、ナショナルなものは、伝統のうちに発掘するしかない。それなしには中間層は吸収されない。……国民をうごかすことはできぬのである」といい、ナショナリズムのなかに主体形成の契機を探ろうとしたことに対して、「悪しき伝統ではあれ、エネルギーの結集という一点のみでそれを利用する以外にないというのであれば、それは勝てば官軍という論理である」（正邪を問わずエネルギーを引出せればいいというような主張）と批判した。そして、竹内が樽井藤吉の『大東合邦論』を「空前絶後」の構想で、西欧文明とは異なる発想から生まれたものであるかのように主張するのに対し、樽井にせよ、天佑侠や内田良平にせよ、「考えられているよりはるかに忠実な、福沢のいう「文明」の使徒であったのではないかと考えられる。それがこけおどしやアジアに対する虚偽認識、空疎なヒロイズムでもっともらしく粉飾されているだけだ」と断定した。[*17]

日本朝鮮研究所は一九六四年六月に『日・朝・中三国人民連帯の歴史と理論』[*18]を発行して、侵略・支配の過程を概説するとともに、「連帯」の闘争をとりあげた。六四年一一月の朝鮮史研究会の第二回大会は、「日本帝国主義による朝鮮の侵略とそれに続く三十六年間の植民地支配は、日本人の朝鮮観を大衆的日常的レベルにまでわたって、いちじるしく偏見に満ちたものにし、しかも、このおくれてゆがんだ意識状況が今日まで持ちこされて」いるのだと述べ、「偏見に満ちた朝鮮観を克服するために、特に近代以後の日本資本主義の朝鮮観とその朝鮮侵略と支配の実態及び侵略と支配に密接に結びつきそれを正当化したイデオロギーの形成とその構造そのものを科学的に究明することによって、偏見の由って来る根源を明確にする」として、「日朝関係の史的再検討」をテーマに掲げた。[*19]なお、この大会を機に、関西で活動を始めていた「近代日朝関係史研究会」との合同の話がすすみ、翌年四月に朝鮮史研究会関西部会が誕生する。[*20]

延期されていた日韓会談が一九六四年一二月に再開され、翌六五年になると二月に基本条約の仮調印、四月には請求権問題などの合意事項仮調印、反対運動が激化するなか六月二二日に正式調印が強行された。日本朝鮮研究所の編纂になる『日本と朝鮮』（六五年三月刊行）[*21]の巻頭論文「日本人の朝鮮観」で旗田は、民族の自律性を認めない植民地統治の同化主義が蔑視感を強め、支配を恩恵とみなすことで反省を欠落させる原因になったのだとする。前近代における尊敬と蔑視、征韓論、自由民権派の「連帯」と「侵略」論、大東合邦論、脱亜論、近代史学における「日鮮同祖論」や「満鮮史」などを概論。植民地主義を批判し、アジア・アフリカの解放闘争に共感する者ですら、朝鮮に対する日本の植民地支配のことは忘却し、朝鮮における植民地解放運動をみのがしてしまう。韓国学生らの日韓会談反対運動を「植民地解放運動とみたものが、どれだけいただろうか」としめくくった。同じ時期、旗田はさらに「大東合邦論と樽井藤吉[*22]」および「樽井藤吉の朝鮮観[*23]」を書く。朝鮮研究者一七九人の署名による「最近の日本と朝鮮の関係についての声明」が公表され、同一一日には歴史学研究会委員会主催の集会が開かれ、声明「歴史家は日韓条約に反対する」が採択された。[*24]一〇月から日本国会で審議が始まると批准阻止の運動はピークをむかえるが、国会での野党の追及も植民地支配の反省に立ったものはごく少数にとどまり、国民の税金から賠償を支払うことを批判するばかりか、日本人が営々として築いてきた資産の請求権を放棄することへの批判すらなされるありさまだった。[*25]批准は阻止できず、日韓闘争は収束を余儀なくされたが、翌六六年には山辺健太郎『日韓併合小史[*26]』が刊行され、旗田は六九年に先の論文を冒頭においた『日本人の朝鮮観[*27]』を刊行することになる。

四　停滞論・他律性論の克服

(1)植民地主義の歴史像

朝鮮蔑視の根底には、植民地支配のもとで形成された歴史像があり、新たな研究にとって、その克服が不可欠の課題であった。日本人学者によって創りあげられた停滞論・他律性論とは、朝鮮史の後進性をことさらに強調し、歴史展開の動因をもっぱら外部勢力に求めようとする議論である。自ら発展する力を持たないがゆえに、日本が外部から指導し発展させてやらなければならないのだとして、植民地支配を正当化しようとしたものであり、日本人には優越感、朝鮮人には虚無感を与える作用を及ぼすことになった。

日韓会談をめぐる議論がたかまりつつあった一九六二年一一月、安保闘争を経てアメリカによって目論まれたイデオロギー攻勢の一環である近代中国研究へのアジア・フォード両財団からの資金受け入れ問題に関連し、旗田巍が執筆した「日本における東洋史学の伝統」[*28]は、日本における東洋史学がアジア侵略と結びついた研究体制のなかで成長してきたこと、研究者は思想を捨て去り現実から離れた実証に埋没することで学問の純粋性を保とうとしたが、それは歴史の体系的な認識を放棄して権力との無責任な結合をもたらす結果をまねいたこと、思想を除去したつもりが、実はヨーロッパ文明を基準にした発展段階論の機械的適用からするアジアへの優越感・蔑視感に陥っていたことなどを明快に抉り出した。満鉄調査部で研究していながら「侵略者の手先になるという意識は毛頭な」く、「加害者意識はなくてむしろ被害者意識のほうがつよかった」という自らの研究を省みての発言である。[*29]旗田はさらに、朝鮮史研究会の六三年七月例会で「日鮮同祖論批判」、六四年四月例会において「満鮮史の虚像——日本の東洋史学の朝鮮観」を報告し、主として日本史研究者が唱えて同化政策の基礎ともなった日鮮同祖論に対し、東洋史研究者が主張した満鮮史は、日露戦争から満洲事変へとつづく大陸政策、「満鮮経営」に対応したものであり、いずれも朝鮮史の他律性を強調し、自立性をみとめないものであったと指摘した。[*30]

自主的な歴史展開の内実をどのようにとらえるのか。解放ののち自らの歴史を研究することが許されるようになった南北朝鮮では、日本人学者によって形作られた朝鮮史像を打ち壊すための取り組みがはじまっていた。北朝鮮の学界では、初期において発展段階説に立ちながらも停滞的側面を重視する見解が有力であったが、一九五〇年代後半から「外的契機はただ内的要因を通じてのみ作用する」との視角から「歴史発展の合法則性をわが国の歴史発展の具体的過程を通じて解明」すべきことが強調されるようになった。民衆のなかに残る民族的虚無主義を克服し、建設の主体としての自覚を促すという実践的意義をもって、時期区分問題や資本主義萌芽問題、ブルジョア的変革運動の問題などが議論された。韓国においても、在来社会のなかに起った新たな変動をとらえた金容燮「量案の研究」のような質の高い実証研究が生まれたが、金は「日帝官学者たちの朝鮮観」(『思想界』一九六二年二月号)で、日本人学者の朝鮮史像の問題を、「ひとつは朝鮮史又は朝鮮文化の発展には主体性が欠如しているという他律性の問題であり、もうひとつは朝鮮史には内的発展が欠如しているという停滞性理論の問題である」と、明快に指摘した。梶村秀樹は『朝鮮研究月報』一九六三年三月号に金のこの論文を翻訳紹介するとともに、同年八月号には「李朝後半期の社会経済構成に関する最近の研究をめぐって」[*32]を著し、福田徳三以来の停滞性強調論をあとづけるとともに、通念となってしまっている停滞史観に再考をせまるものとして北朝鮮学界での資本主義萌芽研究を紹介する[*31]。同年一一月に開かれた朝鮮史研究会第一回大会では、朴慶植が、資本主義萌芽やブルジョア改革運動などに関する北朝鮮での研究成果を紹介しながら「問題提起」をおこなった[*33]。一九六四年五月の梶村「朝鮮近代史の若干の問題」[*34]は、「朝鮮近代史の研究は、必然的に、外圧によっていかにその法則的展開がゆがめられたか、しかしながら、ゆがめられつつなおいかに貫徹しているかを明らかにすることを、内容とすることになる」とし、解明されるべき具体的な研究課題を挙げている。

(2)「内在的発展」

日韓闘争が終息したあと一九六六年になると、朝鮮史研究会は第四回大会にむけて、停滞論・他律性論を克服し新たな歴史像を構築するための模索を本格化させた。三月発行の会報に掲載された旗田巍「朝鮮史の時代区分について」[*35]は、「朝鮮史すなわち朝鮮民族の主体的発展の歴史を法則的・体系的に理解」するために時代区分の問題に取り組む必要があるとよびかけた。停滞性が強調された朝鮮史研究では、時代区分をするという問題意識が欠落していたが、「世界史の発展法則のなかで占める朝鮮史の一般性と特殊性をあきらかにする」ことで、日本史・中国史・西洋史の研究とも交流ができ、世界史の認識に寄与することも可能になるのだという。この提言をうけて四月には武田幸男を委員長に大会準備委員会が発足した。一〇回ほどの委員会が開かれ、当初は「朝鮮史の時代区分」というテーマが考えられたが、[*36]大会に向けての問題提起として一〇月発行の会報に載せられた武田「朝鮮史像の新形成[*37]」では、「朝鮮史発展の諸段階（仮題）」となっており、研究の「現状からみて」最終的には「朝鮮社会の歴史的発展」というテーマに落ち着いた。ここで武田は、かつて日本人によって独占されていた朝鮮史研究においては「朝鮮史の自主的な発展の代りに、他律的な停滞論が支配していた。朝鮮の植民地支配を前提とする感性的な朝鮮認識と、近代科学としての経済史学がもっていた発展段階論とが朝鮮史像の構成において奇妙な形で結合し、そこに朝鮮史の宿命的な他律的停滞論が形成され、朝鮮史研究者だけでなく、日本人一般に深くしみこんだ」という。この「他律的停滞史観」を克服して朝鮮史像を新形成するためには、「朝鮮社会の発展過程、発展段階を追求すること」が必要だとした。さらに一一月の会報に掲載された権寧旭「資本主義萌芽をめぐる若干の方法論」と梶村秀樹作成の南北朝鮮および日本における「資本主義萌芽問題関係文献目録」も大会での討議にかかわるものと思われる。こうした大会準備と並行して、『朝鮮史入門』の編集が進められた。六月に第一回の執筆者打ち合せがあり、八月に原稿締切、一一月の大会当日に発行となっている。執筆者も大会報告者と重なりあっており、大会準備と『朝鮮史入門[*38]』編纂の過程で、新たな朝鮮史像の模索が進められたということができるだろう。

第四回大会は、前近代・近代の問題提起をそれぞれ武田・梶村が行い、大会と同時に刊行された『朝鮮史入門』では、旗田が総論として停滞論・他律性論の克服という課題を掲げ、武田が「奴隷制と封建制」、梶村が「資本主義萌芽の問題と封建末期の農民闘争」を執筆した。大会の模様をまとめた梶村の「朝鮮社会の歴史的発展[*39]」は、大会において「他律的停滞論を克服しなければならないという問題意識だけはすべての発言者が一致して強調したところ」であり、「朝鮮史は法則的である」ということが確認されたと述べている。

確かに「世界史の基本法則」の朝鮮史版ではあるのだが、先ず問題とされるべきは、そうした課題意識が戦前以来の朝鮮史研究には思い及ぶことすらなかったということであり、それほど蔑視が徹底していたことを示している。歴史学研究会が六〇年代に入って掲げていたテーマは、前述の通り、「世界史の基本法則の再検討または世界史像の再構成」だった。冊封体制論・東アジア地域史論などが議論されるなかで、朝鮮史の研究者もその有用性に無自覚だったわけではなく、敢えて打ち出されたのが「内在的発展」の主張だったということは、確認しておかねばならない。矢沢康祐は、「一九四九年歴研大会が問題にした「世界史の基本法則」のレベルで「朝鮮社会の歴史的発展」を問題にすればよいとするなら、それはかえって後退を意味するであろう」と述べていた。[*40] 武田は、冊封体制論・東アジア世界論は新しい朝鮮史像にとっても有用だとしながら、「東アジア世界論では含みきれぬ問題があることは確実であり、朝鮮社会の史的発展過程の全貌を探る作業はなお中心的課題として残っている」のであり、「この課題を除いて東アジア世界論は成立しえぬ」のだという（「朝鮮史像の新形成」）。梶村も、「近来流行の世界史的条件の重視の必要は私たちも他の分野の研究者以上に痛感しているつもりだが、その発想を朝鮮史に導入して旧態依然たる他律的「国際葛藤史観」に簡単に癒着させてしまう実例をしばしば目にしているだけに、一国史としての「内在的発展」の論理に執着しないわけにはいかないのである」という（「朝鮮社会の歴史的発展」）。発展段階論の問題性を自覚しながら、停滞論・他律性論を克服し、新たな歴史像を模索するための、いわば「戦略」として、主張されたのである。

何に「内在」し、「発展」の内実をどう理解するのか。一九七〇年代以降、内在的発展論はさまざまな批判をうけることになるが、ここでは、新たな研究の方向が「内在的発展」という言葉で整理されるようになった経緯のみ、あとづけておくことにしたい。管見のかぎりでは、一九六四年五月に発表された梶村秀樹「朝鮮近代史の若干の問題」（『歴史学研究』二八八）で、外圧の意義を「内在的発展との関連においてとらえなおし、正当に位置づけること」が必要だというふうに、一か所だけ使われているが、同じ論文のなかに「内部的発展の歴史」とも言われている。梶村は、同月の『史学雑誌』掲載の「一九六三年の回顧と展望」の中でも「内在的発展」の語を使っているが、翌六五年五月の同誌「一九六四年の回顧と展望」では「内的発展過程」とも述べており、用語が定着していたわけではないようにみえる。先にふれた六五年一一月の有井智徳「朝鮮史研究会第二回大会基本方針」（『朝鮮史研究会論文集』一）では、「朝鮮民族の内在的歴史発展の研究」と言われ、さらに六六年五月の「一九六五年の回顧と展望」で、田川孝三が姜徳相論文の説明のなかで「内在的発展」の語を使っている。

さて、一九六六年の第四回大会に向けての議論において、七月の武田幸男「準備状況報告」（『朝鮮史研究会会報』一二）では「内的発展」という言葉が使われており、大会への問題提起として書かれた前述の武田「朝鮮史像の新形成」（『会報』一三）は、克服すべき旧来の歴史像を「他律的停滞論」とよんでおり、これに対置すべき歴史像が内在的発展論ということになろう。一一月刊行の『朝鮮史入門』において、旗田論文が「かつての研究にかわってあらわれつつあるのは、朝鮮史の主体的・内在的発展の研究である」と述べており、梶村論文が「一九四五年の解放以後の南北朝鮮では、内在的発展のあとづけが現実からつよく要請され、外因論を否定して、開港前の社会に新しい要素を発見しようとする、あらたな視角が設定されつつある」等々と「内在的発展」を用いている。

大会の準備と『朝鮮史入門』の編集作業の過程でこの用語が確立していったものと思われるが、そのあと大会の様子を報告した前述一九六七年二月の梶村「朝鮮社会の歴史的発展」（『歴史学研究』三二一）は、世界史的条件への注目の必要性を感じつつも「一国史としての「内在的発展」の課題に執着しないわけにはいかないのだ」とする。五月発行の『史学雑誌』「一九六六年の回顧と展望」で楠原利治が、『入門』および第四回大会について「従来の他律史観・停滞史観を排し、朝鮮史の内在的・主体的・合法則的発展を前提とする研究視点を明確」にしたと書いた。大会報告を中心に編集された『朝鮮史研究会論文集』第三集は一〇月に発行され、姜徳相「甲午改革における新式貨幣発行章程の研究」および梶村「日帝時代（前半期）平壌メリヤス工業の展開過程」が「内在的発展」の語を用い、編集後記で旗田が「朝鮮社会の内在的発展の過程」をめざした論文を集めたと述べている。[*41]

五　日本近代と朝鮮

(1)「明治百年」の光と影

一九六八年は明治維新から百年にあたった。竹内好が「明治百年祭」を提唱したのは、維新が多様な可能性を孕む変革だったとの認識にたって、そののち実際に展開した日本の近代を根底的に再検討する契機にしようとしてのことだった。だが、政府によって進められたのは日本の近代をバラ色に描き、その発展を賛美しようとするもので、当然に竹内は自らの提案を撤回した。六六年四月に閣議決定による準備会議が発足したが、明治百年を祝うのは、それが「世界史にも類例をみぬ飛躍と高揚の時代」だからであり、「日本はこのあいだに封建制度から脱却し、全国民は驚くべき勇気と精力をかたむけ、近代国家建設という目標に向ってまい進した」のだという。そして、「このたびの大戦禍にもかかわらず世界の奇跡と驚嘆されるまでに急速に復興し繁栄している」のであり、「発展途上にある隣邦友邦諸国から指導と援助を求められる立場にもなってきている」とうたっている。六八年には、「明治改元」がなされた日にあたる一〇月二三日に、武道館に一万人を集めて大々的な中央式典を開催、首相の佐藤栄作が音頭をとり、天皇の前で万歳三唱をおこなった。

六〇年安保闘争のあと七〇年にむけてなされた、東京五輪・紀元節復活・大阪万博という一連のイデオロギー攻勢の一環に位置付けられるイベントだったということができるが、歴史学研究会などを中心に反対運動が展開された。そこにおいては、百年祭の本質が皇国史観の復活という側面にあるのか、近代化論にかかわるものであるのかが議論となったが、両者は不可分に結びついたものであり、日本資本主義の高度成長とアジアへの再進出という背景のもとでは、近代化論への批判に力点がおかれることになる。六〇年代になってアメリカからもち込まれた「近代化論」と、これを受け容れてしまうような思想状況への批判の必要性が痛感されるとともに、日本近代の具体的な捉えなおしの動きが盛んになった。

明治百年の栄光を強調する議論に対しては、まず当然のことながら「光」に対する「影」の部分が注目された。近代百年が侵略戦争の時代であったことはもちろん、政治・経済・社会各方面にわたる前近代的遺制の残存、沖縄にとっての百年、被差別部落の百年などが問題としてとりあげられ、近代化を支えた製糸工女の労苦に焦点をあてた山本茂実『あゝ野麦峠』が話題になったのもこの年である。梶村秀樹「朝鮮からみた「明治百年」」は、韓国の文定昌『近世日本の朝鮮侵奪史』『軍国日本朝鮮強占三十六年史』での、日本人には殆ど知られていない事実をとりあげながらの鋭い告発を紹介し、朝鮮人から見ると、明治百年は「呪うべき百年以外ではあり得ない」のだと断じた。[*42]

この光と影との関係をどのようにとらえるのか。梶村は、日本近代の発展が「アジア諸国への侵出の土台の上にはじめてもたらされた」ことを強調し、したがって「現代のアジア「低開発諸国」「近代化」のモデルにさえもなりえない」のだと強調する。六八年一一月の朝鮮史研究会第七回大会は「明治百年と朝鮮」をテーマとしたが、その趣旨について宮田節子は、「日本の近代は「栄光」の側面もあったが、しかし、朝鮮の側からみれば「のろわれた」百年であったという、単なる侵略や、植民地支配の実態の暴露に終ることなく、日本の統一国家の樹立が、終始軍国主義の形成、強化と結びつき、日本の近代化がアジア侵略と結びついていた事実を、日本近代の質そのものとして、統一的に把握し、理論化する努力をしなければならない」と述べた。[*43]日本近代の発展に朝鮮への侵略・支配がどのようにかかわっているのか、植民地支配を不可欠の一環とした日本近代の全体像が追究される必要がある。光が弱いから影になるのではなく、光が強ければ影もまたくっきりと表れる。近代化が不充分だから野蛮な侵略がなされたわけではなく、両者は切り離せない関係にあった。朝鮮の植民地支配を踏み台にして近代日本の発展が可能になった、その構造を明確にする課題が提起されたということができる。

朝鮮支配を不可欠の要素として近代日本が形成されたのだとすれば、日本人はそれぞれに自らの存在の根拠を問い直さなければならなくなる。明治百年への取り組みをめぐる討論会で山田昭次は、朝鮮人に苦痛を与えてきたにもかかわらず「いまだに加害者としての意識さえまだじゅうぶん生み出されていない状況がある」と告発し、「われわれのアジアに対する民族的責任という観点から、この百年祭の問題にもっと取りくんでいくべき」であると述べた。[*44]

(2)「民族的責任」

また、梶村秀樹は前掲の文章で、「アジア諸民族人民と同様に日本人民も苦しめられたのだ」という視点も重要ではあるが、「そのさいブルジョア的に設定された近代国家の枠のなかに視野を限定し、たんに共通の敵を指摘するのみで、苦しみの質のちがいを捨象してしまう」ことはゆるされないとする。「日本人民は階級的抑圧の被害者であると同時に、直接的また思想的に他民族抑圧・侵略に加担させられることにエネルギーを消耗し、意識を歪められた」のであり、そうした「意識と行動の歪みの構造を解明すること」が第一義的であると強調した。

日本帝国主義に対する批判的認識にとどまらず、それを支えた民衆の加害責任を問う主張は、日韓闘争の総括をめぐる議論のなかで、植民地責任論を深化させるべく論じられるようになっていた。たとえば、一九六五年一一月に開かれた座談会「日韓問題と日本の知識人」で中原浩（竹内芳郎）は、旗田巍の研究に言及しながら、日本人も朝鮮人も「共通の被害者」なのだというとらえ方でなく「歴史の中で朝鮮民族に対する日本民族の歴史的責任をはっきりとり、……あの植民地主義を必然とした、今また必然としようとしている日本帝国主義を打倒するためにこそ、日韓条約に反対している」のだと述べている。[*45]「民族的責任」の概念がひろまるにおいては、玉城素『民族的責任の思想』（御茶ノ水書房、一九六七年）の果たした役割がおおきかった。ただ、このような民衆自身の植民地主義や排外主義を問題とすることには、現状分析に基づく戦略論とも関連して強い圧力が加えられ[*46]、日朝友好運動をめぐっても、「広範な人びとを思想、信条をこえて結集できる運動」でなければならないとして、民衆の中の朝鮮蔑視感の克服などを中心的な課題とすることにブレーキをかけようとする動きがあった[*47]。だが、一九六八年二月に起った金嬉老事件は、在日朝鮮人の置かれた境遇と、差別・蔑視の根強さをあらためて浮き彫りにするものとなり、明治百年にかかわる議論は、民族的責任が日本近代の総体を問う問題であることを強く認識させるようになったのである。

一九六九年になると、日韓条約を契機に日本資本の対外進出が本格化するなか、出入国管理法案が国会に上程され、それをめぐって反対闘争がおこる[*48]。しかしながら、その入管闘争への取り組みが充分ではない状況に、一九七〇年の盧溝橋事件三三周年の集会で華僑青年闘争委員会が行ったいわゆる「七七声明」は、深刻な衝撃を与える。「日本の侵略戦争を許したものは抑圧民族の排外イデオロギーそのもの」であり、「戦前、戦後、日本人民が権力に屈服したあと、我々を残酷に抑圧してきた」のだとし、「闘う部分といわれた日本の新左翼の中にも、明確に排外主義に抗するというイデオロギーが構築されていない」ような現実に対して、「在日朝鮮人・中国人の闘いが日本の階級闘争を告発していること」「抑圧民族として告発されていることを自覚しなければならない」とする。そして、「抑圧民族という自己の立場を自覚し、そこから脱出しようとするのか、それとも無自覚のまま進むのか」とせまった。この告発を受け止めたグループの勉強会で講師をつとめた梶村秀樹が七〇年一二月に行った講演の記録が『排外主義克服のための朝鮮史』[*49]である。この講演について補足するかたちで梶村は、旗田巍の『日本人の朝鮮観』をとりあげ、「認識の一過程として通らないわけにはいかない本」ではあるが、「批判的にのりこえていかなければならない欠陥」をふくんだものだとした[*50]。

梶村の発言は、大学闘争の中で問われたアカデミズム批判の深まり、金嬉老事件で鮮明になった在日朝鮮人差別の現実、さらに差別発言問題[*51]などを経て、あえて旗田の著書を俎上にのせ、自分たちのこれまでの研究を自己批判しようとしたものだが、批判の要点は、階級的視点が弱く日本人を平板にしかとらえていないこと、客観主義的な分析にとどまっていることに対してであった。旗田がとりあげているのは主として上からのイデオローグというべき人物の朝鮮観であり、重要なのは下からの一般の庶民レベルの排外主義・植民地主義を抉出し批判することである。また、「自分を外において」客観主義的に侵略思想を批判するのでは不充分であり、具体的な個人のレベルで「内なる差別意識」「内なる植民地主義」を抉り出すような作業を積み重ねなければ排外主義・植民地主義を真に克服することはできない。単なる客観主義的な侵略批判でなく、「自分の内部の加害を許す思想」と闘い続けることが肝要であり、「日本人自身を明らかにするためにも朝鮮を研究しないわけにはいか」ず、「帝国主義イデオロギーの中にひたっているということを自分自身が意識し自覚し、たえず考える、そういう契機として朝鮮問題はある」のだという。「自己点検の契機としての朝鮮史」「自分が何者であるかを発見させ、何物とならなければならないかを思い知らせてくれる」「研究する人間の主体が問い返されるようなことが、かならず起こるというような研究のあり方」が追究されなければならないとした。[*52] 一九六〇年代の朝鮮史研究の到達点を示すとともに、七〇年代以降への課題を提示したものということができるだろう。

六　むすび

植民地支配の終焉とともに、日本における朝鮮史の研究は沈滞を余儀なくされる。侵略戦争への反省や、停滞論の克服が問題とされた中国史などと比べても、立ち遅れは著しかった。そうした問題意識がおこらないほど、侵略・支配の過程で形づくられた蔑視感や停滞的な歴史像の影響が根強かったということである。新たな朝鮮史研究構築の模索がはじまるのは、一九六〇年前後の時期からであり、そこでは植民地主義的な朝鮮像を克服することが不可欠の課題となった。「日本人の朝鮮観」が問題とされなければならなかったわけである。

一九六〇年代前半の日韓条約反対闘争のなかで露呈したのは植民地支配への批判的な認識の欠如であり、アジア主義をめぐる議論では明治期以来の朝鮮論が孕む侵略性への認識の甘さが浮き彫りになったが、これに対して侵略・支配の日朝関係に焦点があてられるとともに、植民地支配への責任の問題が提起された。さらに、朝鮮蔑視の基礎となり支配の正当化を図る議論として機能した停滞論・他律性論の克服が、新たな朝鮮史研究の創造にとって第一義的な課題であることが明らかにされる。朝鮮史研究会は、六六年の第四回大会にむけての議論と『朝鮮史入門』の編修・刊行作業を通じてこの問題に取り組み、「内在的発展」の観点を打ち出すことになった。また、六八年の明治百年をめぐる議論では、朝鮮はじめアジアへの侵略が日本近代の形成にとって不可欠の要素であることが指摘された。自らが拠って立つ日本の近代が朝鮮支配の上になりたっていたのならば、加害者としての自覚のうえに自らの根拠を問う「民族的責任」の思想が追究されなければならないだろう。このような六〇年代の模索のなかで書かれた文章を旗田巍が『日本人の朝鮮観』として刊行したのは六九年五月、それをふまえながら批判的にのりこえるべく民族的責任論の深化を図った梶村秀樹の講演「排外主義克服のための朝鮮史」がおこなわれたのが七〇年の年末であった。

一九七〇年代以降、侵略・支配の実証研究が積重ねられるとともに、植民地支配を不可欠の一環とした日本資本主義像の解明がすすみ、日本近代の発展・繁栄が朝鮮の悲惨・困難の対極にのみ可能だったことが明確にされる。民族的責任論の深化が図られ、日本近代への批判的認識に寄与することになった。さらにまた、朝鮮社会の変化をも背景として歴史像の再検討が課題となり、内在的発展論が議論の対象とされるようになる[*53]。その一国史的な理解の限界性とともに、西欧の歴史から抽出された発展段階論に依拠していることの問題性が指摘され、近代主義的性格が俎上にのせられるようになった。理論的・実証的に研究が進展したことはいうまでもないが、六〇年代に課題とされた植民地支配の精算にかかわる諸問題は依然として未解決なままであり、そのことと関連して、梶村秀樹が警鐘をならしていた朝鮮観の「先祖がえり」現象の危険がなくなったわけではない。「六〇年代の問題意識」は、なお繰り返し議論されるべきものと思われる。

註

＊1　旗田巍『朝鮮史』（岩波書店、一九五一年）。

＊2　『歴史学研究　別冊特集　朝鮮史の諸問題』（一九五三年七月）。旗田巍「朝鮮史における外圧と抵抗」、村上四男「新羅国の成立と発展」、朴慶植「開国と甲午農民戦争」、山辺健太郎「日本帝国主義の朝鮮侵略と朝鮮人民の反抗闘争」などのほか、「朝鮮関係史学論文目録」として一九二七年以降の研究文献の目録が掲載されている。

＊3　姜在彦「朝鮮における封建体制の解体と農民戦争」（一七三号・一七七号、一九五四年七月・一一月）、山辺健太郎「三・一運動について」（一八四号・一八五号、一九五五年六月・七月）、藤原蔞子「義兵運動」（一八七号、一九五五年九月）、姜在彦「朝鮮における事実求是学派について」（一九五号、一九五六年一月）、旗田巍「新羅の村落」（二二六号・二二七号、一九五八年一二月・五九年一月）などの論文のほか、「朝鮮歴史学界の動向」（一八四号）、「一九五五—五六年における朝鮮歴史学界の動向」（二〇七号）や一九五六年および五七年の「歴史学年報——朝鮮史」（二一三号、二二一号）など研究動向が掲載されている。

＊4　一九六一年度の「回顧と展望」を武田幸男・梶村秀樹が執筆（『史学雑誌』七一編五号、一九六二年五月）。

＊5　鈴木武雄『朝鮮統治の性格と実績』（一九四六年三月）。外務省調査局の依頼によって発行された。日本による朝鮮統治が「帝国主義的植民地支配や搾取に終始したといふ見解」は遺憾であり、「一視同仁」「内鮮一体」の「同胞的愛情」による善意にもとづくものだったが、それを朝鮮人に理解させることができなかったことが反省すべき点なのだという。

＊6　四方博「旧来朝鮮社会の歴史的性格について」（『朝鮮学報』一・二・三、一九五二年、『朝鮮社会経済史研究』下、国書刊行会、一九七六年に収録）。「独立国朝鮮の健全なる発展を括目して待望」し、「新朝鮮建設の衝に当たる人びとの為めに他山の石たり得れば」という執筆動機は、平和運動など四方の戦後の活動に照らして疑うことはできない。

＊7　旗田巍「朝鮮史研究の課題」（『歴史学研究』二九四、一九六四年一一月）。

＊8　朝鮮史研究会の設立経緯については、旗田巍「朝鮮史研究会の歩み」（『朝鮮史研究会論文集』一、一九六五年一一月）、朴宗根

「発足の頃の思い出」(『朝鮮史研究会会報』五四、一九七九年八月)、宮田節子「朝鮮史研究会の二十年と私」(『季刊三千里』二〇、一九七九年一一月)、村山正雄「朝鮮史研究会の創立」(『朝鮮史研究会会報』一〇〇、一九九〇年九月)、徐台洙「研究会設立の思い出」(『追悼旗田巍先生』旗田巍先生追悼集刊行会、一九九五年)、武田幸男「都立大学の高麗史研究会のころ」(同右)、宮田「梶さんと出逢ったころ」(『梶村秀樹著作集別巻 回想と遺文』明石書店、一九九〇年)、同「朝鮮史研究会のあゆみ」(『朝鮮史研究会論文集』四八、二〇一〇年一〇月)など参照。当時、東京都立大学の旗田巍のもとで「高麗史研究会」が開かれており、ここに集まった若い研究者・学生のなかから研究会を作る動きがはじまったようである。このほかに学習院大学における末松保和のもとでの李朝実録の勉強会、友邦協会での「朝鮮近代史料研究会」、在日本朝鮮人科学者協会の歴史部会の勉強会などが開かれていたが、これらは参加者が相互に重なり合っており、設立の気運が醸成されていったものと思われる。それをうけて、旗田が青山・末松らにはたらきかけて呼びかけ人となって設立、実質的な運営は若手のメンバーが担った。

＊9 第一号(一九五九年八月)から第七号(六三年一一月)までの『朝鮮史研究会会報』は、「会員消息」「私の朝鮮史研究」「研究者短信」などの欄に、青山・末松・旗田・田中らのほか深谷敏鉄・三上次男・藤田亮策・中村栄孝・渡部学・阿部吉雄・村上四男・神田信夫・幼方直吉らが寄稿している。六三年一一月には、第一回大会が開かれた。

＊10 大田修『日韓交渉――請求権交渉の問題』(クレイン、二〇〇三年)、吉澤文寿『戦後日韓関係――国交正常化交渉をめぐって』(クレイン、二〇〇五年)参照。

＊11 旗田巍「日韓会談の思想」(『統一評論』二―六、一九六二年一一月、『日本人の朝鮮観』に収録)。

＊12 旗田巍「日韓会談の再認識」(『世界』一九六三年一一月号、『日本人の朝鮮観』に収録)。

＊13 板垣竜太「日韓会談反対運動と植民地支配責任論」(『世界』一〇二九、二〇一〇年一月)参照。

＊14 竹内好編『アジア主義』(現代日本思想体系9、筑摩書房、一九六三年)。

＊15 楠原・北村・梶村・宮田・姜「『アジア主義』と朝鮮」(『歴史学研究』二八九、一九六四年六月)。

＊16 梶村秀樹「「日本人の朝鮮観」の成立根拠について」(『中国現代史研究会会報』一二・一三合併号、一九六四年七月、『梶村秀樹著作集1』明石書店、一九九二年に収録)。

＊17 梶村秀樹「竹内好氏の「アジア主義の展望」の一解釈」(『中国近代思想研究会会報』三七、一九六四年四月)。

＊18 安藤彦太郎・寺尾五郎・宮田節子・吉岡吉典『日・朝・中三国人民連帯の歴史と理論』(日本朝鮮研究所、一九六五年)。この本は、朝鮮侵略史についても的確な解説が付けられ、当時としては質の高い概説書となっている。

＊19　有井智徳「朝鮮史研究会第二回大会基本方針」（『朝鮮史研究会論文集』一、一九六五年一一月）。第二回大会は、近現代の日朝関係とともに、植民地期以来の古代史像の転換をせまる金錫亨の「分国論」がとりあげられ大きな反響をよんだ。

＊20　関西では、井上秀雄・中塚明・湯浅晃・吉田和起・中瀬寿一らにより日韓条約反対運動が活発化した一九六三年八月に「近代日朝関係史研究会」が発足していたが、六四年一一月の朝鮮史研究会第二回大会を契機に合同の気運がたかまり、六五年四月には発展的に解消して朝鮮史研究会関西部会となった。井上秀雄「関西部会の回顧と展望」（『朝鮮史研究会会報』一一、一九六六年四月）、中瀬寿一「「近代日朝関係史研究会」の時代」（同右）。

＊21　日本朝鮮研究所編『日本と朝鮮』（アジア・アフリカ講座第三巻、勁草書房、一九六五年）。

＊22　旗田巍「大東合邦論と樽井藤吉」（『エコノミスト』一九六五年七月二七日、『日本人の朝鮮観』に収録）。

＊23　旗田巍「朝鮮併合前夜における樽井藤吉の朝鮮観」（『朝鮮研究』四三、一九六五年九月、『日本人の朝鮮観』に収録）。

＊24　『歴史学研究』三〇五、一九六五年一〇月。歴史学研究会委員会主催で九月一一日に開かれた「日韓条約に反対する歴史家の集い」では、報告者の一人として梶村秀樹が「日韓経済協力の本質について」論じ、武田幸男が反対署名について報告している。

＊25　佐藤勝巳「国会の日韓論戦にあらわれた日朝関係把握の問題点」（『朝鮮史研究会論文集』六、一九六九年六月）参照。

＊26　山辺健太郎『日韓併合小史』（岩波書店、一九六六年）。同年さらに、山辺は『日本の韓国併合』（太平出版社）を刊行している。

＊27　旗田巍『日本人の朝鮮観』（勁草書房、一九六九年）。

＊28　旗田巍「日本における東洋史学の伝統」（『歴史学研究』二七〇、一九六二年一一月、『歴史像再構成の課題』御茶の水書房、一九六六年に再録）。

＊29　高吉嬉『〈在朝日本人二世〉のアイデンティティ形成――旗田巍と朝鮮・日本』（桐書房、二〇〇一年）は、旗田の生涯にわたる活動を追った力作ではあるが、韓国で「良心的日本人」とみられている旗田の植民地主義的な意識の払拭が不充分であったことを強調する内容となっている。たしかに旗田の認識には限界もあり、植民地主義を厳しく追及することは意義のある作業と考えるが、戦後日本の中で朝鮮認識の変革に果たした旗田の役割を正しく位置づけることが必要ではないだろうか。

著者は、旗田が「植民者二世」であることを隠して朝鮮史研究の第一人者としてふるまっていたかのようにいうが、何を根拠にそう判断しているのか不明である。旗田が植民地朝鮮で生まれ育ったことは誰もが知っていたことであり、だからこそ朝鮮問題に全霊を注ぎ込んでいるのだと皆が思っていた。戦後、中国から帰国して東洋史学の世界に戻ったことを反省の欠如した「知的怠慢」だというが、日本の東洋史学がアジア侵略と深く結びついて発展したことを最初に体系的に告発したのは、旗田の一九六二年の論文「日本における東洋史学の伝統」（前掲）である。「誤りに満ちた東洋史学」という著者の認識自体が旗田の論文を契機に深められた成果の上に築き上げられたものであるはずだが、旗田の最も重要なこの論文についての言及はなされていない。また、著者が旗田の「帝国意識」を問題とするさいに用いた資料は、「朝鮮史研究をかえりみて」（『朝鮮史研究会論文集』一五、一九七八年）であるが、これは基本的に植民地主義を批判的にとらえるという点で共通の認識をもった研究者たちをまえに、朝鮮での体験を語ってもらった講演記録である。植民者二世ならではの「帝国意識」も、無自覚的に語っているのではなく、自らを分析的に対象化して植民者の子弟の特徴を強調しているのであり、これをもって無反省の根拠とするのはいかがなものだろうか。ついでにいえば、著者は「梶村秀樹ならば……」云々と、梶村をひきあいに旗田批判をするのだが、「アカデミズム左派」としての旗田の発言・姿勢に対して梶村は深い尊敬の念をもっていたというのが、私の理解である。日本人の植民地主義払拭のレベルは、「良心的」な旗田ですらこの程度なのだという意味ならば、厳粛にうけとめねばならないのだが、戦後日本において植民地主義的な朝鮮認識の変革への取り組みで、一貫性・持続性において旗田の右に出る者はいなかったのではないだろうか。

＊30　旗田巍「「満鮮史」の虚像」（『鈴木俊教授還暦記念東洋史論叢』一九六四年）、同「朝鮮史研究の課題」（『歴史学研究』二九四、一九六四年一一月）。すでに『朝鮮史』（一九五一年）で朝鮮民族の主体性を強調し、「朝鮮史における外圧と抵抗」（『歴史学研究』一九五三年）では外圧に対する抵抗を重視、「十―十二世紀の東アジアと日本」（『岩波講座日本歴史』古代4、一九六二年）では、当時注目されるようになっていた冊封体制論が朝鮮史の自律性を軽視しかねないことへの危惧を示している。

＊31　梶村秀樹「南朝鮮の歴史学者による日帝時代の朝鮮史研究批判」（『朝鮮研究月報』一五、一九六三年三月）。

＊32　梶村秀樹「李朝後半期朝鮮の社会経済構成に関する最近の研究をめぐって」（『朝鮮研究月報』二〇、一九六三年八月）。

＊33　『朝鮮史研究会会報』八、一九六四年五月。

＊34　梶村秀樹「朝鮮近代史の若干の問題」（『歴史学研究』二八八、一九六四年五月）。

＊35　旗田巍「朝鮮史の時代区分について」（『朝鮮史研究会会報』一〇、一九六六年三月）。

＊36　武田幸男「第四回大会の経過と反省」（『朝鮮史研究会会報』一五、一九六七年一月）。

＊37　武田幸男「朝鮮史像の新形成」（『朝鮮史研究会会報』一三、一九六六年一〇月）。

＊38　朝鮮史研究会・旗田巍編『朝鮮史入門』（太平出版社、一九六六年）。

＊39　梶村秀樹「朝鮮社会の歴史的発展」（『歴史学研究』三二一、一九六七年二月）。

＊40　矢沢康祐「大会の批判と感想――研究路線を研究しよう」（『朝鮮史研究会会報』一五、一九六七年一月）。

*41 『朝鮮史研究会論文集』三、一九六七年一〇月。なお、内在的発展論に立つ通史の試みとして渡部学編『朝鮮近代史』(勁草書房、一九六八年)および朝鮮史研究会編『朝鮮の歴史』(三省堂、一九七四年)が纏められる。

*42 梶村秀樹「朝鮮からみた「明治百年」」(『明治百年問題』青木書店、一九六八年)。

*43 宮田節子「第六回大会にむけて」(『朝鮮史研究会会報』二〇、一九六八年五月)。

*44 「12・9討論集会記録 「明治百年祭」をめぐって」(『歴史学研究』三三三、一九六八年二月)。

*45 『現代の眼』一九六六年二月号。

*46 同じ座談会で上田耕一郎は、「日本人自身の過去の、朝鮮に対する植民地支配の問題の反省の弱さの問題が出されてい」るが、「そのことだけに目が奪われて」日韓条約に対する反対運動に踏み出せないような事態になることを懸念し、「日本人民自身が日韓条約の被害者なんだということをはっきりさせることが大切」だといい、中原と対立する主張をしている。この上田の発言を批判しながら、寺尾五郎「日韓新関係と日本軍国主義の復活」(『朝鮮研究』四九、一九六六年四月)は、復活した日本軍国主義の南朝鮮への再侵略と関連させて日本人民の植民地主義克服の意義を強調したが、一九六七年一月五日付『赤旗』の座談会では上田が中原発言にふれたのに対して、「日韓闘争を発展させるかなめは、日本人民の朝鮮人民に対する思想、意識の問題だという議論、これがあたかも深刻な内在的批判であるかのように一部で流行した」等々と論じられた。さらに宮本忠人「寺尾五郎氏の「民族関係」論がゆきついたところ」(『赤旗』一九六七年二月二三・二四日)では、寺田批判が展開されている。米帝およびこれに従属する日本独占資本と、その被害者として共通の立場にたつ日本人民および朝鮮人民とのあいだに基本的矛盾があるとする観点からすると、日帝自立論や軍国主義復活論は主敵である米帝を免罪することになり、日本人民の植民地主義を過度に問題化することは国際連帯に水を注すことにつながる誤まった考え方だというわけである。『前衛』一九六八年二月号掲載の芳沢哲太郎「米日反動の朝鮮侵略を免罪する寺尾理論」では、「朝鮮にたいする植民地支配、中国侵略、アジア侵略の全責任は日本の支配階級にある。そしてこの日本帝国主義の侵略にまきこまれ、加担、協力したことのある人びとが、侵略戦争への協力をきびしく反省することは正しい。しかし、それもまた支配階級と同じ次元の責任があるということではない」としている。

*47 日本朝鮮研究所が刊行した安藤彦太郎・寺尾五郎・宮田節子・吉岡吉典『日・朝・中三国人民連帯の歴史と理論』(一九六四年)のなかで寺尾が執筆した第四講「日朝友好運動の意義と役割」が、「日朝友好運動は反帝闘争でなければなら」ず、「日本の人民の中に残っている植民地主義の残りかすに反対」することを強調した点について、朝研内部で座談会「日朝友好運動の意義と役割をめぐって」が行われた(『朝鮮研究』六八、一九六七年一一月)。

＊48　当時の空気の一端を伝えるものとして、津村喬『われらの内なる差別』（三一書房、一九七〇年）、同『歴史の奪還』（せりか書房、一九七二年）参照。
＊49　梶村秀樹『排外主義克服のための朝鮮史』（研究講座日本・朝鮮・中国第一集、青年アジア研究会、一九七一年、のちに三回分の講演を合せた『排外主義克服のための朝鮮史』同会、一九九〇年に収録、『梶村秀樹著作集』第一巻、明石書店、一九九二年に抄録、平凡社、二〇一四年）。
＊50　一九七二年一二月に第二回講演会の記録が出版される際、「第一集に敷衍すること」として、旗田巍の『日本人の朝鮮観』をとりあげ、「認識の一過程として通らないわけにはいかない本」ではあるが。「批判的にのりこえていかなければならない欠陥」をふくんだものだとして批判している。
＊51　『朝鮮研究』一九六八年一二月号掲載の座談会「日本における朝鮮研究の蓄積をいかに継承するか⒀」において、旗田が日本の中での朝鮮史研究の位置づけが「特殊部落的なものになっている」と発言したこと、他の参加者もその問題性に気づかなかったことに対し、部落解放運動から告発・糾弾を受けた事件。日本朝鮮研究所運営委員会として同誌一九六九年七月号に「私たちの反省」を発表したほか、旗田・宮田節子・佐藤勝巳らがそれぞれ個別に自己批判の文章を各号に掲載した。梶村の「私の反省」は同誌一九六九年一〇月号。また、梶村「差別の思想を生み出すことば」（『朝鮮研究』一九七五年一〇号、『梶村秀樹著作集』第一巻、所収）、参照。
＊52　吉野誠「梶村秀樹の朝鮮史研究──内在的発展論をめぐって」（神奈川大学経済学会『商経論叢』二六─一、一九九〇年九月）、同「梶村秀樹の朝鮮近代史研究」（『朝鮮史研究会論文集』二八、一九九一年三月）、同「「朝鮮史の方法」解説」（『梶村秀樹著作集』第二巻、明石書店、一九九三年）。なお、梶村に関する近年の研究として、中野敏男「「方法としてのアジア」という陥穽──アジア主義をめぐる竹内好と梶村秀樹の交錯」（『前夜』八・九、二〇〇六年一〇月・二〇〇七年一月）、同「「戦後日本」に抗する戦後思想」（『〈戦後〉の誕生──戦後日本と「朝鮮」の境界』（新泉社、二〇一七年）、洪宗郁「内在的発展論の臨界──梶村秀樹と安秉珆の歴史学」（『朝鮮史研究会論文集』四八、二〇一〇年一〇月）、同「梶村秀樹の韓国資本主義論」（同志社大学人文科学研究所『社会科学』九七、二〇一三年二月）、戸邉秀明「日本「戦後歴史学」の展開と未完の梶村史学」（同）、姜元鳳「日韓体制下の民衆と〈意味としての歴史〉」（同）、山本興正「梶村秀樹における民族的責任の位置」（『コリアン・スタディーズ』二、二〇一四年）、同「金嬉老公判対策委員会における民族的責任の思想の生成と葛藤」（『在日朝鮮人史研究』四六、二〇一六年一〇月）、同「戦後朝鮮史研究における「60年代の問題意識」の一断面」（『歴史学研究』一〇〇一、二〇二〇年一〇月）を参照された

い。

＊53　本稿で強調したのは、内在的発展論が一九六〇年代の朝鮮史研究会により総力をあげて打ち出されたものであり、「世界史の基本法則」の再検討が要請されるなか、その問題性をも充分に認識しつつ、朝鮮史研究を進展させるべく敢えて戦略的に提起されたものだということである。ただ、発展法則の貫徹の証明に力点をおく理解があったことも事実であり、梶村秀樹は七〇年前後の時期、そうした解釈を「社会経済史主義」という言葉で批判し、近代主義に陥らぬよう釘をさしていた。また、資本主義萌芽研究にみられたように発展的要素のみを強調するやり方に対しては、安秉珆『朝鮮近代経済史研究』（日本評論社、一九七五年）が、「浮彫的方法」だとして「全構造的把握」の必要性を強調した。もともと厳マニュ論的な方法の適用を強硬に主張（「服部之総の発想について」『朝鮮史研究会会報』一二一、一九六八年）していた安の一八〇度の転換は、「浮彫的」な内在的発展論理解の破綻を鮮明にしたものということができる。ただし、この著書の眼目は甲申政変＝ブルジョア変革説を論証するところにあり、中間層の上からの強行的な変革の意義を説くが、これをアジア社会の必然的な法則だとしてしまった。「全構造的把握」の必要は、資本主義萌芽研究を紹介するとき梶村が当初から強調していたことであったが、「素朴でロマンチックな人民闘争史観」だとして下からの展開の追究を放棄するような安の清算主義的ともいえる転換に危機感をもった梶村は、こののち「内在的発展の視角」を意識的に強調するにいたった。

一九七〇年代から八〇年代になって内在的発展論に対し様々な批判があらわれた背景としては、北朝鮮の現状をどうみるかという問題とともに、とりわけ韓国における資本主義の急速な発展がある。内在的発展論はもともと資本主義発展の潜在力を見据える議論であり、韓国資本主義の発展は一面でそれを証明するものでもあったが、近代化が進まない現実の下では批判理論として機能したものの、その進展が実際のものとなったあかつきには現状への批判力を失ってしまいかねず、近代主義的性格が俎上にのせられることになった（吉野誠「朝鮮史研究における内在的発展論」『東海大学紀要文学部』四七、一九八八年）。なお、韓国資本主義の歴史的淵源に関していえば、自生的な資本主義の要素が外圧の下で辿った従属的発展の軌跡に注目する見解がある一方、植民地権力による源蓄の意義を強調する議論もある。植民地期を近代社会としつつ近代を批判的にとらえる視座から「規律訓練化」「公共圏の形成」などを論じ、支配・抵抗の二項対立的な観点だけでは見すごされがちな側面に光をあてようとする議論に対して、都市の上層住民や知識人とはちがって「近代」の恩恵や「公共」領域から排除され植民地権力の暴力に晒される底辺民衆の世界に焦点をあわせ、伝統文化や思惟様式をも受け継ぎつつなされる民衆世界の営みのなかに近代を超える可能性を探ろうとする主張もある。さまざまな議論が交わされる情況にあるが、いずれも内在的発展論の深化あるいは批判を標榜しつつ模索がなされている。そのような意味で、内在的発展論はなお検討の対象とされる必要があるといえるだろう。

＊本稿は、二〇〇九年度の朝鮮史研究会大会における講演「戦後日本の朝鮮史研究」の原稿に加筆したものである。収録にあたって註を付した。

付論　竹内好のアジア主義論

⑴日本近代の批判

本文でふれたとおり竹内好は、敗戦後の歴史研究における中国認識が蔑視観を克服するうえで問題を孕んでいることを指摘していた（**「日本人の中国観」**一九四九年）[*1]。西欧の歴史を基準とした発展段階論は、必然的に明治以降の日本を先進、中国を後進と捉えてしまうのを免れない。福沢諭吉流に西欧近代文明を至上の目標として追い求めた結果が中国への侵略戦争であったが、それへの違和感は対米開戦に際して竹内自身が記した「宣言」[*2]に表れている。その流れのうえに「近代の超克」「世界史の哲学」が位置づけられるが、大東亜戦争がもたらしたのは惨憺たる結末であった。侵略戦争への反省に立った戦後改革は、しかしながら、明治以来の福沢路線の再現、というよりアメリカのもとで輪をかけた西欧近代の模倣であった。

マルクス主義者をふくめ大勢が西欧近代を基準に現状を理解しようとするのに対して、竹内は中国の近代と対比して日本近代を認識しようとする。**「中国の近代と日本の近代」**（一九四八年）[*3]では、近代が西欧の自己拡張によるものであり、その侵入に対する抵抗によって創り出されるのがアジアの近代であるという。しかしながら、日本は抵抗でなく、ひたすら自らを西欧に同化させる道を歩んだ。劣等意識を持った日本は、奴隷が主人となることで自己の境遇から脱却しようとするように、猛然と西欧を追いかけた。奴隷根性が染みつき、自分が奴隷であるという自覚を持つことができず、劣等な民族を奴隷状態から解放してやろうなどとしているのが今日の日本である（奴隷文化）。そうした構造のなかでは、常に真理は外部にあって、いちはやくそれをとりいれた優等生が、劣った人民、遅れた民族を導いてやろうとする（優等生文化）。そして、ゆきづまりに直面すると、新たな方針を外からとりいれて乗り換えを図る（転向文化）。

アジアの近代を成り立たせる「抵抗」という概念を、竹内は文学者としての魯迅の生きざまから構想したとする。夢から醒まされて自分が奴隷であると覚りながら、行くべき道がないという絶望的な現実。その苦痛に耐えつつ、なおも行かねばならないという状況で魯迅がとった「掙扎」について竹内は、「がまんする、堪える、もがくなどの意味をもって」おり「強いて日本語に訳せば今日の用語法で「抵抗」というに近い」（『魯迅』一九四四年[*4]）と説明する。外部に新しいものを求める日本では、幻想・夢・希望を奪われて絶望することがなく、したがって抵抗もおこらない。主体性が欠如し自己保持の欲求がなく、東洋でもなく西洋でもなく「何物でもない」日本に対して、自己に固執し伝統と格闘し「自己を新時代に対決せしめ、掙扎によって自己を洗い、洗われた自己を再びその中から引出す」魯迅の抵抗は、古くさく見えながら、根底から自己を否定し、革新する。外部の新しいものに安易に乗り換える転向の文化とちがう、「回心の文化」というべきやり方だという。

魯迅にみられる抵抗のありようは、毛沢東の根拠地理論にも受け継がれ、広くアジアの解放運動に共通するものとされた。そして、中国革命の成功、アジア諸民族の独立達成という情勢をうけ、竹内は**「アジアのナショナリズムについて」**[*5]**「ナショナリズムと社会革命」**[*6]**「近代主義と民族の問題」**[*7]（いずれも一九五一年）を書いて、アジアのナショナリズムに注目すべきことを強調する。日本のナショナリズムに関しては、初期の素朴なナショナリズムに言及したり、日本浪漫派の「民族」が近代主義批判として語られたことを忘れてはならないと注意喚起しつつも、ウルトラ・

ナショナリズムと化して「処女性を失った」とする丸山真男の見解に賛意を示し、日本のナショナリズムがアジアのそれに結びつく道は不可能に近いだろうと述べている。

(2)「アジア」を方法とする

一九五〇年代を経過して、一般に戦争責任の思想は深化せず、とりわけアジアへの侵略に対する主体的な責任意識は希薄なままであった。しかも、あろうことか日米安保条約改定で自ら奴隷状態の強化を求め、近代化に成功した日本がアジア諸国を指導しなければならないといった風潮すら拡大していた。こうした中で竹内は一九五九年、戦時期の座談会「近代の超克」をとりあげ、検討を試みる（**「近代の超克」**一九五九年[*8]）。中国への侵略戦争の泥沼化による重苦しい空気のなか、一九四一年一二月八日の対米開戦がもたらした「知的戦慄」を背景に行われた座談会を、竹内は日本浪漫派を中心に検討した。「民族」をもって近代主義を克服し、戦争の性格を転換しようとするものだったが、これは結局のところ成功することなく、思想破壊に帰したのだという。その原因を竹内は、大東亜戦争の二重性が腑分けできなかったからだとした。

戦争の二重構造とは、対アジアの植民地侵略戦争と対欧米の帝国主義間戦争であり、それは明治以来の日本の国家戦略の二重性、つまり一方での「東亜における指導権の要求」と他方での「欧米駆逐による世界制覇の目標」に由来する。竹内によれば、アジアへの侵出は西欧的原理によるが、欧米帝国主義に対してはアジア的原理で対抗するほかない。「近代の超克」論議では、欧米近代を超克しようとしたものの、対アジア政策においては欧米原理をとっているため連帯を実現はできなかった。「味方たるべき支那と戦い乍ら、同時に亜細亜の強敵たる米英と戦わねばならぬ破目になって居る」という大川周明の苦悶は解消できぬまま、敗戦にともなってアポリアそのものが雲散霧消し、外力に支えられて生き残った近代主義が我が世の春を謳歌することになる。近代主義的にアジアを指導する「国民的使命」が高唱されるという始末である。福沢の言葉を借りれば、「今日の日本は真に文明開化の日本」であって「有難い目出たい次第」だと手をたたいて喜びあっている、空前の天下泰平、文明開化の時代がもたらされた。これが、一九五〇年代末の現状だということである。

この「近代の超克」再論は、現状への切実な批判であると同時に、それを通じて「伝統による思想形成」を試みようとするものでもあった。前述のように竹内は、日本のナショナリズムに否定的な見解を示しながら、同時に「ウルトラ・ナショナリズムに陥る危険を避けてナショナリズムだけを手に入れることができないとすれば、唯一の道は、逆にウルトラ・ナショナリズムの中から真実のナショナリズムを引き出してくることだ」とも述べていた（「ナショナリズムと社会革命」）。そうした試みに敢えて踏み込んだことになる。安保改定反対闘争が、空前の盛り上がりをみせようとしていた。

闘争が昂揚へとむかう一九六〇年の講義で竹内は、戦後の自らの追究をわかりやすくまとめたうえ、最後にアジアの「抵抗」の意義について改めて次のように解説する。「西欧的な優れた文化価値を、より大規模に実現するために、西洋をもう一度東洋によって包み直す、逆に西洋自身をこちらから変革する、この文化的な巻返し、あるいは価値の上の巻返しによって普遍性をつくり出す。東洋の力が西洋の生み出した普遍的な価値をより高めるために西洋を変革する。これが東対西の今の問題点になっている」云々。そして、「日本人もそういう構想をもたなければならない」と続けた。日本における社会運動もそうした構想をもって進めるべきだということである。

さらに、「その巻き返す時に、自分の中に独自なものがなければならない。それは何かというと、おそらくそういうものが実体としてあるとは思わない。しかし方法としてはありうるのではないか」とする。これを評論集に収める際には、「方法としては、つまり主体形成の過程としては、ありうるのではないか」と、加筆した（**「方法としてのアジア」**一九六一年）[*9]。文脈からしても、竹内のこれまでの模索の経過からしても、ここで問題とされているのは、アジア型の近代をモデル化するなどといった次元のものではない。日本人がアジアによる巻き返しの一端を担うためには、自分自身の独自なものがなければならないということであり、思想伝統のなかからアジアに通底する契機を引き出し、それを主体形成につなげるのでなければならないというわけである。

(3)アジア主義の検討

伝統のなかに主体形成の契機を探ろうとする場合、近代主義の潮流は論外であり、アジアとの係わりを志向する潮流に着目するほかはない。明治以降、実際にアジアとの繋がりを追求したのは、いわゆるアジア主義の思想である。竹内がその検討にのりだしたのは当然のことであった。だが、アジア主義の諸思想は侵略主義と深く結びついていた。そうしたアジア主義を広く議論の俎上にのせるためには、「侵略」をひとまず括弧に括っておかねばならない。

「アジア主義の展望」(一九六三年)[*10]において竹内が、アジア主義の定義に腐心するのはそのためであった。「アジア諸国の連帯の指向を内包している」こと、なんらかの思想に付着する「一つの傾向性」云々。これは、侵略か連帯かという議論の枠組みを導くことになり、竹内の意図とは離れて侵略論を持ち上げる論者に歓迎される一方、それを警戒する立場からは激しい反発を受けることにもなったが、ともあれ、あってないような絶妙の定義ではある。

まず、竹内は「一八八〇年代の思想状況」として、日清戦争に至るまでの時期の朝鮮をめぐる運動・論説のなかに連帯の要素を見つけ出そうとする。福沢諭吉の「脱亜論」を全文紹介して研究を活発化させる契機をつくるとともに、金玉均を担ぎ朝鮮での革命を支援しようとした大井憲太郎の大阪事件、東学農民軍との連帯を模索した天佑侠、日本と朝鮮が対等合邦したうえ清とも連合するという樽井藤吉『大東合邦論』をとりあげた。「脱亜論」はアジア主義の対極に位置するものだが、福沢について「おなじ弱者である隣国への同情がないではない。心情としてのアジア主義はある」とし、大阪事件について「朝鮮での挙事の計画は、大井の考えでは、内治の計画と密接につながっていた」、天佑侠について「農民との結合が考えられており、やはり一種のアジア主義の発現形態と見なければならない」という。そして、『大東合邦論』に対して、日本と朝鮮の対等合邦という主張を「空前にして絶後の創見」とまで評価し、それが「洋学の素養がない」ことから生まれたものであり、「洋学者たちにはこの独創は思いつかなかったろう」と述べた。近代主義とは異なるアジア的な構想だというわけである。

竹内によれば、近代国家形成期において国内改革の意識と対外膨張のエネルギーは分かちがたく結びついていたが、左翼と右翼が分岐したあと、「民族」はもっぱら右翼が扱い、左翼はナショナリズムを放置するようになる。アジア主義の内田良平に対して、幸徳秋水ははじめからコスモポリタン的であった。だが、内田・幸徳のそれぞれの師である頭山満と中江兆民は互いに相いゆるす関係にあり、そもそも玄洋社自体が民権権から出発して国権論に転じた団体で、民権・国権は相互に通じ合うものでもあった。さらに、その源流にあたる西郷隆盛は、大陸侵略論者（征韓論）であると同時に、多様な要素をはらんだ永続革命論者の側面をもちあわせていたのだという。そうした初期のナショナリズムの中に、まずはアジアへの共感と連帯の契機を見出そうとしたわけである。

そのうえで、西洋近代文明をめざすべき目標とする福沢「脱亜論」の対極に、アジア主義はどのように可能なのか。福沢は近代文明という「武器」をもっており、「福沢の価値に対置する別の価値をもってしなければ、アジア主義はテーゼとして確立しない」のだという。そして、「福沢の批判をテコ」にして、「西欧文明をより高い価値によって否定した」岡倉天心、「滅亡の共感によってマイナス価値としてのアジア主義を価値としての文明に身をもって対決させた」宮崎滔天を位置づけた。

しかしながら、こののち北一輝や大川周明のように、アジア主義は玄洋社＝黒龍会的な侵略主義のチャンネルに流れ込んでいった。そのゆきつくところ中国への侵略戦争、「大東亜共栄圏」という無思想の構想となり、破滅にいたる。したがって、問題は「アジア主義がなぜ黒龍会イデオロギイによって独占されるようになったか」ということであり、「おくれて出発した日本の資本主義が、内部欠陥を対外進出によってカヴァする型をくり返すことによって、一九四五年まで来た」が、「この型を成立させない契機を歴史上に発見できるか、というところに今日におけるアジア主義の最大の問題がかかっている」のだということになる。先にふれた戦時期の「近代の超克」論議は、そのような試みの一環とすることができるが、竹内によれば、対欧米の面ではアジアの原理により近代を超える展望をみせたものの、対アジアの局面では依然として欧米原理を越えることができなかったのだという。したがって、アジアに対する認識と行動において、近代を超克することができるか否かが、問題の核心だということになろう。

⑷竹内「アジア主義論」の問題点

日本近代が孕む問題性の根源を、ひたすら西欧に同化しようとした点に求め、「奴隷文化」「優等生文化」「転向文化」と特徴づけたこと。そこから脱却する主体形成の契機を、アジアへの共感の思想伝統のなかに探ってみようとしたこと。これらは基本的に首肯しうるところであり、まずはアジア主義の潮流を取り上げて検討を加えたことも、必然のことがらであったといってよい。

近代国家形成期のナショナリズムに国内改革と対外膨張のエネルギーが分かちがたく孕まれているという認識を前提とし、竹内はそのなかにアジアに通じる可能性を探ろうとした。そこから、天佑侠にも大阪事件にもアジア連帯の志向を見出し、『大東合邦論』の対等合邦の主張を空前絶後の創見とまで称賛した。しかしながら、発表当初から厳しい批判をうけたとおり、天佑侠が農民軍と接触したのは、閔氏政権を倒して朝鮮を清から離反させようとしたからであり、大阪事件の朝鮮計画は、日本国内の民権革命のため日清間の戦争を引き起こし愛国心を喚起することが目的だった。『大東合邦論』のねらいも、清とではなく日本と結ぶべきだという主張に核心があった。福沢の甲申政変支援をふくめたこれらの動きは、金玉均ら少数の親日開化派はともかく、朝鮮の大部分の勢力にとって不当な介入であり、余計な御節介であって、日本の朝鮮進出の御先棒をかつぐものにほかならなかった。そもそも、これらはいずれも近代文明に価値をおいている点で福沢と違いがなく、アジア的な原理を追究しようなどという志向をみいだすのは不可能である。

国民国家の形成が膨張主義と不可分で、民権と国権が分かちがたいというのは竹内の指摘どおりだが、ここから近代そのものへの批判的認識を深める方向ではなく、「近代国家の形成と膨張主義は不可分であって、そのこと自体には是非の別はない」「初期ナショナリズムと膨張主義の結びつきは不可避なので、もしそれを否定すれば、そもそも日本の近代化はありえなかった」(「アジア主義の展望」)云々とし、やむをえぬこととしてしまった。

この日清戦争にいたる時期、福沢「脱亜論」はいうまでもなく、樽井や大井、天佑侠らの「連帯」の主張は侵略の思想として機能したのであり、朝鮮からすれば「抵抗」の対象にほかならなかった。アジア近代の核心を「抵抗」にもとめ、そこから日本近代の問題性を抉り出し、アジア侵略を厳しく批判しようとした竹内の方法からすれば、「抵抗」の側から「連帯」の内実をとらえなおし、その侵略性をこそ追究すべきだったと思われる。「中国革命への干渉と、満蒙占領の時期だけを固定すれば、日本の国策はあきらかに侵略的だが……」(「アジア主義の展望」)とするのが竹内の認識であるが、日清戦争にいたる時期の朝鮮政策こそが日本のアジア侵略のはじまりであり、その延長上に中国侵略が本格化したのだった。

ともあれ、アジア主義はこのあと侵略性を深めていくが、先にふれたとおり、侵略主義に陥らない道を探ろうとするのが竹内の主題で、その一環として「近代の超克」論議を検討した。そして、対欧米の帝国主義戦争の局面でアジアの原理により近代を克服しようとしたことを評価しつつ、依然として対アジア侵略戦争においては西欧原理を超えることができなかったのだとした。問題の第一は、対欧米戦争において本当に近代を超ええたのか、欧米帝国主義の後追いにすぎなかったのではないかということである。中国への侵略に重苦しい思いを抱いていた知識人たちが、一二月八日の対米開戦による「知的戦慄」のなかで、戦争の性格を変えようと苦心したことは確かだとしても、現実に西欧原理の侵略戦争が変えられなければ、「近代の超克」論議はしょせん知識人のひとりよがりの自己陶酔か、人々を戦争に動員する欺瞞の役割しかはたせなかったことになろう。アジアの原理で戦争の意義づけを変えるよりは、アジアの抵抗の視点から戦争そのものを否定する道しかなかったのではないか。

大東亜戦争の二重性の指摘は、理念的にアジア侵略戦争の側面を浮かび上がらせるうえで大きな意味をもったが、「近代の超克」論議は結局のところ対アジアにおいて近代主義を超えられなかった。「一九四五年の無条件降伏におわる戦争を、福沢が設定し、明治国家に体現された思想コースの延長上にとらえるか、あるいは福沢コースの逸脱としてとらえるか」[*11]とは、竹内自身の問題設定だが、まことにアジア侵略は福沢路線の貫徹によるものであり、「近代の超克」の議論は福沢の路線を超克できなかったのである。問題は、「近代の超克」論議の延長上に、展望をみいだすことが可能かどうかにある。近代主義を超克しようとして「民族」を持ち出した日本浪漫派を、竹内はアジアの原理に通じるものといいたいのだろうが、そこで強調されるのは「アジア主義」ならぬ「日本主義」にすぎない。万世一系の天皇を唯一の拠りどころとするしかない日本主義は、中華秩序の外形を模倣しようとはするが、文明的な内実を欠くがゆえに欧米近代とも親和が可能であった。そこには、中華文明への歴史的なコンプレックスと対抗意識はあっても、アジアへの共感は生まれようがない。亀井勝一郎が回想するように、アジア侵略の問題は考えることもなかったのである。「近代の超克」の日本主義は、はじめからアジアへの回路を欠いていたというべきだろう。

竹内の模索にもかかわらず、アジア主義の潮流のなかにアジアのナショナリズムと共鳴しあう要素が見つからなかったとすれば、近代日本の思想のなかにそうしたものを求めることは不可能に近い。アジア主義を含めて近代日本のナショナリズムは、つまるところ福沢の近代主義を超えるものではなく、福沢は日本の活動を「世界文明の大勢が日本国に委任したる其天職」云々と明快に語っていた。日本ナショナリズムは、アジアにとって「抵抗」の対象以外のものではありえなかった。「たといそれで道が開けなかったところで、そのときは民族とともに滅びるだけであって、奴隷（あるいは奴隷の支配者）となって生きながらえるよりは、はるかによい」とは、竹内一流のレトリックだが、アジアの「抵抗」の観点から照射する竹内の方法からすれば、主体形成のためには、日本ナショナリズムのなかに有用な要素を探し求めるより、梶村秀樹が早くから批判していたように[*12]、その問題性を自己否定的に抉り出す作業こそが重要だったのではないだろうか[*13]。

註

＊1　竹内好「伝統と革命——日本人の中国観」（『展望』四五、一九四九年九月）〔『竹内好全集』（筑摩書房、一九八〇—八二年）第四巻「日本人の中国観」〕。
＊2　竹内好「大東亜戦争と吾等の決意（宣言）」（『中国文学』八〇、一九四二年一月）〔『竹内好全集』第一四巻〕。
＊3　竹内好「中国の近代と日本の近代——魯迅を手がかりとして」（東京大学東洋文化研究所編『東洋文化講座第三巻　東洋的社会倫理の性格』白日書院、一九四八年）〔『竹内好全集』第四巻「近代とは何か（日本と中国の場合）」〕。
＊4　竹内好『魯迅』（日本評論社、一九四四年）〔『竹内好全集』第一巻〕。
＊5　竹内好「新しい観点の導入——アジアのナショナリズムを中心として」（『日本読書新聞』一九五一年一月一七日）〔『竹内好全集』第五巻「アジアのナショナリズムについて」〕。
＊6　竹内好「ナショナリズムと社会革命」（『人間』六巻七号、一九五一年七月）〔『竹内好全集』第七巻〕。
＊7　竹内好「近代主義と民族の問題」（『文学』一九五一年九月）〔『竹内好全集』第七巻〕。
＊8　竹内好「近代の超克」（『近代日本思想史講座第七巻　近代と伝統』筑摩書房、一九五九年）〔『竹内好全集』第八巻〕。
＊9　竹内好「方法としてのアジア」（武田清子編『思想史の方法と対象』創文社、一九六一年）〔『竹内好全集』第五巻〕。
＊10　竹内好「アジア主義の展望」（『現代日本思想体系第九巻　アジア主義』筑摩書房、一九六三年）〔『竹内好全集』第八巻「日本のアジア主義」〕。

＊11　竹内好「日本とアジア」（『近代日本思想史講座第八巻　世界のなかの日本』筑摩書房、一九六一年）［『竹内好全集』第八巻］。

＊12　梶村秀樹「竹内好氏の〈アジア主義の展望〉の一解釈」（『中国近代思想研究会会報』三七、一九六四年四月、梶村秀樹著作集第一巻に収録）。「（竹内は）再びナショナリズム、アジア主義で〈民衆〉を結集しようというのだろうか？　私はそういう契機を歴史上に発見できなくてもやむをえないし、それでがっかりすることもないと思う。……アジア主義のような手あかにまみれたことばを何回も洗い直して利用しようとするより、それを否定のバネにすることを〈民衆〉によびかけた方がましではないかと思う」。

＊13　日本人としてアジアと主体的にかかわるとはどのようなことか。梶村は、根底において竹内と問題意識を共有するところ大であった。一九七〇年の講演では、アジア主義をめぐる議論について「当時の竹内好さんは思想的な良心をかけてそのような発言をされた」とし、「少なくとも所説を今は撤回されているんじゃないかと思います」と言う（『排外主義克服のための朝鮮史』）。竹内への追悼文では、「竹内さんにはあばたもえくぼもあり、自分のあばたをそれとして大事にするみごとな頑固親父だったと思う。そのあばたをえくぼのようにいいたてる崇拝者やエピゴーネンが多くて虫ずが走る。私は絶対に彼らより永く竹内さんの心を記憶にとどめるつもりだ」と書いた（「遠くからの追悼」『朝鮮研究』一六五、一九七七年四月）。印藤和寛氏は、「私こそ竹内好さんの一番の弟子だと思っています」という梶村の発言を紹介している（『朝鮮史のあけぼの』三一書房、一九九八年）。なお、竹内に関しては、松本健一『竹内好「日本のアジア主義」精読』（岩波書店、二〇〇〇年）、孫歌『竹内好という問い』（岩波書店、二〇〇五年）、鶴見俊輔・加々美光行編『無限のナショナリズムを超えて』（日本評論社、二〇〇七年）、趙景達「日本／朝鮮におけるアジア主義の葛藤」（『情況』第三期八巻二号、二〇〇七年三・四月、『朝鮮の近代思想』有志舎、二〇一九年に再録）、子安宣邦『「近代の超克」とは何か』（青土社、二〇〇八年）、黒川みどり・山田智編『竹内好とその時代――歴史学からの対話』（有志舎、二〇一八年）など参照。

あとがき

明治の終焉まで二年を残すだけとなった一九一〇年八月、朝鮮の完全植民地化が実現した。これを祝って、日本各地で提灯行列が催される。九月一日の東京の提灯行列では、新聞各社がそれぞれに競って歌詞をつくり、提灯を用意して参加者に配った。例えば『東京毎日新聞』が掲げたのは、

「合邦成りぬ八道の／山河もここに我領土／神后以来今日の日を／待ちに待つこと二千年／天津日影の如くなる／我大君の御恵に／鶏林の民今日よりは／普く共に霑はん／国威の高さ極みなく／見上万邦の上にあり／帝国萬歳萬々歳／帝国萬歳萬々歳」

というもので、「ここは御国の何百里」の譜で歌えと指示している。「神后」とは神功皇后、「八道」「鶏林」は朝鮮を意味する。『万朝報』によれば、午後六時四〇分に出発した「約六万」の民衆は、日比谷公園を出おわるまでに三時間一五分かかったという。行列は先ず二重橋前広場で「陛下の萬歳を祝ぎ奉」ったあと、日本橋・神田を経て、不忍池畔に遥拝所を設け「国祖の神霊」への奉告式が行われている上野公園にいたり、「征韓論の主唱者たりし」西郷隆盛の銅像前で「萬歳を唱へ解散」した。

吉田松陰が「幽囚録」で述べた、「蝦夷を開墾して諸侯を封建し」「琉球に諭し朝覲会同すること内諸侯と比しからしめ」「朝鮮を責めて質を納れ貢を奉ること古の勢時の如くならしめ」「北は満洲の地を割き」「南は台湾・呂宋の諸島を収め」て進取の勢を示すべしという構想は、北海道・沖縄の併合、日清戦争による台湾獲得、日露戦後の南樺太・関東州領有、そして核心たるべき朝鮮の併合をもって一段落した。つづく大正・昭和の時期、三六年にわたって

朝鮮を統治するとともに、第一次大戦で南洋群島を手に入れ、さらに満洲事変から日中戦争へと侵略を拡大し、ついには「大東亜共栄圏」をめざして破綻することになる。

植民地支配を踏み台にして達成された近代の遺産を前提に戦後復興をとげた一九六八年、武道館に一万人を動員して挙行された「明治百年」の式典は、GNP世界第二位、アジアにおいて唯一近代化に成功した国家だという自負のもとに、明治以来の発展を賛美した。「世界史に類例のない驚異的な発展と戦後の復興」をなしとげ、いまや「発展途上にある隣邦諸国から指導と援助を求められる立場」になっているというわけである。

そののち、アジアへの再進出を本格化して経済発展をとげた日本は、「ジャパン・アズ・ナンバーワン」とまでおだてあげられて気をよくする一方、しだいに近代そのものへの懐疑がひろまっていったのも事実である。明治百何十年ばかりか、薩長による明治維新そのものへの疑問も深まった。国内でのバブル崩壊の一方、韓国資本主義の急激な追い上げや、なによりもGDPで中国に追い抜かれ、差は年々ひろがるばかりという現実。民意の統合を図るべく計画された二〇一八年の「明治百五十年」のイベントは、思惑と違ってまったく盛り上がらず、武道館どころか憲政記念館の講堂で行われた長州八代目首相（萩にある松陰神社の資料館には、伊藤博文・山県有朋から戦後の岸信介・佐藤栄作まで長州出身の歴代総理大臣七人の人形が並べられている）の演説は、内外の批判の声も多少は気になったのか、大叔父である七代目による五〇年前のそれと比べても気勢が上がらず格調の低いものにならざるをえなかった。東京五輪・大阪万博・札幌冬季五輪（今回は実現しなかったが）の間に「百年」および「百五十年」のイベントと、擦り切れたフィルムを巻き戻して視せられているような錯覚におちいりそうだが、この間になされた前回の「元号法制化」が今回は「安保法制」の強行制定となり、憲法九条改定の危険はより強まっている。これにともなって、一定の進展をみせていた「従軍慰安婦問題」「徴用工問題」などへの取り組みも後退を余儀なくされている。「明治」はなお、繰り返し議論し続ける必要があるように思われる。

初出は次のとおり。
第一章　「明治初期の日朝関係と征韓論」（『世界』二〇一〇年一月号）
第二章　「井上毅の琉球・朝鮮政策論」（『東海大学紀要文学部』一〇三、二〇一五年九月）
第三章　「福沢諭吉の朝鮮論」（『朝鮮史研究会論文集』二六、一九八九年三月）
第四章　「大阪事件における朝鮮」（『東海大学紀要文学部』四八、一九八八年三月）
第五章　「『大東合邦論』の朝鮮観」（『文明研究』四、一九八五年三月）
第六章　書下ろし
第七章　「閔妃殺害事件」（林建彦・阿部洋編『ニッポン・コリア読本』教育開発研究所、一九九一年）収録にあたって註を付けた。
第八章　「与謝野鉄幹の朝鮮体験」（『東海大学紀要文学部』九〇、二〇〇九年三月）
第九章　「日本における韓国併合史の研究」（『東海大学紀要文学部』九四、二〇一一年三月）
第一〇章　書下ろし

戦後の生まれではあるが、両親それぞれの兄が満洲・ニューギニアで戦死したこともあって、子どものころは「大東亜戦争」の話題に取り囲まれていたような気がする。家でしばしば開かれていた宴会では、酒飲みの大人たちのあいだに座り、軍隊の生活や南方への輸送船の苦労、そして戦地「支那」の話を聞かされた。小学校に入るころには、どういうわけだったのか、都会から遠く離れた僻村に外国郵便で『中国画報』が送られてきて、新中国建設の息吹が脳裏に焼き付けられた。子ども心に進駐軍のアメリカ以外に違った国があることが新鮮だった。都立両国高校では、のちに実践女子大学に移られた漢文の新田大作先生がたまたまカリキュラムの都合で「現代国語」を担当され、教科書は使わず一学期を費やして岡倉天心の『茶の本』を講読してくれた。本を精読する面白さとともに、「兄弟であるはずの中国・朝鮮を足蹴にして欧米に尻尾を振った」近代日本のあり方に対する先生の悲壮慷慨の弁に強く共感した。前年に刊行されたばかりの竹内好編『アジア主義』(一九六三年)を手に入れて読み、解説で日清戦争前の思想状況としてとりあげられている福沢諭吉・大井憲太郎・樽井藤吉・天佑侠が気になった(本書の骨格は、この四者を扱った第三章・第四章・第五章および第六章第四節(3)である)。

そんなこともあって、大学入学後に教養学部では第二外国語に中国語を選択したが、国交のない時代に中国語をとる学生は圧倒的な少数者、相当な変わり者の集まりで、一九五〇年前後から続く那須山中の電灯も無い山小屋での夏の合宿などを通じ、先輩・同輩諸氏の薫陶をうけた。教祖というよりは学生を掌の上で遊ばせてくれる「老師」、教育的な扇動家ともいうべき工藤篁先生は、初学者に対しても錚々たる先輩諸先生らと同等(であるかのよう)に扱って意見をもとめ、能力を顧みず何がしかの研究ができそうな錯覚を与えてくれた。大学闘争のなかで学問のあり方が問われるなか、日本の東洋史学がアジア侵略と密接に結びついて形成されたことを厳しく告発する旗田巍先生の論文「日本における東洋史学の伝統」(一九六二年)に触発されて東洋史学科への進学を決め、とりわけ問題が多そうな朝鮮史を勉強することにした。ストライキ解除のあと進学した文学部での最初の講義では、田中正俊先生が遠山・芝原論争をとりあげており、近代の東アジア史をどうとらえるかに関心をもった。そして、この時期の朝鮮について、梶村秀樹先生の論文「李朝末期朝鮮の繊維製品の生産及び流通状況」(一九六八年)をノートをとりながらなんとか読みすすめ、開港後の朝鮮の社会変動や日朝関係をテーマに勉強することになった。

一九八一年から勤務した東海大学文学部は、文明学科および史学科に一時はアジア史を研究する専任教員が一六、七人もおり、教えられることが多かった。どちらのものだったか忘れたがクレヨンで落書きされたノートを前に、研究室を共用していた並木頼寿氏と二人で「子供が小さいうちは家で史料を広げるわけにはいかないな」などと話していたところ、杉山文彦氏が冗談で「それなら、しばらくは思想史を勉強するのがいい」という。なるほどと思い、たまたま演習の教材にしていた樽井藤吉『大東合邦論』についてまとめ、創刊して間もない東海大学文明研究会（のちに文明学会と改称）の『文明研究』に載せてもらった（本書第五章）。これを卒論以来お世話になってきた武田幸男先生に進呈したところ、折り返し「あなたにとって取り組むべき課題のひとつが明確になったように思います」との葉書が届いた。一向に成果が出ない不肖の教え子にはこれ以外にかける言葉が見つからなかったにちがいないが、後にも先にも褒められたことがなかっただけに、すっかりその気になってしばらく続けてみることにした。所属の文明学科では常に何を教えるべきかが議論となっていたが、結局は各教員がそれぞれ工夫する、つまり何をやってもいいという結論になる。それを幸いに、日朝関係史の概論のほかは、授業では「近代東アジアにおける相互認識」と銘打ってもっぱら日本人のアジア認識をとりあげた。時間ができたら本格的に取り組むつもりで、忘れてしまわないように文章化し、素人の手習いにすぎないから主として学内誌に掲載することにした。本書に収録したものは、すべて講義・演習・卒論指導などでとりあげたものである。まとまりのない授業に付き合ってくれたかつての学生諸氏には深く感謝したい。また、朝鮮史研究会の会員諸氏からは、主として酒席において、あれこれアドバイスをいただいた。一部（第三章・第一〇章）は、研究会大会で報告・講演させてもらったものである。

三六年間勤めて定年退職となり、あらためてまとめ直す構想を、これもまた酒の席で趙景達氏に話したところ、さっそく有志舎に取り次いでくれた。出版事情が厳しいなか引き受けていただいた永滝稔社長には感謝するばかりである。明治一五〇年にあわせて全体を再構成すべく意気込んでとりかかったが、思考力の減退はいかんともしがたい。これなら元の文章をそのまま収録した方がよさそうだと考え、第七章に註を付したほかは、誤字・脱字以外はいっさい手を加えないことにした。ただ、四〇年のあいだに相互の脈絡もなく書いたものである。日清戦争までの時期についての諸章の要約と不足した部分を補充して第六章とし、本来は序論の一部とすべき研究史にかかわることがらを第一〇章として付け加えたが、全体としてバランスを欠くものになってしまった。内容が重なる箇所があるうえ、「明治日本と朝鮮」という大風呂敷を広げながら、そのごく一部分をなぞるにとどまっている。厳しい御指摘をいただければ幸甚である。

二〇二四年八月

吉野　誠

著者略歴
吉野　誠（よしの　まこと）
1948年、千葉県生まれ。
東京大学大学院人文科学研究科博士課程満期退学。
東海大学名誉教授。
［主要業績］『明治維新と征韓論――吉田松陰から西郷隆盛へ』（明石書店、2002年）、『東アジア史のなかの日本と朝鮮――古代から近代まで』（明石書店、2004年）、共編『資料新聞社説に見る朝鮮　征韓論～日清戦争』全6巻・別冊1巻（緑蔭書房、1995年）、共編『原典朝鮮近代思想史』全6巻（岩波書店、2021～2022年）

明治日本と朝鮮
――征韓論・脱亜論から韓国併合へ――

2024年11月30日　第1刷発行

著　者　吉野　誠
発行者　永滝　稔
発行所　有限会社　有　志　舎
〒166-0003　東京都杉並区高円寺南4-19-2
クラブハウスビル1階
電話　03(5929)7350　FAX　03(5929)7352
https://yushisha.webnode.jp
DTP　閏月社
装　幀　折原カズヒロ
印　刷　株式会社シナノ
製　本　株式会社シナノ

ISBN978-4-908672-79-8